普通高等教育“十三五”汽车类规划教材

二手车贸易

第 2 版

主　编　陈永革　陈　诚

副主编　孔　娟　邵晶雯　宋志培

参　编　姜映红　任焕梅　孟宪海

机械工业出版社

本书共十章，系统地介绍了二手车的交易市场和超市、拍卖、置换、电子商务等贸易模式，分析了二手车评估、收购、整修翻新、置换、租赁、售后服务等各种贸易功能。本书每章后附有案例和思考题，便于读者加深对二手车贸易的理解。

本书可作为高等院校汽车专业本科生教材，也可作为高职高专汽车专业的教材，还可作为汽车相关行业管理人员的参考用书。

本书配有 PPT 课件，可免费赠送给采用本书作为教材的教师，可登录 www. cmpedu. com 下载，或联系编辑（tian. lee9913@163. com）索取。

图书在版编目（CIP）数据

二手车贸易/陈永革，陈诚主编. —2 版. —北京：机械工业出版社，2017. 6

普通高等教育“十三五”汽车类规划教材

ISBN 978-7-111-56813-1

Ⅰ. ①二… Ⅱ. ①陈… ②陈… Ⅲ. ①汽车 - 市场交易 - 高等学校 - 教材 Ⅳ. ①F766

中国版本图书馆 CIP 数据核字（2017）第 103961 号

机械工业出版社（北京市百万庄大街 22 号 邮政编码 100037）

策划编辑：宋学敏 责任编辑：宋学敏 李欣瑶 席建英 商红云

责任校对：樊钟英 封面设计：张 静

责任印制：李 飞

北京新华印刷有限公司印刷

2017 年 7 月第 2 版第 1 次印刷

184mm×260mm · 14 印张 · 315 千字

标准书号：ISBN 978-7-111-56813-1

定价：36.00元

凡购本书，如有缺页、倒页、脱页，由本社发行部调换

电话服务	网络服务
服务咨询热线：010-88379833	机 工 官 网：www. cmpbook. com
读者购书热线：010-88379649	机 工 官 博：weibo. com/cmp1952
	教育服务网：www. cmpedu. com
封面无防伪标均为盗版	金 书 网：www. golden- book. com

普通高等教育汽车类专业

教材编审委员会

第2版前言

汽车工业是我国的支柱产业之一，在国民经济中占据重要的地位。自我国加入WTO以来，我国汽车工业正逐步融入世界汽车制造业体系，并进入了发展的黄金时期。快速成长的国内市场和较低的生产成本，吸引了全球汽车产业资源向中国聚集。2009年，中国正式跃居世界第一大汽车产销国。2009—2015年，中国已经连续七年雄踞全球汽车产销量榜首。

随着我国国民经济的高速增长和人民生活水平的不断提高，汽车成了寻常百姓出门的代步工具。汽车行业的发展面临着前所未有的机遇和挑战，如何抓住机遇、迎接挑战已成为我国汽车行业迫切需要解决的大问题。二手车贸易是汽车贸易的一个重要组成部分，是汽车流通链中一个必不可少的重要环节，它的培育和发展直接影响着整个汽车贸易的发展。我国2015年全年二手车市场累计交易量为941.71万辆，相比2014年微增2.32%，累计交易额为5535.40亿元。尽管相对新车的产销量，二手车交易量的数字并不高，但从近几年二手车交易量稳步上升的趋势来看，二手车贸易的发展必将成为我国汽车工业发展的后起之秀。在全国人大十二届四次会议开幕式上，李克强总理代表国务院所做的政府工作报告中提到了要“活跃二手车市场”，二手车市场将迎来快速发展的新机遇。因此，汽车相关专业的学生学习二手车贸易可以增强对汽车市场的了解和把握。

鉴于以上情况，我们在已出版的《二手车贸易》的基础上，结合实际市场的发展变化，编写了《二手车贸易》（第2版）。本书比较全面地介绍了二手车的发展历史及现状、贸易模式及功能、鉴定评估等方面的内容。但拘于知识与能力所限，书中不妥之处在所难免，恳请各位读者批评指正。

本书是集体劳动的成果，主编由陈永革、陈诚担纲，副主编为孔娟、邵晶雯、宋志培，参编为姜映红、任焕梅、孟宪海，最后由陈诚对全书进行统稿。

编　者

第1版前言

随着我国国民经济的高速增长和人民生活水平的不断提高，已经富裕起来的中国百姓将消费目光转向了汽车，在市场需求的拉动下，我国汽车工业已步入高速发展的快车道。渠道畅通、运作高效的车辆新陈代谢机制是汽车市场整体健康运作的前提和保证。

随着我国加入WTO，汽车行业的发展面临着前所未有的机遇和挑战，如何抓住机遇、迎接挑战已成为我国汽车行业迫切需要解决的大问题。二手车贸易是汽车贸易一个重要的组成部分，是汽车流通链中一个必不可少的重要环节，它的培育和发展直接影响着整个汽车贸易的发展。目前，与新车市场相比，我国的二手车市场还停留在交易阶段，与国际先进水平还有着很大的差距，想要得到长远的发展，就必须使二手车市场上升到贸易的高度，建立起我国汽车贸易的新体系。加入WTO为我国经济进一步繁荣提供了发展机遇，如何抓住机遇，增强二手车贸易企业的核心竞争力，建立适合我国国情的、健康的二手车贸易体系，是摆在我们面前的重大课题。因而，汽车相关专业的学生学习二手车贸易可以增强对汽车市场的了解和把握。

鉴于以上的情况，我们编写了《二手车贸易》一书。这本书比较全面、系统地介绍了二手车贸易的模式与功能、二手车贸易新体系的构成以及相关的案例，是二手车贸易的系统教材，对我国二手车贸易的发展及二手车贸易管理人才的培养将产生一定的推动作用。但拘于知识与能力所限，书中不妥之处在所难免，恳请各位读者批评指正。

本书是集体劳动的成果，主编由陈永革担纲，副主编为何瑛，参编为徐雯霞。最后，由陈永革、何瑛对全书进行统稿，由林兴国担任主审。

编　者

目录

第一章

绪　论

近年来，随着我国国民经济的发展和市场经济的不断完善，全国汽车保有量迅速增加，尤其是进入21世纪以来，每年以1000万辆的速度递增，汽车流通渠道和方式由过去的单一分配同时转向多元化。在新形势下，生产企业和流通企业都感到必须稳定工商关系，建立一个利益共同体，共担风险、共拓市场，在汽车流通领域建立一套完整的运行规则已成为汽车行业的迫切需要。根据原副总理李岚清“汽车产品工作要抓好从‘生’到‘死’的管理”的指示精神，国家商品流通行政主管部门提出在汽车流通领域建立现代汽车流通新体系，实现汽车行业流通体制和经济增长方式的转变，建立专业运作、规模经营、高效通畅的流通渠道，形成适度分工、适度竞争的流通秩序，培育促进生产、保障消费的流通功能，达到低成本、高效率、高质量的流通效果。因此，将新车营销、二手车交易和报废车回收（拆解）进行有机的结合，加快推进营销方式的改革，用科学化、法制化管理的手段建立现代汽车流通新体系，是当前汽车流通体制深化改革的重要任务之一。

随着我国国民经济的高速增长和人民生活水平的不断提高，已经富裕起来的中国百姓将消费目光转向了汽车，在市场需求的拉动下，我国汽车工业已步入高速发展的快车道。渠道畅通、运作高效的车辆新陈代谢机制是汽车市场整体健康运作的前提和保证。二手车市场是汽车产业链中重要的一环，它的健康发展对整个汽车市场起着举足轻重的作用。但我国的二手车流通管理还存在很多薄弱环节，在一定程度上影响了市场的健康发展。

当前汽车行业的发展面临着前所未有的机遇和挑战，如何抓住机遇、迎接挑战成为我国汽车行业迫切需要解决的大问题。二手车贸易是汽车贸易一个重要的组成部分，是汽车流通链中一个必不可少的重要环节，它的培育和发展直接影响着整个汽车贸易的发展。增强二手车流通企业的核心竞争力，建立适合我国国情的、健康的二手车流通体系，是摆在我们面前的重大课题。因此，高等院校汽车相关专业的学生学习二手车贸易可以增强对汽车市场的了解和把握，是很有必要的。

无论从交易内容、交易方式还是交易效果来看，我国的二手车市场尚处于发展的初期阶段。如果要充分挖掘这一市场的潜力，进一步成为新的经济增长点，就需要相关政策的扶持，全面改善经营模式，不断提高市场管理水平，将二手车市场提升到贸易的高度上来，发展全方位的二手车贸易。

第一节　我国二手车市场的历史回顾

我国二手车市场是社会主义市场经济发展的产物，而且随着市场化程度不断提高，显

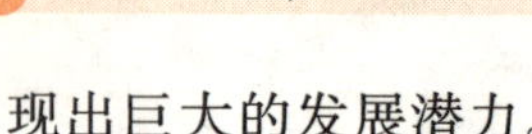

现出巨大的发展潜力。

我国二手车市场的发展历程大体上可分为以下四个阶段：

第一阶段为1985年以前，我国处于计划经济时期，国家对汽车生产、分配和消费实行计划管理，产量和保有量很低，党、政、军机关以及国有企业、事业单位为消费主体，消费主体很单一。车辆基本上是从新车开始一直使用到报废，二手车交易极少，市场化交易方式尚未形成。

第二阶段为1985—1992年，国家经济体制由计划经济向有计划的商品经济过渡，一部分先富裕起来的人们将目光转向了汽车消费，二手车流通需求开始出现，二手车交易量呈缓慢上升趋势。

第三阶段为1993—1998年，党的十四届三中全会通过了《中共中央关于建立社会主义市场经济体制若干问题的决定》，以市场为导向的经济体制改革的步伐加快，人民生活水平得到较大幅度的提高，社会购买力大大增强，汽车消费已成为高收入阶层的消费时尚。与此同时，二手车经营的高额利润吸引了大批企业进入二手车流通行业，极大地激发了二手车市场活力。为了加强二手车流通管理，规范二手车交易行为，1998年原国家内贸部制定颁布了《旧机动车交易管理办法》（内贸机字［1998］第33号），从此我国的二手车市场有了第一个法规性文件并一直沿用至2005年。2005年，《二手车流通管理办法》的颁发进一步规范和促进了二手车流通行业的发展，初步实现了由分散交易向集中交易、无序交易向有序交易转变。

第四阶段为1998年以后。在国家扩大内需、刺激消费的政策鼓励下，汽车需求量逐年增加，使得汽车产量和保有量呈快速增长趋势。国家统计局相关数据显示，2014年，我国二手车销售量为605.29万辆，增幅高达16.33%，成交量为新车销量的25%。2015年上半年，全国二手车累计交易量为460.9万辆，同比增长5.79%。

2015年，我国二手车交易量约占新车销售量的38%，而发达国家的二手交易量一般为新车交易量的2~3倍。全国二手车交易市场的分布情况为：约30%位于省会城市，41.5%位于地级市，28.5%位于县级市；据估算，各级交易市场交易量分别占总交易量的65%、32%、3%。全国约8000人从事二手车交易管理工作，40000余人从事二手车经营活动。上述数据表明，我国二手车交易主要集中在汽车保有量较大的大中城市，交易方式以直接交易或代理为主。

最初的二手车交易市场大多数是由国家职能部门与企业共同兴办的，具有很浓的官办企业色彩。在国家有关政企分离政策的指导下，大多数企业已与政府职能部门脱钩，实现了自主经营。但由于历史原因，二手车一直被当作特殊商品进行管理，因此，二手车流通管理所涉及的政府管理部门比较多，主要有商务管理部门、工商管理部门、公安部门、治安管理部门、国家税务部门、地方税务部门、城管部门、交通部门、环保部门等。这些政府职能部门多以监管方式为主，其主要职能是：确定交易双方的主体地位和合法性，验证交易合同，监督管理二手车经纪公司的经纪活动；对交易车辆的合法性进行确认，核查车辆的档案和车辆来源，防止非法车辆进入市场，并根据交易凭证办理车辆注册登记手续；根据交易凭证负责国税和地税税收的征稽工作；维护市场秩序，打击违法犯罪活动；确保市场、车辆的消防安全；维护市场周边环境；执行环保相关规定，并进行监督；负责相关税费征收、车辆转籍变更以及过户等。为加强二手车流通管理、规范二手车经营行为、保障二手车交易双方的合法权益、促进二手车流通健康发展，国家颁布了《二手车流通管理办法》。

第二节 我国发展二手车贸易的作用

建立规范合理的二手车流通体系和活跃、健康的二手车市场有利于完善我国的汽车服务贸易，有利于创建我国的二手车贸易品牌，有利于推动我国汽车贸易的发展。

一、有利于完善我国的汽车服务贸易

2004年颁布实施的《汽车产业发展政策》对汽车产业的发展和消费都给出了相应的规范性和指导性意见。该《政策》明确提出了“汽车服务贸易”的概念。把汽车营销网络的建立和营销服务的规范化等都上升到了服务贸易的高度加以认识，汽车营销服务的主体也从单一的汽车工业企业扩展到了汽车、摩托车、零部件生产企业和金融、服务贸易企业。

一个完整的汽车市场包括汽车新车市场、汽车租赁市场和汽车更新市场（即二手车市场）三部分。二手车市场作为汽车市场的一个重要组成部分，其发展必将影响整个汽车市场的发展。而二手车服务贸易作为汽车服务贸易的一环，其发展也同样是完善汽车服务贸易必不可少的条件。

将二手车市场从交易的层面提升到贸易的高度，大力发展全方位的二手车贸易，不仅可以促进二手车交易的增长，还能从另一个方面促进汽车服务贸易市场的规范化和集约化，从而推进新车和零配件市场的发展，最终完善汽车服务贸易。

二手车贸易作为汽车服务贸易的一个重要的组成部分，其完善的流通体系的建立与良性运转是我国发展与完善汽车服务贸易的重要基础。

二、有利于创建我国的二手车贸易品牌

随着汽车保有量的不断增加，二手车的潜在资源不断膨胀，但二手车流通发展的速度显得不适应整个汽车市场的发展节奏。目前的二手车交易市场多以提供交易场地及过户服务为主，真正从事二手车买卖经营的以个体经营者为主，虽然经营人员有着丰富的经验，但个体经营在某些方面尚处于弱势，特别是资本的增长能力，政策的引导和扶植，向银行申请贷款、吸收外部投资以扩大规模，与新车厂家合作等方面都有所欠缺，“游击队”与“正规军”之间确实存在实力和待遇上的差别。因此，鼓励生产企业开展二手车置换，允许有实力的企业加入二手车流通，无疑会大幅度提升二手车流通发展速度，改善二手车行业形象，提高二手车服务品质，可以更好地保护消费者权益。

从二手车的售后服务和替代服务来看，现阶段的二手车交易还无法满足消费者对服务的需求，很难为企业创造忠诚客户。而全方位地发展二手车贸易，则可以通过二手车贸易的完善功能为消费者提供全过程、全方位的服务，使消费者对二手车市场或企业产生深刻的印象，从而有利于创建二手车贸易品牌。

规范发展国内的二手车贸易流通体系，有利于凸显具有市场领导力的二手车贸易品牌，为二手车贸易品牌的建立营造良好的外部政策及市场环境，进而促进和推动我国整个汽车贸易的健康发展。

三、有利于推动我国汽车贸易的发展

新车销售为二手车市场提供了货源，而二手车市场是新车市场的补充，它满足了各个阶层对于汽车消费的不同需要，使汽车的流通更加通畅，同时使人们再买新车的成本大大降低，反过来又推动了新车的销售。

世界汽车工业的发展历程证明，兴旺的新车销售业务必然建立在坚实的二手车流通结构的基础上。渠道畅通、运作高效的车辆新陈代谢机制是汽车市场整体健康运作的前提与保证。

发达国家二手车交易量一般是新车交易量的两倍以上，约占整个汽车销量的70%，而我国目前这个比例还很小，市场需要进一步规范。虽然目前二手车市场的规模还不能和新车市场相比，但从这几年的发展来看，完全有可能在不久的将来与新车市场媲美。

由于汽车是一种技术成熟的高档耐用消费品，因而其在维护得当的情况下，具有很长的使用寿命，这一特点使得二手车市场有了发展壮大的可能性。同时，由于现代社会服务业的发展，对于汽车，包括二手车这样的耐用品来说，其配套服务质量的好坏直接关系到二手车市场交易的情况，可以说，对于二手车这一特定的商品来说，单一的交易功能是无法获得长期发展的。

因而，要从长远的角度考虑发展二手车市场，就必然要从服务贸易入手，要发展全方位的二手车贸易，这样才能保证二手车市场的长足发展。只有将二手车市场上升到贸易的高度，才能从真正意义上完善二手车市场，从而推动汽车贸易的发展。因此，促进我国汽车贸易发展，不能忽略二手车贸易这一重要环节。

思考题

1. 何谓二手车贸易？
2. 简述我国二手车市场的发展历程。
3. 二手车流通管理涉及哪些政府管理部门？
4. 我国发展二手车贸易的重要性有哪些？
5. 分析二手车贸易和汽车贸易的关系和对汽车贸易的影响。
6. 分析我国现阶段二手车贸易的现状并展望我国二手车贸易的未来。

第二章

国内外二手车贸易比较分析

第一节 国外二手车贸易的发展情况

一、国外二手车贸易现状

国外一些发达国家汽车工业发展水平高，汽车贸易起步早，车辆的更新率较高，这就使得二手车贸易相应地起步较早。在一些国家，二手车贸易的发展已较为成熟。

美国、德国、日本等国的二手车交易量较大，二手车市场发育已很成熟，相关政策法规也较健全。澳大利亚、新西兰的二手车贸易也相当普遍。在这些国家，二手车贸易十分活跃，办理手续简便、快捷，售后服务非常完善，管理十分规范，同时它们汽车行业的中介组织十分发达。值得一提的是，这些国家的二手车经营商都非常重视企业形象，营业厅简洁、明快、高雅，且设施非常现代化。

在规范建设方面，其交通法、车辆管理法、道路安全法等法律法规都比较完善，在澳大利亚和新西兰，二手车经销企业的资格审批由政府部门来管理，进口二手车有严格的质量标准和修复后达到行驶技术标准及具体的检测措施。

在价格制定方面，澳大利亚有专门的鉴定估价部门，一些大学还设有鉴定估价方面的课程，开展相关培训。新西兰则设有专门的鉴定估价机构，车辆的价格完全市场化。总体来说，这些国家的二手车销售价格都很低，而且提供优质的售后服务。

国外二手车贸易在其贸易形式上比较多样，主要有二手车交易市场、二手车品牌专营、二手车置换业务、二手车拍卖批发、二手车自由贸易等。其中，二手车品牌专营近年来在美国等二手车贸易成熟国家发展得尤为迅速，这些国家的很多二手车贸易公司通过建立二手车特许经营体系，树立了企业品牌，大大地加快了二手车贸易发展的步伐。

二、国外二手车贸易的主要特点

1. 产业化倾向明显

产业化，是指科学化、商品化、贸易网络化、交易流程简单化和服务社会化。

（1）科学化 包括管理、宣传、操作、技术、定价的科学化。在国外二手车贸易中，严谨的管理是二手车贸易蓬勃发展的重要原因，此外，还有操作的规范性、技术的专业性等都是发达国家二手车贸易的典型特点。

（2）商品化 二手车是一种商品，必须有真实意义上的价值和使用价值，能给经营者带来利润，最终能满足消费者的需求。在国外，商品化概念是很清晰的，对所售二手车的车龄、行驶里程等都有明确要求。

（3）贸易网络化 包括地域上的网络化和汽车电子商务网络的介入等。

（4）交易流程简单化 国外二手车交易产权很清晰，所以在交易时，手续并不繁杂。

（5）服务社会化 国外二手车贸易在鉴定、估价方面有着相当健全的中间指导组织，形成了强大的社会化服务体系。如德国二手车估价，参照由德国汽车工业协会统一编制的估价手册，在美国，则有官方颁布的蓝皮书作为标准。

2. 交易行为的自发性

国外二手车市场的另一个显著特点就是交易行为的自发性。所谓自发性，是指汽车所有者在车辆使用一定年限后自发地产生交易的要求，这一现象的产生可以从以下三个方面来理解：

（1）二手车需求的存在 国外的二手车交易之所以自发进行，有很大一部分原因是存在许多二手车需求者。二手车的固定需求者主要可以分为两大类：一类是需要领取救济金的失业者；另一类是高校大学生。而二手车的低价位是产生固定需求的一个主要原因。

（2）“更新”的消费观念 外国人对于汽车多有一种“喜新厌旧”的心理。这与他们相对雄厚的经济实力和超前的消费观念有关。例如，美国人基本上每3年换一辆车，车辆更新非常快。因此，美国二手车交易频繁，而且价格便宜。

（3）某些社会行为的约束 用旧了的车辆如果不送到二手车市场进行交易，作为垃圾扔了也未尝不可。然而在德国，扔破烂是要钱的，汽车也不例外。因此与其将旧车丢弃，还不如将其送入交易市场，使得二手车进行买卖对于车主而言会获得相对较高的利润，这也是二手车贸易自发性特点存在的一个原因。

3. 行业组织的自律性

国外的二手车贸易在汽车工业中是非常独立的一块，由于其发展已经具备了一定的积累，因而整个行业有了统一的市场操作规范。以德国的二手车贸易为例，德国的二手车报废同样要受到德国汽车工业协会等相关行业协会的监督。

（1）市场操作规范 德国的汽车工业协会为了规范市场价格，为所有的品牌车编制了价格总目录，定期更新，书中包括了汽车出产的年代、品牌、型号、行驶里程等。因此，车行的工作人员只需要根据车主提供的产权证书、车证以及行驶里程等资料，参照价格总目录就可以给出一辆二手车统一的基本价位，然后再根据其他因素，如是否出过事故、有无大修情况、车体有无划痕等来评估出二手车的实价。德国二手车的成交价是围绕基本价上下浮动的。

（2）二手车的质量保证 在国外，车行购进二手车后要对二手车进行全面检测，不仅要更换必要的零部件，还要给车进行清洗并重新打蜡，给予质量上的保证。德国所有车行出售的二手车都必须持有德国技术监督协会（TUV）的合格证书。二手车行业的这些自律性行为给了顾客放心的承诺，这也是二手车市场持久兴旺且良性发展的重要原因之一。

第二节 国内二手车贸易的发展情况

一、国内二手车贸易的发展现状

我国的二手车市场正处于发展的初期阶段。2014 年，全国的二手车交易量为 605.3 万辆左右，占汽车交易总量的 25%。据权威人士预测，我国二手车市场的成长期至少需要 20 年时间，在成长阶段，二手车的交易递增速度会保持在每年 15% 以上。我国二手车市场流通的硬件已基本具备，足以支撑现行市场的运行并适应潜在扩张的需要。

从地域上来看，我国的二手车贸易相对集中于经济发达、汽车保有量大的一些中心城市；从二手车的流向来看，有 60% 流向乡镇和农村；从发展趋势来看，二手车交易越来越灵活，每年以 25% 的速度增长，前景十分广阔。

二、国内二手车市场的主要特点

我国二手车市场经过近十年的发展，已初步探索出了具有中国特色的发展道路，并已形成了一定规模，具体有以下特点：

1. 起步晚、发展快、潜力大

我国二手车市场从 20 世纪 90 年代初期起步，随着国民经济迅速发展，社会主义市场经济体制的建立以及人民生活水平的不断提高和社会购买力的日益增强，为我国汽车市场繁荣奠定了坚实的基础。二手车市场作为汽车市场的重要组成部分，实现了从无到有、从小到大的根本性转变。2010—2014 年这短短的 5 年时间里，二手车交易量从 385 万辆增长到 605.3 万辆，基本实现了翻番。

统计数据表明，2014 年发达国家汽车拥有量为每千人 600 辆，我国仅为 105.83 辆，是发达国家的 17%。2014 年我国汽车保有量同比增长 12.4%，达到 15447 万辆；其中，私人汽车保有量为 12584 万辆，增长了 15.5%。民用轿车保有量为 8307 万辆，增长了 16.6%，其中私人轿车 7590 万辆，增长了 18.4%。经济学家预言，中国的汽车市场将有 15 ~ 20 年的增长期，国内外众多企业一致看好这一最具潜力、最有活力的市场。随着政府机关、企事业单位公务车辆改革，车辆更新换代频率加快，二手车市场必将随着汽车市场需求的增长和社会汽车保有量的提高而大幅增长，发展空间非常广阔。

在发达国家，初次购买汽车的人 80% 以上选择买二手车，在消费习惯上与我国有很大区别。随着汽车作为普通商品逐渐进入家庭，消费者的消费理念逐步成熟，消费者购买汽车不再一味追求豪华和体面，因而将有更多的购买者首先选择二手车，二手车的购买群体会越来越大。

从二手车与新车交易比来看，2014 年我国二手车交易量约占新车交易量的 1/4，而发达国家一般为 2 ~ 3 倍，因此，我国的二手车市场还处在起步阶段，发展潜力巨大。

2. 交易相对集中，流向趋势明显

我国二手车交易主要集中在经济发达、汽车保有量大的大中型城市，且流向趋势明显。其中，北京、上海两地二手车交易市场是我国启动最早、交易量最大的两个市场，

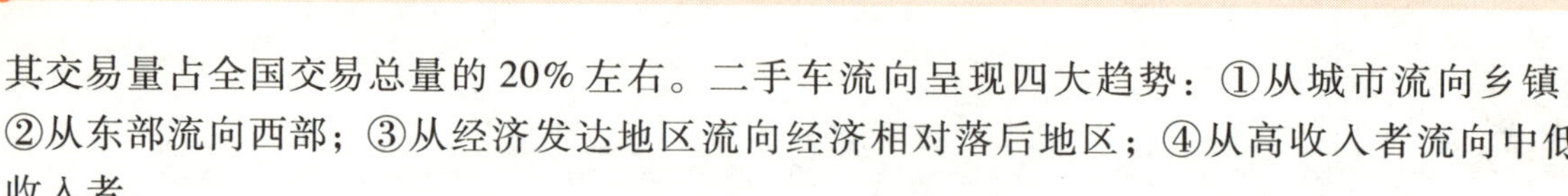

其交易量占全国交易总量的20%左右。二手车流向呈现四大趋势：①从城市流向乡镇；②从东部流向西部；③从经济发达地区流向经济相对落后地区；④从高收入者流向中低收入者。

3. 二手车交易市场功能日趋完善

二手车交易市场是我国现阶段二手车流通的主要渠道，这种集贸市场形式比较符合中国人的消费习惯，经过几年的培育和发展，已初具规模，主要有以下几个特点：

1）为供需双方提供集中交易场所，使消费者在一个交易市场内就能够对本市场行情一目了然。

2）政府相关职能部门统一现场办公，实行“一站式”服务，为消费者提供方便。

3）市场制定相关的管理办法和交易程序，保证了入场交易车辆的合法性。

4）市场通过加强对经纪公司的管理，规范经纪公司的交易行为，在一定程度上保护了消费者的权益。

4. 经纪公司的桥梁作用

一批具有较高文化层次的二手车执业者通过培训获得了经纪人资质，组成了具有法人地位的经纪公司，变为有组织、有章程、有法则的经纪行为。二手车经纪人由于长期从事二手车交易活动，掌握着大量的信息资源，买卖双方通过经纪公司的中介服务，实现二手车所有权的转移。经纪公司充当了买卖双方的桥梁作用，活跃了市场。

5. 二手车拍卖越来越受到青睐

二手车竞价拍卖以其交易成本低、交易周期短、兑现快的优势赢得了批量售车企业和消费者的青睐。由于通过定期和不定期地组织二手车现场拍卖和网络竞价，提高了二手车交易的速度，降低了交易成本，限制了人为因素导致的不正常交易行为，使售车单位和个人快捷地实现了由商品向货币的转化。

6. 置换业务开始起步

1999年4月，原国家国内贸易局首次在上海组织召开了汽车置换研讨会，来自全国33家二手车交易市场和11家品牌汽车企业的代表以及原国家经贸委、国家工商总局、原国家机械工业局等部委的有关领导参加了这次会议。会后，上海汽车工业销售总公司、天津汽车工业销售有限公司等企业成立了汽车置换公司，至此，我国汽车置换业务开始起步。在2000—2003年的四年中，许多品牌汽车企业相继成立了二手车销售部或特殊业务销售部。2002年9月，上海通用汽车有限公司首次在上海、北京、广州、深圳等城市授权当地有条件的经销商推出汽车置换业务。2003年，上海大众、一汽大众、广州本田、北京现代、长安铃木等品牌轿车企业也陆续开展了汽车置换业务，但由于政策限制，由生产企业推出的置换业务尚处于探索阶段。通过近20年的置换业务的发展，国内基本形成了以品牌置换为主的置换业务方向，汽车4S店通过置换业务大量吸引和促进新车销售，形成了新车销售、置换业务、二手车销售的企业经营模式。

7. 流通网络初步形成

原国内贸易部在省、直辖市、计划单列市等大、中型城市有选择地培育了45家规模较大、设施完善、功能齐全、管理规范的二手车交易市场作为二手车交易示范基地，取得了成功。目前，全国二手车交易市场分布于全国各地，已初步形成了规范合理的二手

车流通网络。

第三节　国内外二手车贸易的差距

我国的二手车贸易虽然已经取得了一定程度的发展，但与发达国家的二手车贸易仍存在较大差距，主要体现在以下几个方面：

1）我国的二手车贸易功能尚不健全，有些功能还处于发展初期阶段，各功能之间还缺乏顺畅的衔接和配合。从支付手段上看，银行消费信贷的分期付款业务刚刚启动，政策有待完善。

2）我国的二手车营销观念相对落后，服务营销的理念缺乏，我国同国外相比较，还没有形成规范、完善的服务标准。

3）我国二手车贸易尚未形成规模效益，交易量和交易额有待提高。

4）没有统一的价格，价格体系混乱。我国二手车贸易中标准规范的价格体系还未建立，这大大制约了我国二手车贸易的发展。

5）市场发育滞后，管理混乱。国内的二手车营销管理目前仍处于体系不健全、方式落后、售后服务差、融资消费刚起步的状态。国内尚未形成网络贸易格局，二手车贸易点零星分布，业务分散。

6）我国综合性、大规模的汽车配件、汽车用品和汽车装饰用品市场刚刚起步。

7）相关的法律法规滞后，使不法分子有机可乘。尤其是我国国内关于电子商务的法律法规还不健全、不成熟，这就使得二手车在我国开展电子商务因缺乏保障而有较大的困难。因而，汽车电子商务的开展将是与相应法规政策的出台和健全分不开的。

第四节　我国二手车贸易发展中存在的问题

我国二手车交易市场是随着社会主义市场经济的发展而逐步形成的。特别是近几年国家经济发展了，人们的生活水平提高了，私人购车的比例逐年增加，据统计，2014 年我国汽车拥有量为 15447 万辆，其中私人汽车有 12584 万辆，约占全社会的 81%，特别是轿车，91% 以上是私人购买，一些经济型轿车逐步进入了家庭，成为人们生活中的代步工具。从我国的国情看，我国二手车的交易量约是新车交易量的 25%，每年以 15% 的速度增长，相对集中于经济发达、汽车保有量大的中心城市，如上海、北京、广州等。其流动趋势为从经济发达地区向欠发达地区流动、从高收入者向低收入者流动。随着新车品种的增加、公路建设的改善、人们消费观念的转变、市场需求结构的变化以及汽车使用年限政策的调整，我国二手车市场一定能发展得越来越好。但是，我国二手车市场依然存在以下几方面的问题。

1. 二手车交易的税费征收标准不统一

据调查，各地对二手车交易中的税费征收标准不一样，有的按增值税征收，有的按营业税征收，最高的 17%，最低的 2%，税率相差较大，致使一些地区二手车交易成本过高，二手车经营企业利润微薄，一些地区采用交易不过户来逃税，非法交易丛生，扰乱

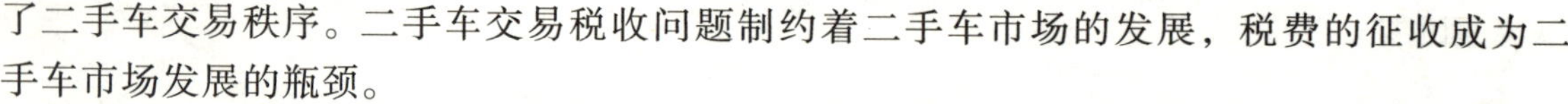

了二手车交易秩序。二手车交易税收问题制约着二手车市场的发展，税费的征收成为二手车市场发展的瓶颈。

2. 二手车管理不规范

我国二手车交易市场缺乏统一规划和规范管理，市场功能单一，缺乏必要的服务设施和手段，有些市场仅仅是办理过户的场所，不利于二手车市场的健康发展。如何将二手车交易引到企业的轨道上来，大力开展二手车的收购、销售、代购、代销、寄售、租赁、拍卖、卖新收旧、以旧换新、维修美容、配件供应、信息咨询等，以保障消费者的合法权益，已成为当务之急。另外，完善各项功能所需的配套政策，如税收、牌证管理、价格评估标准等还没有理顺，因此，在挖掘城乡潜在购买力方面比较薄弱，难以吸引广大客户和形成较大的交易规模。

3. 评估体系不健全

在二手车交易中，价格的评估是很重要的环节。为了做好二手车的评估工作，1999年，原国内贸易局生产资料流通司与武汉工业大学共同编写了《二手车鉴定估价师培训教材》，与劳动和社会保障部培训就业司联合下发了《关于开展二手车鉴定估价师资格鉴定工作的通知》，对机动车鉴定估价从业人员进行资格鉴定。目前经过培训并取得资格的估价师约有1500人，但是人员的培训仅仅是二手车估价的一个方面，而估价的标准全国不统一，在交易中存在着定价不合理、随意性较大的问题。有的地方为了抢二手车生意，故意低估价格，竞相压价，甚至还出现了“私卖公高估价，公卖私低估价”。价格压低使得国家的税收减少。因此，如何建立科学、可操作的二手车评估系统是亟待解决的问题。

4. 二手车售后服务问题多

我国新车品牌的销售基本上建立了信息咨询、配件供应、维修、汽车保险等一条龙服务。而二手车的售后服务还没有建立，特别是与发达国家相比差距较大。美国在二手车售出之后，提供一段时间的质量保证，比如通用公司就规定车龄7年以内的二手车有一至两年的质量保证，这与新车的服务一样，而且，所有车行出售的二手车都必须持有政府颁发的技术合格证书才能上路行驶。并且，一般购买二手车的消费者还有一定时间的使用期，避免消费者利益受损。宝马汽车经销商在销售二手车的同时还提供保险服务。这些服务有力地促进了发达国家二手车的销售。

5. 开展汽车置换步履维艰

随着经济的发展，人们对购车的需求发生了变化，一些汽车品牌专卖店反映，经常有人开着车来询问：“我想换辆新车，这辆旧车你们收不收？”这说明人们对汽车置换有需求。那么，能不能把旧车买卖引入实力强、信誉好的汽车专卖店来呢？从国外的情况来看，通常是一家品牌专卖店，除了卖新车还负责买卖本公司品牌的二手车。这种做法有利于企业降低成本、维护企业的形象。在二手车的估价上，一般是不同品牌的车辆编制一本价格估价目录，这是二手车价格评估的主要依据。在二手车的销售中，还要根据车况和维护情况进行价格调整。

目前国内一些有眼光的品牌汽车生产企业看好汽车置换潜在的市场，推出了一些汽车置换的办法。但在运行中，生产企业步履维艰，主要存在着以下问题：

（1）二手车收上来很难卖出　其原因在于：

1）生产企业二手车估价没有统一的标准和科学的依据，若估价高，会影响新车销售的利润；若估价低，则不能满足购车者的预期。

2）在中心城市置换下来的二手车不容易就地销售，一般流向小城市和乡镇，涉及车辆跨地区的销售过户转籍问题。

3）生产企业没有二手车的经营权，不能就地销售。

（2）目前生产企业的内部管理制度制约着置换业务的开展　其原因在于现有的管理体制不适应汽车置换业务的开展。因为置换的二手车卖出去有一段时间，这部分价值过去企业可以挂账处理，近年来企业对挂账处理管理得比较严格，不能出现过多的应收账款，一般企业考核业绩，应收账款是很重要的指标，所以经营者很难承受。

6. 二手车技术检测有待加强

2000 年，全国汽车更新办公室领导小组在组织国家经贸委、国家计委、国家内贸局、国家机械工业局、公安部、国家环保局 6 部委研究修订《汽车报废标准》，该标准于 2012 年进行修改，在此报废标准中特别强调在调整延缓年限的同时增加汽车安全、环保技术的检验项目和技术指标。在《汽车报废标准》中明确规定以技术检验为延长汽车使用年限的依据，即达到使用年限需继续使用的，必须依据国家机动车安全、污染物排放有关规定进行严格检验，检验合格后可延长使用年限。这项政策的调整在全社会引起强烈的反响，一方面体现了国家政策的调整符合国情；另一方面在技术检测上逐步与国际接轨，促进了二手车市场的发展。但从目前情况看，国家并没有要求所有二手车在交易前必须经过相关技术检测，这样就很难保证二手车的行驶安全和购车者的利益。

目前对二手车贸易发展阻碍最大的是不完善的二手车贸易的税费制度，税种不统一、税负过重、评估定价不标准等现象严重阻碍了二手车贸易的发展。因而，尽快统一税费制度、适当地降低相对的税费显得尤为重要。

另外，保险代理、过户控办、产业合并、消费信贷政策等环节都有待健全。

统一保险制度、取消过户控办、简化二手车贸易相关程序、落实产业合并政策、落实融资政策、加强金融机构对二手车市场的介入和支持、推动消费信贷等举措都有利于推动二手车贸易的发展。

案例一

国外二手车市场面面观

发达国家：已进入成熟期

综观美国、英国、德国、日本等发达国家的二手车市场，国家法规的政策导向和新旧车市场的协调发展，是这些国家二手车市场繁荣的关键原因。发达国家的二手车市场已进入成熟期，并有以下特点：

1）交易量大，已形成规模效应。发达国家二手车交易量均远远超过新车交易量，一

般比新车高出一倍以上。据不完全统计，日本二手车年销量早在20世纪80年代开始就与新车销售持平，德国和美国二手车年销量已是其新车销量的2倍和2.5倍，英国则达到3.5倍。正因为有如此庞大的二手车市场，发达国家才能保持一个相对稳定、规模巨大的新车销售市场。有关资料表明，西方成熟的汽车市场中，汽车报废周期平均为8~12年，而汽车更新周期平均不到4年，可见二手车市场有相当的空间可回旋，其中的作用是显而易见的。

2）价格较低，平衡市场供求量。在发达国家已成为“汽车社会”的今天，轿车已成为现代家庭必不可少的交通工具，但不同层次的消费者对轿车的需求也不同。部分中产阶级及以上的消费者买车以新车为主，他们注重的是车辆的可靠性而非价格，一般至多用上四五年，在车辆的可靠性开始下降、意外故障逐渐增多时，他们就要换车了；而多数中产阶级以下的消费者则以买二手车为主，主要出于使用成本较低的考虑。二手车的价格一般只有新车的一半左右，而且这类车再使用2~4年性能仍然可靠，使用后的价值损失远比购新车小得多。这样的二手车用过后可能再次卖掉，这时车价只有新车的20%~30%，主要流向收入低或者没有收入的学生手中。另外还有一些较旧的车价格更低，仅有新车价的5%~10%，购买这种二手车，虽然要花费一定的维修费用，但总体上使用成本很低，很划算。因此，在发达国家，二手车的总供应量略大于总需求量，二手车价格相对较低，以平衡市场供求量。

3）体制机构健全，促进市场健康发展。在发达国家的二手车市场，一般均形成了一套比较完善的收购和销售体制，健全了二手车拍卖批发机构。各国政府纷纷制定了有关二手车贸易的相关法规，以保护消费者的权益。而各种评估机构公正、高效地运作，使发达国家二手车市场价格趋于长期稳定状态。消费者不必担心车辆价值不稳而带来损失。二手车的价值对汽车的保值以及刺激新车的购买影响深远，二手车市场的持续稳定对新车市场的健康发展起到了促进作用。

发展中国家：正向发达国家靠拢

与发达国家相比，发展中国家二手车市场起步较晚，发展迅速。交易方式“八仙过海，各显神通”，管理日趋法制化，交易模式正逐步向发达国家靠拢。其市场共性为：来源较少，价格较高。由于发展中国家人均收入远比发达国家低，因此，希望购买二手车的比例远高于发达国家，再加上这些国家新车更新周期长于发达国家，因此造成二手车来源有限，供不应求的状况屡见不鲜。这就造成了二手车价格不菲，高出发达国家数倍的现象。尽管这样，二手车的价格还是远低于新车，从经济承受力考虑，二手车仍是发展中国家一般家庭购车的首选对象。

发展中国家二手车市场最大的特点是交易方式灵活多样，有个人间的直接交易，有专卖店交易，也有拍卖行交易，总之按市场规律自行调节运作。埃及采取了二手车专营店方式，为大部分埃及人所青睐。专营店把二手车收进来，然后维修一新，再评估作价卖给消费者，大大提高了二手车的“品质”，因而这种二手车专营店在消费者中信誉度极高，生意红火。俄罗斯二手车交易更显灵活，既可由购销双方签订合同，办完手

续付款后即可申领新号牌和验证，也可以“总委托书”交易，不用去车管部门办理过户手续，由原车主写一份“总委托书”，其内容为：将车全部“委托”给买车人，委托书到公证处公证后生效，手续极其简便。

发展中国家二手车交易市场管理日趋法制化，政府在产业政策方面虽没有具体的限制，但在车辆的消费环境、车辆安全、环保等方面都制定了严格的法规政策，如墨西哥颁布了旨在保护消费者利益的法规，根据规定，二手车经营者必须向消费者详细提供车辆的机械性能和行驶合法性的情况，以防欺诈和误导。比政府更多地介入二手车市场的各国二手车交易商会或汽车行业协会的二手车分会，他们参与二手车政策的制定，推行行规行约，编制各年度、各车型的收购指导价目。地方分会还负责用户投诉的调解工作和发布各二手车经销商的广告。

发展中国家的二手车市场虽经多年发展，但仍不够成熟，在规模、价格、市场规范、市场运作等方面与发达国家均有一定差距。这些国家已经意识到这一点，正在采取措施，致力于国家法规的政策导向和新旧市场的协调发展，采取价格调节措施，以使供需达到平衡，使其交易模式不断地向发达国家靠拢。

案例二

瑞士、意大利二手车市场情况

国外二手车市场比新车销售市场活跃，在某种程度上促进了新车的销售。而我国二手车市场在经营理念、经营方式以及经营管理上与瑞士、意大利等国相比存在着一定的差距。瑞士、意大利的二手车经营和管理有以下特点：

1）发达国家二手车市场比新车市场活跃。瑞士的主要城市之一日内瓦大约有20万人，一般情况下有26万辆二手车在市场上流通，年新车销售量约为28万辆，二手车的销售量为56万辆，二手车的销售量是新车销售量的2倍。瑞士二手车市场上流通的主要是产自德国和日本的二手车，因为这些车的质量较好，其次是产自法国、意大利、美国的车。从经营效益看，瑞士二手车的利润率为18%~20%，而新车的利润率只有9%。意大利波尔萨诺市约有45万人，毗邻德国、奥地利，汽车拥有量为12万辆，汽车销售量每年为1.2万~1.8万辆，据当地最大的汽车经销商介绍，二手车市场比新车市场活跃，交易量超过新车的30%。

2）二手车的使用年限以技术检测为主要依据。在瑞士，新车5年之内免检，5年之后，每3年检验一次，以后每年检验一次。在意大利，新车行驶4年之后，每2年检验一次。一般情况下，车辆行驶8年就会进行处理。如果超过10年，直接有指定的拆解企业进行回收。这两个国家都是以技术检测为依据来确定车的使用时期。

3）二手车经营不受限制，比较灵活。在瑞士，二手车的经营资格不用任何部门的批准，可以在经销场所进行自由交易。宝马公司是驰名世界的汽车生产企业，其业务遍及世界120个国家，目前，宝马公司在全球有22个生产厂，产品主要有BMW品牌的1、2、3、4、5、6、7、i、Z、L、X等系列汽车。多尔斯夫宝马汽车销售公司是宝马公司在瑞士的最大销售商，销售宝马180个品种，年销售量为600～700辆。同时也销售宝马的二手车，年销量为200～300辆。二手车的主要经营形式是置换、收购、代销等，大致与我国相同。在经营理念上，该公司看好二手车市场，认为二手车市场灵活，二手车经营利润大于新车，二手车的购买者是新车的潜在消费者，所以该公司把二手车摆在车展的最好位置来吸引消费者。同时它们还有一种经营理念，凡是购买宝马汽车的客户可以随时到公司更换宝马最新款式的新车，以满足“追车族”的愿望。

4）建立了较科学、较完善、较权威的二手车评估体系。在瑞士有一个较科学的二手车评估系统即“优诺泰斯”评估系统，这个系统是由二手车协会制定的，任何二手车的估价必须遵循这套较科学的评估系统来确定。一辆二手车的销售价格制定，首先要经过技术检测部门的测定，技术人员列出测试清单，然后做出此车的估价，销售商根据二手车的估价和原销售价格，最终确定二手车实际销价。多尔斯夫宝马汽车销售公司利用自己的展地，不定期地举办二手车的展销，凡参加二手车展销的销售商都要执行二手车协会制定的二手车评估办法和评估价格。

5）建立一套较完善的二手车销售服务体系。在瑞士，凡是购买二手车的车主都可以得到一张保修单，享受两年的保修期，这种承诺不仅在瑞士有保证，而且在全欧洲都有保证，如果两年之内车主将车转卖，保修期还可以随车主的更换转移给另一个车主。这样车主购买二手车就无后顾之忧了，在某种程度上促进了二手车的销售。

案例三

日本二手车市场的制度

参考一下日本二手车市场的有关制度，对我国二手车市场的发展很有意义。

1. 评估制度

新车有出厂标准，消费者比较容易把握，而同一型号的二手车，车况可能会有很大差别，普通消费者缺乏专业知识，很难对车的实际价值做出准确的评估，因此，必须要有一个公正的二手车评估制度。

日本在1966年成立了财团法人日本评估协会，对规范二手车的评估行为起到了重要作用。规范评估行为，就要有一个准入的问题，根据日本评估协会的规定，要想获得二手车的评估资格，首先它必须是一个二手车的销售店，然后要向评估协会申请实施

评估业务，之后评估协会对该店进行审查，合格就发给《评估业务确认书》，并制作“评估业务实施店”的标牌挂在店内。同时，在有资格的店内，还应该有通过评估协会组织的技能考试的专业评估师，在日本这种评估师分为两类：大型评估师和小型评估师。评估师的资格有效期为3年，通过进修可以晋升。

对二手车价格的评估，在日本有一套通行的计算方法，其计算公式为

$$评估价格 = A - B - C - D$$

式中 A——基本评估价，即根据评估协会发行的指导手册，通过一个二手车行情信息系统推算出来的价格；

B——标准维修费用及标准杂费，即为让该车正常使用而进行的必要的维修费用，该数值由各公司自行设定，同时加入了约15%的毛利在其中；

C——各公司调整点，该数值根据公司的保修期限、公司进货和销售能力等各自确定；

D——加减点，根据评估协会制定的基准来确定加减点数。

评估协会每月会发行一本价格指导手册，俗称银皮书，在书中刊登各地区（日本全国分为三个地区）的零售价格。此外，在东京横滨地区还发行一本黄皮书，刊登零售价和批发价。日本有一个“禁止垄断法”，公众可以根据该法来判断评估协会是否真正做到了公正。

2. 日本二手车销售方面的法规

1）经营许可制度。日本有一个“旧货经营法”用以规范旧货交易，二手车交易就属于旧货交易之一。所谓旧货，是指用过一次以上的物品，或者虽然没有用过，但是为了使用的目的而进行过交易的物品，或者修理过的物品。经营旧货（包括网上交易），必须得到当地公安部门（都道府县警察）的许可，并且在经营场所张挂标志。管理人员需要有3年以上经营旧货的经验，能够辨别非法物品（如盗窃来的），有能力核实旧货的来源，如果怀疑旧货来历有问题，要及时向公安部门报告，交易必须有记录，而且记录要保管3年。

如果在经营场所以外的地方进行交易（如到客户家里），这称为“行商”，要进行“行商”资格登记并获得批准。必要时，公安委员会可以对旧货经营进行干预、指示甚至停止其业务。

2）二手车流通制度。在日本，要求汽车销售商提供公平的价格，并向消费者提供充分的信息，且要遏制不恰当的宣传和过于贵重的赠品。为了达到以上目的，社团法人“汽车公平交易协会”制定了相关的行业规约。协会会员是各汽车厂家以及新车和二手车的销售商。协会的主要宗旨是制定公平竞争的规约、对普通消费者进行购买指导、接受消费者的咨询和投诉、对销售商的违规情况进行调查并提出改进措施等。以下是日本销售二手车的一些规约：在销售二手车的商店里以及广告媒体上，必须明确说明的内容有：车名、主要规格、第一次上号牌的时间、售价（包括各种费用的说明）、已经行驶的公里数、公用车还是私用车、私车验车的有效期、有无维修记录本、

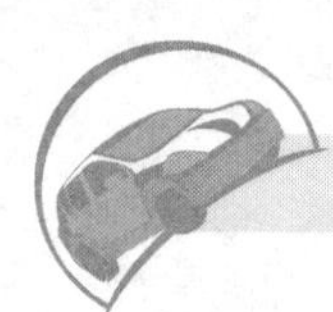

有无保修证以及保修期限、定期维护的情况、有无维修记录，如果登载广告，必须要有彩色照片。此外，不能把行驶里程调整减少以及隐瞒修理过的事实等。

在赠品方面，也有相应的规约。表2-1是关于赠品的规定。

表2-1 关于赠品的规定

提供方法	按对象划分		按交易额划分	
	对象	最高额	交易额	最高额
全部提供	购买者	交易额的10%	1000日元以下	100日元
	到场者	3000日元	1000日元以上	交易额的10%
抽签提供	购买者	交易额的20倍	5000日元以下	交易额的20倍
	到场者	10万日元	5000日元以上	10万日元

除了这个协会以外，其他的相关团体还有财团法人“汽车检查登记协会”、社团法人“日本汽车工业会”和社团法人“日本汽车销售协会联合会”等组织，它们对于如何防止擅自调整里程表以及汽车信息登记等，都做了一些工作。

3. 对二手车违规交易的对策

日本的二手车交易也存在违规现象，销售者违规的现象大致有以下几种情况：

1）向消费者提供的信息有虚假内容。

2）对某辆二手车的车况并不了解，但是消费者问起时假装知道，信口开河，误导消费者。

3）隐瞒曾经发生的事故，或者隐瞒曾经修理过的事实。

4）把里程表的里程计数调小。

日本的汽车消费投诉中，70%是针对二手车销售的，而投诉的内容中，擅自调整里程表或者对车辆的维修历史存疑的投诉又占了30%。

过去，消费者都是等出了问题才去找销售者解决问题的，2001年4月，日本制定并施行了《消费者合同法》，该法规定，如果销售者有不正当的行为，违背了消费者的意志，则可以判定合同无效或者部分无效。这样就从法律上约束了销售者，他们如果实施了不正当的销售行为，就要承担相应的责任。

但是，在具体实施的时候，仍然有一些问题。例如，某人购买了一辆发生过事故的二手车，但是他买的时候并不知情，只是到了年检的时候才发现。这样，由于当初销售者隐瞒了事故的事实，所以购车合同视为无效合同。于是消费者可以要求销售者赔偿，但是涉及赔偿金额时，这个《消费者合同法》就无能为力了，需要提起民事诉讼来解决。

在日本的二手车销售中，一个非常普遍的违规现象就是擅自调整里程表。把车的里程表的计数调小，就等于隐瞒了车况，提高了售价。

首先，里程表被改动过，很难被发现。尤其是原车主把里程计数调小，即便是中介也无法发现。因此，这类问题如果发生质疑或争执，很难举证。

其次，虽然在二手车市场上，改里程表的现象普遍存在，但是在实际交易中，真正作为问题被查出来的却非常少。这是因为即使怀疑里程表有问题，要取得证据非常困难。因此改里程表的方法被二手车销售商作为一种获利经验而在私底下互相传授。

此外，如果在二手车交易完成很久之后才发现里程表的问题，根据日本的《招商法》，在交易发生6个月后才发现问题，就已经过了时效，不能追后账了，通常消费者也不会为里程表的问题去诉诸法律，因为维护这项权益要耗费很多精力，代价较大，所以多数消费者都放弃追究责任。

在日本，由于同时有多个汽车协会存在，二手车经销商可能分属不同的协会，有的经销商根本不参加任何一个协会，于是协会制定的各种行业条约就对他们没有约束作用。这些不受约束的商家都是一些小的商家，但是数量也很多，约占二手车经营商的一半。这种情况也造成了交易不规范现象的存在。

4. 对里程表数据的新管理模式

如上所述，回拨里程表的计数，是很多二手车交易的通病。如何能够把里程表管理起来，日本的汽车协会想了很多办法，先是在1997年开发了拍卖车的行驶管理系统，日本二手车销售联合会下所有的拍卖车，都要把车体号码和车的行驶里程实行登记，建立可以查询检索的行驶里程管理系统。一旦某辆车在这个系统里面做了登记，那么以后凡是这辆车参加二手车交易，都可以查询到它的行驶里程，如果它的里程表计数小于档案中的数值，就说明里程表被改动过了。三年之后，有些较大的企业也陆续加入这个系统，这样，这个系统的效果就显现出来了。

在日本经济产业省的指导下，2002年4月，成立了日本机动车拍卖协会，把上述二手车销售联合会的管理系统和日本机动车查定协会的管理系统统一了起来，这样，所有参加这个系统的机动车的里程表就接受统一管理了。

但是，上述管理系统只是供销售者查询检索的。这样仍然有一个问题，就是道德意识较淡薄的销售者还是会为了自己的利益而私自改动里程表，因为消费者看不到这个系统的查询记录。所以到了2002年8月，该系统向普通消费者开放，即普通消费者也可以利用这个系统来查询机动车的行驶里程了，查询费为每次1500日元（约合100元人民币）。

不过，即便如此，对于没有参加二手车交易的机动车，还是不知道其真实的行驶里程，这就是说，车主可能在机动车卖出之前就偷偷地改动了里程表，以求卖得一个好价钱，这样的管理仍然是不完善的。因此，日本国土交通省决定，从2004年1月起，利用机动车年检的机会，要把里程表的计数在车检证上进行记载。这样，除了对二手车交易有好处外，对于防止由于里程表造假而使得本应定期更换的备件不能获得更换而造成重大事故等隐患有积极作用。

5. 机动车的报废管理

机动车旧了，出路有两个：一个是卖了它；另一个就是扔了它不要了。前者就是二手车交易，后者就是机动车的报废。所以，在讨论二手车交易问题的同时，就会涉及车

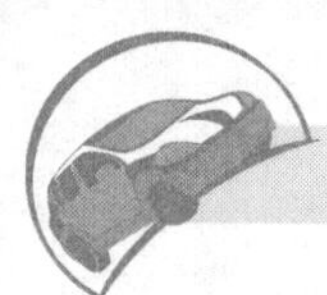

辆的报废问题。

在日本，每年淘汰的机动车有400万~500万辆，多数是依照日本国土交通省的规定履行了合法的报废手续。但是还是有0.5%即2万多辆车被违法丢弃，给环境带来了危害，增加了处理费用。

日本现行的机动车注销登记制度，规定了以下两种情况：

1）永久注销，即机动车解体时的注销，将解体证明交给路运支局进行注销登记即可。

2）临时注销，即机动车暂停使用。这样的机动车，也许以后会解体，也许以后又会恢复使用。如果以后解体了，路运支局也不会得知。

日本现行的制度存在以下问题：

永久注销的车每年约有20万辆，临时注销的车每年约有500万辆，其中约100万辆后来又恢复运行，约300万辆后来就解体了，约100万辆最后出口了。其中的300万辆解体的原因是什么呢？因为很多人在注销的时候并没有最终决定要解体，可能本来想再卖的，但是后来可能因为价格等原因而不卖了，于是就解体处理了，再说解体处理也不需要另外的手续。由于这时候的解体情况路运支局不掌握，所以就会发生违规丢弃的现象。

出口车也是临时注销，虽然基本上不可能再在日本国内恢复使用了。

为了解决以上问题，新修改的注销登记制度规定，首先，车辆从停止运行的时候开始，到最终解体为止，每个环节都要得到路运支局的确认。其次，临时注销但是长期没有恢复运行且没有出售的车辆，过一段时间车主就要向路运支局证明此车依然存在。最后，凡是出口的车，都需要先向路运支局提出出口注销申报，否则不得通关，这样就能掌握出口注销的情况了，也能防止被盗车辆的出口。如果申报了出口，但是事后又没有出口，则应另行办理手续。只有这样，才能防止车辆被非法遗弃。

思考题

1. 目前国外二手车贸易的主要特点是什么？
2. 我国现阶段二手车市场发展所呈现出来的特点是什么？
3. 总结国内外二手车市场及其相关发展环境的区别与差距。
4. 我国二手车市场的发展面临着哪些问题与影响因素？
5. 查找相关资料，针对某二手车市场成熟国家的情况，分析比较国内外二手车市场的具体区别。

第三章

我国二手车贸易环境分析

第一节　二手车贸易形势

一、国外二手车贸易形势

二手车交易是汽车流通业的重要组成部分。从国际上看，任何一个发达国家旧车的交易量肯定超过新车交易量。近年来，国外二手车交易量与新车交易量之比为1:1，发达国家促进轿车消费的经验告诉我们，汽车市场的培育、发展是一个循序渐进的过程，具有一定的内在规律：新车销售支撑现实市场，二手车交易、二手车置换实现并完成消费群体的新一轮循环，推动着汽车市场向更高的层次和水平发展。数据表明，二手车市场始终是个“热度不退”的市场。国外二手车市场已经很完善，其中一个标志是新车与二手车价格拉开了很大的距离，一般用了八九年的车最多能卖到新车价格的十分之一。究其原因，不外乎是有了二手车价格评估机构，在二手车市场里，买卖双方都不是汽车业界的行家，对于汽车交易的价格都心中没底。有了这样权威、公正的二手车评估机构，对要出售的二手车进行综合评估，才能使整个市场运作得更加规范、健康，使买卖双方都能恢复到正常的交易心态。

发达国家二手车市场显得如此重要有以下几个原因：

1）车主在拥有新车一段时间后，必然会将车在二手车市场出售，所获得的资金用来资助下一部新车的购进，这就加快了汽车的更换周期，促进了市场的发展。

2）二手车市场能满足大部分无力购买新车的潜在顾客的期望，他们通常购买二手车而成为车主，这就使得更多人拥有了汽车。

3）汽车价值的完全丧失需10～12年，最初的2～3年损失最大，二手车市场可体现二手车的一定程度的保值，这对于汽车是仅次于家庭住房的投资来说是非常重要的。

4）二手车价值对刺激新车的购买是有影响的，坚挺的二手车价值，使换车成本的降低成为可能，反过来，新车的产量也可维持在较高的水平。

5）二手车发达的市场可获得不同形式的大量税收，错误的税务政策会对二手车市场和车辆价值造成灾难性的影响。

值得一提的是，国外二手车走俏的主要原因是符合市场经营的规则，而且相关的法律法规比较健全。以美国为例，其每年汽车交易量为5000万辆以上，而其中的二手车交易占到了75%。从欧美等国家的汽车交易比例来看，二手车的交易已完全进入成熟期，其发展对汽车工业的迅速发展起到了重要的支撑作用。

国外二手车交易通常有汽车产权证，完善的金融产品配套服务更加推动了二手车市场的繁荣。国外的二手车交易商往往大批挑选二手车进货，运到修理厂进行全面翻新，再以较高的价格推向市场。

以下是主要发达国家二手车贸易的大致情况：

（1）美国 近年来，美国二手车市场早已发生了翻天覆地的变化，各种经济力量和一些新技术的结合正在不断改变二手车市场的行情；一系列的改变显然给广大的消费者带来了更多的利益。如今二手车的各种技术性能比过去的二手车要好得多。最近几年二手车的价格始终是稳中有降，这在很大程度上是因为近些年逐渐兴起的租赁新型汽车的结果。

1）交易量大。美国每年汽车交易总量为5000万辆，其中旧车就占了3/4。2013年二手车交易量为4200万辆，占全年汽车交易总量的73.2%，二手车交易额达3700亿美元，占汽车总交易额的55%以上。

频繁的旧车交易不仅满足了不同消费者的需求，也带动了汽车行业的发展，形成了不断推陈出新的局面。

2）购车时间缩短。二手车平均售价为9000美元，而同样的新车要2.02万美元。从质量上看，二手车大多数是用了两三年后的车，质量上乘，价格则是新车的一半；而市场上最抢手的却是高档车。原因是价格便宜，均在1.5万美元左右，而品牌则是名牌，性能又好。对此，有人分析，二手车畅销已造成美国汽车市场新车出现滞销。此外，美国还专门编制了二手车“蓝皮书”，专为用户提供二手车的性能价格比和行情资料。

3）中介服务到位。在美国，二手车交易分为旧换新、旧换旧、拍卖等形式，交易绝大多数是通过经纪公司进行的，私人之间的交易只占交易总量的4%～6%。

（2）英国 70%的英国家庭拥有一辆车，24%的家庭有两辆车或更多。英国的二手车价格非常低廉，在英国曾出现过18英镑的二手车，但是如果将二手车送到回收厂还要缴纳30英镑的处理费，大家当然更愿意进行二手车买卖。

（3）德国 在德国，二手车交易必须符合三个条件：正在使用，有号牌，有使用价值。据统计，在购买第一辆车时，2/3的人首选二手车。

一辆普通的大众轿车最终的销售利润为100欧元，而销售一辆二手车的利润远不止这些。所以，经营二手车对买卖双方来说，都是能够得利的好买卖。

（4）日本 在日本，以“二手车拍卖会”或汽车置换等方式推销二手车已经很成功了。如丰田公司就有专门的丰田汽车置换机构——为了促销丰田汽车而成立的“卖新换旧”的经营公司。

二、国内二手车贸易形势

1. 国内二手车贸易总体形势

二手车市场是汽车市场一个重要的组成部分，是汽车流通业一个必不可少的重要环节，它的培育和发展直接影响着整个汽车市场的发展。二手车以低价位、经济实用的特点吸引了大批有购车欲望的消费者。目前我国二手车交易量年增速为10%左右。据权威人士预测，我国二手车市场的成长期至少需要20年时间，这个阶段，二手车的交易递增速度会保持在每年10%以上。我国的二手车市场正处于由导入期向成长期过渡的关键时期。

2. 国内主要城市的二手车贸易情况

(1) 北京 北京自1985年开办二手车交易市场后，年交易量以年均20%的速度递增，仅北京南二环二手车交易市场每天等待交易的汽车就达800多辆（50%以上是轿车），其中85%的二手车销往市内，15%销往外省。

北京较大的二手车交易市场分别是北京二手车交易市场（菜户营立交桥南）、中联二手车交易市场、北京国际汽车贸易服务园区和北京二手车交易市场顺义市场。

(2) 天津 早在1997年，天津二手车的成交量就在3万辆左右，成交额达20亿元，目前每月成交量中轿车占70%以上。

(3) 上海 经过十多年的发展，上海二手车年均交易量已达5万辆以上，经营单位有近百家。2015年，上海市二手车交易量累计达39.37万辆。

为了提高上海市车况、车貌以及外省市存在车籍管理上的差异，车管政策除法院判决的抵债车外，禁止外地二手车转籍入上海市，因此，上海市作为最终使用地的二手车交易都属过户。

近来，随着民用轿车消费需求的扩大，上海在二手车政策方面实现五大突破：①允许带牌的二手公务车通过市场出售给私人；②允许企事业单位获得新增控购额度，允许私人通过拍卖获得私车号牌名额，在市场上购买符合上海市使用要求的二手车；③允许符合上海市使用要求的退牌二手车，上“沪C”专段号牌，在外环线外继续使用；④允许非沪籍二手车，在排放、车况等符合上海市环保和交通管理要求的前提下，在市场上进行交易，落籍上海市；⑤赋予驻场经营企业新车经营权，通过收旧供新销售新车。这样，必将刺激上海二手车交易量稳步上升，二手车市场将步入一个全新的发展阶段。

第二节 二手车消费环境

一、经济形势

1）宏观经济继续向好的方向发展，经济活跃程度继续提高，微观企业效益继续好转，为汽车需求特别是二手车的扩展提供了基础保证。2015年我国经济发展出现了重要转机，经济增长速度由降转升，国内生产总值（GDP）达到67.67万亿元，人均GDP也达到了5.2万元，而且全年经济增长速度达6.9%，这样的经济形势无疑给汽车市场提供了良好的发展空间，使汽车需求具备了快速增长的宏观基础。

2）继续实施积极的财政政策，将为汽车市场提供一定的发展机遇。积极的财政政策对于激发汽车消费会起到杠杆效应。如政府加大对汽车工业的投资力度，扶植一批市场前景看好、有发展潜力的汽车企业，放宽对汽车消费的种种限制，势必能够带动汽车市场的快速发展。因为自1985年以来，私人购车比例一直在逐年提高，目前已超过汽车总保有量的70%。

3）公路建设快速发展，高速公路通车里程大幅增加，有利于公路运输在运输业中竞争力的提高，从而带动汽车需求的扩张。自1998年实施积极的财政政策以来，高速公路建设步伐明显加快（见图3-1），截至2013年年底，中国的高速公路总里程为104468km，跃居世界第一位。高速公路网的早日形成对公路运输竞争力的提高无疑是个极大的促进因素，这不仅对当年汽车需求的增长有很大的促进作用，而且对汽车需求的长期增长将起到基础性作用。

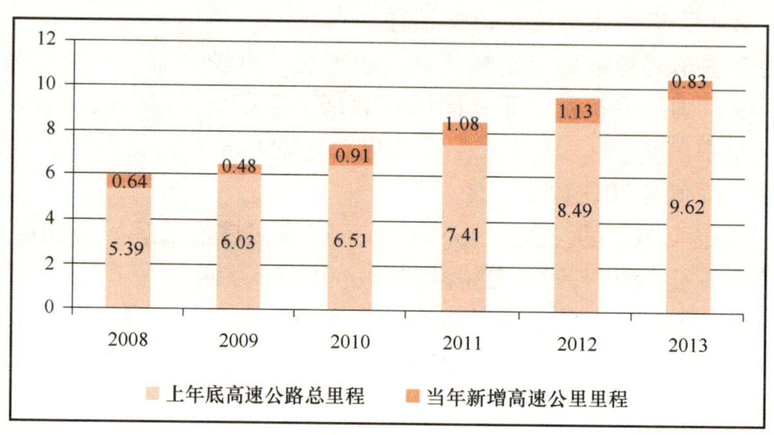

图3-1 高速公路通车情况（单位：km）

二、政策因素

1.《汽车工业产业政策》

2004年颁布实施的《汽车产业发展政策》规范了我国汽车工业发展新模式，加快了国内汽车生产企业产品更新换代的速度，调动了外商向中国汽车业投资和转让技术的积极性。新政策规定：国家鼓励二手车流通，培育和发展二手车市场。

2.《旧机动车鉴定估价师国家职业标准》

这一标准的颁布从制度上规范二手车交易行为、保护国家和消费者的合法权益。同时，国家还从规范市场交易秩序和完善售后服务体系的角度出发，制定出一些政策或措施，对二手车市场进行管理，一个规范有序的二手车交易市场逐渐形成。

3. 汽车消费贷款政策

汽车消费贷款政策也推动了汽车置换业务的开展。我国从1994年以来一直尝试开展“汽车按揭业务”，从1998年开始，各大商业银行和保险公司开始全面介入汽车消费贷款业务，在一定程度上刺激了汽车需求的增长。通过20多年的发展，汽车消费信贷从征信体系、审批流程等方面都做到了很好的管理，消费贷款这一金融工具在企业和个人中得到了很好的发展。

由于贷款购车的兴起和发展完善，高档进口二手车的销售被极大地激活了。在二手车交易中，各经纪公司逐步规范自身经营行为，从收购、维护、售中、售后服务质量等各方面都有所提高。

4. 交易形式逐步多样化

贷款购车、贷款以旧换新等业务的开展，使二手车交易形式多样化，为消费者提供了更多的选择，使一部分潜在的消费者成为现实的消费者。如二手车置换业务，收购需要更新的旧车，然后补足新旧车的差价，购置一批新车用于更换，这种新的销售模式既盘活了旧车资源，又促进了新车的销售。

三、其他相关形势

1. 消费观念的变化

国民经济总量增长必然推动人们的收入水平提高。根据马斯洛需求层次理论，当一个人在穿衣、食宿等基本生活需求得到满足后，必然要在其他方面寻求更高层次的心理满足。从我国居民的消费倾向来看，城镇居民已经基本解决了吃、穿和部分用的问题，正在向提高生活质量的高消费层次方向转变，而住和行成为居民的消费方向和重点。居民的长期消费预算中，最主要的支出是住房的改善。但由于最近几年居民收入的稳定增长，汽车消费观念已经发生了根本性变化，私人拥有汽车已经从奢侈消费成为普通生活资料消费，汽车产品消费过程从单一品牌选择向多维度选择转移。

2. 环保因素的推动

一些省会城市相继出台了净化城市的“蓝天工程”，同时更新了一批不符合环保要求的轿车和客车；一批新品牌轿车的推出，使得一些追车族和富裕的家庭淘汰了旧车，更换了新车；一些基本建设项目完工后的运输车辆充实了二手车市场的资源。

3. 城市周边地区的需求增长

城市周边地区的汽车需求增长的主要原因有：①不同地区消费者购买力和对商品的期望值存在很大的差异，从发达地区下来的车辆自然地可以转给相对落后的地区，同时满足双方的需求。②发达地区对机动车辆本身及其使用范围做了一定的限制，而且有越来越严的趋势，使得相当一部分完全能够使用但不能满足要求的车辆被迫外流，作为二手车转让。

4. 以经纪公司为主体的交易方式是大势所趋

北京中联二手车交易市场、上海二手车交易市场等经纪公司做得比较好，而且二手车市场逐步形成了统一的游戏规则。除此以外的各经纪公司逐步规范自身的经营行为，从收购、维修美容、售中、售后服务质量等各方面都有所提高。

5. 网络普及化程度提高

一些电子商务公司已经介入到二手车交易中来，不仅起到了信息平台的作用，而且作为二手车专门收购，销售的电商平台也发展迅速。在二手车流通销售渠道中又多了一种非常便利的选择。

第三节　二手车消费需求

一、国内轿车消费现状分析

1. 汽车市场潜力巨大

（1）汽车产销量　2015 年，我国汽车总产量达 2450.33 万辆，同比增长 3.3%；国产汽车总销量达 2459.76 万辆，同比增长 4.7%。

（2）汽车保有量 我国私人汽车保有量逐年上升。1988 年我国民用汽车保有量为 464.4 万辆，2014 年我国汽车拥有量为 15447 万辆。私人汽车保有量增长更为迅速。2014 年，私人汽车保有量达 12584 万辆，约占全社会的 81%，特别是轿车，91% 以上是私人购买。表 3-1 列出了 2005—2014 年我国私人汽车保有量及其所占比重。

表 3-1 私人汽车保有量及其所占比重

年　份	民用汽车总保有量/万辆	比上年增长率（%）	私人汽车保有量情况		
			私人汽车保有量/万辆	比上年增长率（%）	占总保有量比重（%）
2005 年	4329	20.6	2365	22.0	54.6
2006 年	4985	15.2	2925	23.7	58.7
2007 年	5697	14.3	3534	20.8	62.0
2008 年	6467	13.5	4173	18.1	64.5
2009 年	7619	17.8	5218	25.0	68.5
2010 年	9086	19.3	6539	25.3	72.0
2011 年	10578	16.4	7872	20.4	74.4
2012 年	12089	14.3	9309	18.3	77.0
2013 年	13741	13.7	10892	17	79.3
2014 年	15447	12.4	12584	15.5	81.5

（3）汽车需求量 从长期的角度考察，汽车市场的发展将经历导入期、成长期、成熟期三个阶段。在导入期，汽车需求的增长速度很快，但总量小，因此每年的需求增量也小。在这一时期，随着时间的推移，汽车总量在不断扩大，每年的增量也逐步增加。在成长期，汽车需求增长幅度比前一时期明显增大，千人保有量和购买量都与前一时期分属不同的数量级。在成熟期，汽车需求总量保持较大规模，但需求增长速度很低。所有发达国家汽车市场的发展基本都经历了这个过程，从有关指标看，目前我国的汽车市场已处于发展初期阶段。

2. GDP 和人均 GDP

据权威机构测算，世界 GDP 每增长 3.66%，轿车需求将增长 1%；而中国汽车需求的增长则与 GDP 成正比，即以每年以 8% ~10% 的速度增长。

国外有识之士认为，当 R（R = V/IC，其中 V 代表经济型轿车价格，IC 代表人均 GDP）达到 2 ~3 时，轿车市场就会启动。那么以 R =2.0 来估算，要启动轿车市场，人均 GDP 须达到 5000 美元，一些沿海较发达的城市已经达到了这个数字。据来自国内比较客观的分析，当 R =1.8 时，一些沿海较发达的城市便可启动轿车市场，这时的人均 GDP 达 5555 美元。

3. 收入及消费水平和汽车价格

随着经济的快速发展，近 20 年来的汽车价格相对国民生产总值和人均可支配收入却有了一定的下降。2015 年，全年全国居民人均可支配收入为 21966 元，比上年增长

8.9%，扣除价格因素，实际增长 7.4%；农村居民人均可支配收入 11422 元，比上年增长 8.9%，扣除价格因素，实际增长 7.5%。这标志着中国已经进入家庭购车作为主要购买的状态。价格是决定商品进入市场的重要因素之一，汽车价格的下降使得在近几年中，我国特别是相对收入较高的家庭购车的比例和数量会大大增加。

4. 小康型消费热点突现

市场消费热点是指购买力集中指向的热门商品或劳务服务，它是商品经济体制共存的一种现象。消费热点在不同的经济发展水平下有不同的生成原因，其性质和特点也不完全相同。按经济发展水平的高低，消费热点可以分为贫困型、温饱型、小康型和富裕型四种类型。

我国各项宏观经济指标显示，我国的市场正处于小康型消费热点，并出现了以下三股消费浪潮：

（1）房地产浪潮　从 2000 年起，我国个人购买商品房比重持续上升，2015 年，商品房销售面积为 128495 万 m^2，比上年增长 6.5%，增速比 1~11 月份回落 0.9 个百分点。其中，住宅销售面积增长 6.9%，办公楼销售面积增长 16.2%，商业营业用房销售面积增长 1.9%。商品房销售额为 87281 亿元，增长了 14.4%，增速回落 1.2 个百分点。其中，住宅销售额增长 16.6%，办公楼销售额增长 26.9%，商业营业用房销售额下降 0.7%。

（2）移动通信浪潮　我国移动电话用户总数达到 12.86 亿户，普及率达 94.5%。根据工信部发布的《2014 年通信运营业统计公报》，2014 年，全国移动电话用户净增 5698 万户，总数达 12.86 亿户，移动电话用户普及率达 94.5 部/百人。2008~2014 年，我国移动电话用户数从 6.41 亿户增长到 12.86 亿户，增幅达 100.62%，移动电话用户普及率由 48.5 部/百人增长到 94.5 部/百人，增幅达 94.85%。2014 年，智能手机销量较 2013 年仍保持 20% 以上增长速度，达到 4.2 亿台。2015 年，中国国内智能手机销量将达到 4.5 亿台，是美国市场销量的三倍，约占到全球智能手机销售量的三分之一。

（3）家庭轿车浪潮　众所周知，住房是生活方式的第一次革命，汽车是生活方式的第二次革命。截至 2015 年底，我国驾驶人数量已经达到 3.2 亿人，数量位居世界第一，2020 年，全国驾驶人将达到 4.7 亿人。我国持有驾照的人数远远超过了汽车的保有量，这就意味着我国还存在着巨大的汽车需求缺口，这无论对于新车还是二手车，潜在市场都是非常巨大的。

5. 新产品问世时间缩短

家用轿车投产上市的周期大大缩短，每年都有几十种新车下线，这种情况将大大地加快汽车更新的脚步，从而推动我国二手车贸易的发展。

二、国内轿车需求分析

1. 私人轿车消费的两个市场

轿车进入家庭，应是指进入普通工薪家庭，而非少数富裕家庭。依照市场经济规律，私人轿车必然首先进入少数富裕家庭和出租车市场（也称为私人轿车的个别消费市场），然后进入工薪收入较高的家庭，最后进入普通工薪家庭（也称为私人轿车的群体消费市场）。除少数富裕家庭外，国家政策的催化作用有可能在人均国民收入不太高的情况下就

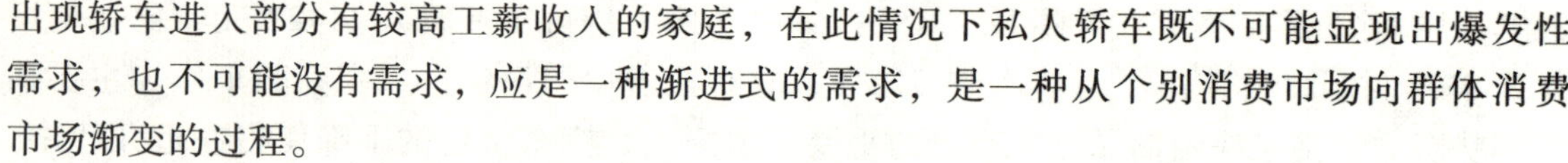

出现轿车进入部分有较高工薪收入的家庭，在此情况下私人轿车既不可能显现出爆发性需求，也不可能没有需求，应是一种渐进式的需求，是一种从个别消费市场向群体消费市场渐变的过程。

2. 国内轿车市场的有关因素分析

1）制约私人购买轿车的价格必将逐步下降，逐步与国际价格接轨，然而下降的过程是相当长的，获取轿车生产的规模效益不是短期内能够实现的。

2）路况的改善将是渐进的。道路状况不佳，经常性的交通堵塞使有经济能力的潜在购车者会在购买私人轿车问题上犹豫不决。

3）停车场（库）将是个棘手的问题。

4）燃油税的实行将激发轿车的新增需求和更新需求，将促进家用轿车的购买。

5）未来居民收入将逐步提高，但收入差距会加大。所以从全国角度讲，轿车进入家庭不太可能出现爆发性需求，而将是依次渐进的。

6）轿车车型必将越来越多样化，以满足不同层次的需求，量大面广的经济型轿车应作为主导产品。

由于中国国土面积大，人口众多，因此中国轿车市场的潜在需求非常大。

案例

2015年中国二手车市场现状及前景分析

据统计数据，2014年全国共交易二手车605.3万辆，相比2013年同期增长16.3%，交易额为3675.7亿元，相比上年同期上涨26%。国内的二手车市场增长的空间巨大，各行业都想分一杯羹。下文是对中国二手车市场现状及前景分析。

6.86%和16.33%，前者是2014年中国汽车市场新车销量增速，后者是同期二手车市场销量增速。市场微观层面也正在发生变化，高端品牌汽车纷纷看好中国二手车市场。

中国汽车流通协会的统计显示，2014年中国二手车市场交易量达到605.29万辆，相比上年同期增长16.33%，交易额为3675.65亿元，同比上涨26.03%。

“二手车市场有望实现更高速的增长。”中国汽车流通协会副秘书长沈荣预测说，2015年二手车交易规模将突破千万辆，并有望达到1100万辆，中国的二手车市场即将步入“千万辆时代”。

这并非盲目乐观，而是有经验可循。二手车市场在发达国家已非常成熟，相关二手车行业市场调查分析报告显示，2013年，美国的二手车交易量是其新车交易量的2~3倍，欧洲在2倍左右，日本为1.3倍，而中国的二手车交易量不到新车交易量的1/3。

“中国汽车市场正在告别高增长时代，买方市场格局初显，汽车市场新车和二手车结合将更趋紧密。”沈荣认为，二手车未来有望取代新车市场地位，成为汽车消费市场的主体，这是汽车产业发展的必然趋势。

市场微观层面正在发生的变化，凸显企业及资本对这块市场的看好。继宝马、奥迪等接连推出认证二手车品牌，沃尔沃日前宣布将以“尊沃”品牌进军二手车认证市场，旨在解决二手车车源信息不对称、车况不透明、交易诚信无保障等诸多痛点。根据计划，尊沃二手车授权网点将覆盖15座城市，到2016年将发展至30座城市，基本实现所有省会城市和重点城市的全覆盖。

在中国汽车市场消费结构转型，消费者需求朝着中高端升级的背景下，奥迪、沃尔沃等高端汽车品牌，依然保持远高于市场平均增速的销量增长。

“二手车市场发展潜力巨大，市场前景广阔。随着中国汽车保有量提升，市场正在由新车销售导入后市场销售的转化阶段，而二手车交易正在成为后市场交易核心的增长点。”沃尔沃有关负责人说。

早在2000年，二手车业务就开始受到汽车厂商和经销商重视，众多厂商纷纷开展自身品牌二手车业务。在沈荣看来，从交易内容、方式以及效果看，中国二手车市场发展尚处初级阶段，主要停留在交易层面，并未达到二手车贸易平台的水准。不过，背靠巨大的汽车保有量，旧车交易量超越新车是趋势，中国汽车市场正在逐步向发达国家市场看齐。

思考题

1. 分析西方国家二手车贸易的整体形势特点。
2. 分析国内二手车贸易的总体形势和主要城市的二手车贸易特点。
3. 消费环境为二手车贸易的发展带来了哪些机遇？
4. 影响二手车市场发展的宏观因素有哪些？简述其影响内容。
5. 国内二手车市场消费需求将呈现怎样的趋势与特点？

第四章

二手车贸易模式

相比发达国家成熟的二手车市场，我国二手车市场发展时间短，行业规范不完善，结构单一，从业人员素质普遍偏低，且消费者对购买二手车心存疑虑。我国正尝试着借鉴国外成熟的二手车交易模式，结合国内地区和市场的具体情况，因地制宜、因时制宜、因势制宜地采取不同的、多种多样的二手车经销模式，共同发展，从而繁荣我国的二手车贸易。

二手车市场的经营模式和交易模式在很大程度上代表了二手车市场的发展程度。传统的以车贩子倒车为主要的二手车流通方式将被二手车电子商务、二手车品牌专卖等交易模式取代，从而形成多元化的发展格局。

第一节　二手车交易市场

一、二手车交易市场的概念

传统二手车交易市场是指收集二手车信息和资源，为买方和卖方提供商品交换和产权交易的场所，同时对二手车交易及产权转换的合法性进行审查。所以，二手车交易市场的主要业务就是接受产权交易双方的委托并最终实现交易。

现代二手车交易市场是以企业经营活动为依托，辅以必要的政府协调功能，具有二手车评估定价及二手车收购、销售、寄售、代购、代销、租赁、拍卖、转让、置换、让与、检测、维修、配件供应、美容、装饰、售后服务等功能的经济实体，并能为客户办理过户、上牌、保险等手续的服务性机构。同时，按照国家有关法律、法规杜绝强盗车、走私车、非法拼装车和证照与规费凭证不全的车辆上市交易，以确保二手车交易市场的合法性与规范性。

二手车交易市场是我国汽车流通的主渠道之一，集物资、工商、公安、税务和鉴定评估等管理功能于一身，实行多形式、多元化、一体化、连动式二手车营销模式。

二、二手车交易市场的功能

二手车交易市场是实现机动车商品二次流动的场所，它具有中介服务和商品经营的双重属性。其具体功能如下：

1. 开展汽车营销功能

二手车交易市场的营销功能包括：提供二手车鉴定估价、二手车收购、销售、寄售、代购、代销、拍卖、经纪、置换与让与、二手车租赁；二手车检测、二手车配件销售、

二手车美容装饰、二手车维护、二手车信息咨询服务等。

2. 办理相关手续功能

在二手车交易市场可以办理车辆过户、转籍、上牌、投保等手续。

3. 政府审查执法功能

二手车交易市场的政府审查执法功能包括：审查二手车来源的合法性；杜绝报废车、盗窃车、走私车、非法拼装车和证照与规费凭证不全的车辆上市交易；杜绝偷、漏税费行为（车辆购置税等）。

4. 车辆流通管理功能

二手车流通涉及车辆管理、交通安全管理、国有资产管理、社会治安管理、环境保护管理等各个方面，属特殊商品流通，必须在批准的二手车交易市场内进行。国务院商品流通行政管理部门负责全国二手车流通的管理。随着近年来电子商贸模式的兴起，二手车交易市场开始从传统的有形市场逐渐向无形市场发展。

三、二手车交易市场的特点

1. 特殊性

二手车交易不同于其他一般商品的交易，具有特殊性。首先，二手车交易是机动车交易的一种，其次，它又是旧货交易的一种，所以必须遵守《旧机动车交易管理办法》。

2. 技术性

汽车商品的制造工艺复杂，结构多样，对二手车的技术鉴定与管理难度大。二手车技术鉴定人员不仅要对汽车性能的各种检查检测方法、故障现象、故障原因以及维修工艺和费用等有较深的了解，还要熟悉二手车交易的相关法律法规和交易流程。

3. 灵活性

二手车鉴定评估只是对交易商品提出交易的参考价，而不是指导价，所以其价格弹性较大，易受销售人员的影响。

4. 长周期性

二手车交易除了收购，有时还伴有车辆美容、装饰、喷漆、零配件更换、技术状况评估等环节，所以和一般新车销售的一手交钱、一手交货，迅速完成交易相比，二手车交易过程周期较长。

第二节　二手车交易模式

随着二手车市场的逐渐规范和繁荣，二手车的交易模式也越来越丰富。二手车的交易模式主要有以下几种：

1. 超市模式：总有一款如你所愿（此内容将在第三节中详细介绍）

超市模式主要存在于较成熟且成规模的二手车市场。这种二手车交易市场的车源较充足，品种也较多，逛一次基本可以满足需求。如果想买一辆二手车代步或练车技，逛交易市场不失为最好的选择。

优点：品种繁多，市面上的车在这里基本都可以找到。

缺点：市场的位置一般比较偏远，选车靠眼力，谈价靠策略。

2. 置换模式：以旧换新最划算

近几年，二手车置换业务在铺天盖地地开展。这种置换模式普遍存在于4S店品牌二手车中。若想换新车，这是一个很好的渠道。除此之外，很多汽车公司都推出了自己的二手车品牌，和市场上普通的二手车不同的是，品牌二手车针对消费者担忧的二手车售后问题，推出了售后保修服务。

优点：拿来置换的二手车能有一个不错的价格；买的品牌二手车可享受4S店的售后保修服务。

缺点：有限制，一般都以购买新车为前提；4S店的认证二手车品牌较单一，价格稳定，基本无砍价空间。

3. 汽车集团：质量有保证且便利

越来越多的消费者选择去大型汽车集团购买二手车。汽车集团拥有多个品牌的4S店，二手车货源广，而且有成熟的售后服务，对于消费者来说，这里能提供品质保障及一站式的便利服务。

优点：品牌多，质量有保障，提供一站式的便利服务。

缺点：砍价空间有限。

4. 中介模式：二手车寄卖较合适

在二手车中介商那里，客户可以像转让二手房那样将车辆寄卖，前期不收取任何费用，成功卖出去再缴纳一定的中介费用即可。值得一提的是，在二手车买卖过程中，中介商只提供信息，帮忙牵线，促使成交。车辆成交后，若有质量问题，中介商概不负责。

优点：较为便利。车辆卖出去之前，卖方不用缴纳任何费用，省钱省心。买卖双方信息较为对称。

缺点：无质量保障，发现问题只能自己处理。

5. 二手车经销公司模式：置换、贷款二手车

在二手车经销公司，客户可以直接用手中的二手车置换另一辆二手车，要出售的二手车可直接作价，如置换则多退少补，也可将售车款作为购车贷款的首付。

优点：手续办理比较方便，贷款形式比较符合现代消费习惯，不必一次性支付全部车款，可有多余资金用于其他投资。

缺点：置换车辆评估价一般为车商收购价格，低于终端出售价。

第三节 二手车超市

一、汽车大道的概念

汽车大道，即在方便顾客进入的快速路两侧，建立若干三位一体、四位一体的品牌专卖店，在独立经营、自主经营的基础上形成专卖店集群。汽车大道模式集汽车交易、服务、信息、文化等多种功能于一体，具有规模大、环境美、效益好、影响大、交易额大等特点，是目前最先进的汽车营销模式，是西方高度发达的汽车工业和当地地理、人文条件形成的产物，体现了国际汽车营销由单一专卖店向集约化、趋同性方向发展的趋势。

目前我国汽车流通领域还未出现此类形式，汽车流通领域的各个商家自成体系，散落在不同的区域，既无法形成规模经济，也给消费者带来不便，一旦国际营销力量进入我国汽车市场，会很轻易地击败国内现有的汽车商家，对国内汽车流通行业造成重创。

二、汽车超市的概念

汽车超市又称汽车商店，它与专卖店最大的不同之处在于：汽车超市可以代理多家品牌，也就是一家商店可以提供多种品牌的选择和服务。另外，有些汽车超市还设有客户休息和娱乐区。汽车超市的特点是以汽车服务贸易为主体，尽力拓展服务的外延，促使服务效益最大化。如美国卡迈克斯汽车超市在全美设有 24 家分销店，分别经营不同品牌的汽车产品。

三、二手车超市的作用

二手车超市正是借鉴汽车超市这种先进模式的经验，既给二手车经销商一个展示的机会，又让消费者“看个明白，买个放心”。目前，以车王认证二手车超市为领跑者的二手车超市正在国内蓬勃发展。

1. 二手车超市的展示与销售作用

二手车超市作为二手车的一个展示舞台，必然吸引广大消费者驻足、留意，同时商家的品牌也会被人们所留意和记住。以往，二手车市场普遍存在着管理不规范、企业诚信度不高、经销商轻视自身品牌建设和形象宣传等弊端，导致人们对其缺乏信任，而通过二手车超市这样的形式，潜在的二手车消费群体可以非常方便、快捷地认知二手车经销商。心理学中有一个理论，人们往往有“先入为主”的倾向，对陌生事物的第一印象特别深刻。由此可以推断，一个从没接触过二手车，不了解二手车，对二手车的质量、售后服务等心存疑惑，但又可能购买二手车的人，当他在二手车超市结识一家二手车经销商后，如果有一天他想要购买二手车，首先便会想到这家二手车经销商。可以预见，二手车超市对于提高人们对二手车经销商的认知度和信赖度并最终达成二手车交易具有极大的意义。

目前，二手车超市常以标准化产品、流程化管理、规模化发展为企业经营理念，可以实现认证车辆的全程质量监控，为全国的消费者提供性价比高、品质有保障的专业二手车产品及相关服务，让人们了解二手车的购买流程、维修及售后服务事宜等相关知识，培育人们的二手车消费意识，扩大二手车的潜在消费市场。

2. 二手车超市的样板示范和实验作用

二手车超市聚集了各种二手车品牌以及二手车经销商品牌，代表了一种全新的、符合时代发展潮流的汽车销售形式，所以必将吸引更多的注意力，各种经销商之间的竞争在活跃二手车交易市场的同时，也将带来二手车交易形式的创新和发展。这种活跃和创新，对于我国二手车贸易的发展来说具有以下两方面的意义：

1）二手车超市将成为我国二手车贸易中所有公司、网络布点中的典范，具有样板示范作用。

2）二手车超市将成为我国二手车贸易公司实验各种二手车销售模式的基地。一方面，在二手车超市内自然会不断产生各种二手车交易模式，竞争将极大地激发经销商的创造力；另一方面，由于在二手车超市中存在大量的经销商和二手车品牌，客源多且流动快，是进行各种营销及贸易模式实验的天然“良港”。

3. 二手车超市的电子商务平台

二手车超市网上销售平台的崛起，给二手车市场带来了新的营销商机，从以前的B2C经销商销售模式，渐渐转向C2C的个人销售模式。像“人人车”这种没有中间商赚差价的个人二手车交易平台，买卖双方直接见面交易，车源100%来自个人，并提供专业的技术检测，排除事故车，14天内想退就退，还提供1年两万公里质保等售后服务，必然会吸引年轻消费者。

第四节 二手车拍卖市场

2015年以来，受经济进入“新常态”的影响，全国拍卖行业疲软态势明显，而二手车拍卖作为新兴的拍卖业务具备高增长潜力，势必引起拍卖行业的关注。在国外，二手车拍卖非常普遍，甚至成为二手车交易的主流方式。

一、国外二手车拍卖市场

1. 日本二手车拍卖市场

日本无疑是二手车拍卖最为发达的国家，在日本，或大或小的拍卖公司有150家，这些拍卖公司交易量大，交易体制完善。日本最大的二手车拍卖企业平均每20s就能促成一笔二手车交易，每场拍卖的车辆在1万辆左右，每年下来拍卖总量能达到百万辆。如今，日本的多家拍卖公司也开始利用互联网，实现远程拍卖。

日本的拍卖市场一般采用会员制，拍卖会当天，遍布全国的上千家二手车经销商会赶到会场，以拍卖的方式获得自己中意的车型，经翻新后进店零售，或是出口至海外市场。至于拍卖车辆的车源，主要来自于厂家经销商和置换二手车，很多拍卖公司同时也提供会员交易换货拍卖。也就是说，拍卖会会员经销商拍中的车辆在一定时间内没有出售，可以降低底价重新进入拍卖场拍卖，这一服务增加了会员对于拍卖的依赖。

在日本，一般情况下拍卖一辆车的佣金在1000日元左右，为了吸引更多的会员，即便佣金这么低，一些中小型拍卖场仍会提供送货上门服务。一辆车在它的生命周期内，也许会经历多次拍卖，因此日本全国每年有1600万辆车参加拍卖，这一数字几乎是新车销售量的好几倍。

日本二手车市场最大的特点在于“诚信”，经过检测的二手车详细地注明了车况，不存在任何“水分”，他们有完善的评估和流通制度，虽然认证估价标准不同，但同一辆车最后的交易价格几乎相差无几。

2. 美国二手车拍卖市场

在美国，各大城市都有二手车拍卖市场，而且二手车拍卖已成为二手车交易的主要途径之一。

美国的二手车拍卖大厅的拍卖台上，一般有三个人，中间是拍卖师，两边分别为记录人和委托方代表，这跟我国的情况差不多。台下有两人，一位是穿黄马甲的工作人员，负责指挥待拍车辆驶入拍卖大厅并进行现场展示，另一位是开车的驾驶员。当拍卖的车辆从场外驶进拍卖大厅停在拍卖台下后，拍卖师开始报价。有的从低往高报价，出价最高者为买受人；有的若无人竞价，还可以从高往低报价，只要有人接受报价，拍卖便告成功。拍卖时整个拍卖现场都有录像，若买受人反悔，有录像为证。拍卖成交后的车辆，车牌号自动注销，须另换号牌，这跟中国的车辆拍卖成交后须换牌变更过户一样。所有待拍的二手车必须登记编码，然后进入检验场所检验并开具检修清单，经过全面整修后方可进入拍卖程序。

二、国内二手车拍卖市场

在经历了2008—2016年的高速增长期之后，中国汽车市场开始进入换车季，二手车开始大量放出，二手车买卖开始成为一种常态，并且越来越向发达国家靠拢，国家也开始推出一些利好政策。国务院办公厅发布的《关于促进二手车便利交易的若干意见》中，针对二手车行业中备受关注的限迁、增值税、电子商务平台等问题，提出了一定的促进性建议。

经历了多年探索的二手车交易平台，正在筹划着如何顺应政策和市场的变化，进行一场有效变革。此前几年，由于中国市场的独特性，不能照搬二手车市场发达国家的高效商业模式，只能有选择性地借鉴其发展经验。如今，已经有国内二手车企业把国外成熟的模式和经验引入中国。例如，优信拍执行总裁庞见维表示，优信拍将推出“集中车源网拍”模式，该模式具有拍品出售意愿更确切、检测评估尺度标准更统一、电子竞价过程线上成交等优点。

“集中车源网拍”是在美国发展了几十年的成熟且稳定的商业模式，也是第一次被真正引入国内。此前，中国二手车拍卖模式属于“现场拍”，车要去现场，买家也要去现场，直接验货出价。而升级后的“集中车源网拍”模式，相当于进行了场地的“互联网+”，将所有集中在拍卖场地上的车源全部进行专业检测，出具权威报告与评级，并接受争议与仲裁，以平台的身份对车辆的检测报告提供信用保障，然后，放到网上集中拍卖，买家只需坐在计算机前就可以看到成千辆车，随意挑选、出价，价高者得。这也意味着全国各地的经销商都可以通过远程的形式竞得来自全国各地的优质二手车，极大地提高了二手车拍卖行业的整体效率。在政策利好的大环境下，二手车全国大流通是行业的重大发展趋势，二手车电子商务平台要为经销商服务，为厂商、经销商、消费者构建一个透明、公正、便捷的竞价平台。

当然，要想实现“集中车源网拍”模式也绝非易事，这个模式必须在很多现场基础设施建成之后才能实现，这里面包括了前期大量的资本投入。比如，优信拍北京场地设施齐全，现场有交警驻场，这也是企业实力的证明。同时，对于二手车的车况也提出了很高的要求，优信拍推出的全系机动车检测设备——“查客”，为经销商提供了标准化的检测流程，从损伤鉴定、事故历史、违章识别等多个维度，高效完成全车检测，避免信息缺失，并可形成完整的车况数据报告。确保检测过程与结果不偏不倚，同时提供高质量的后续服务体验，为交易双方提供最便利与公正的环境，也为经销商节约了大量的时间。当然，这个模式是美国拥有70多年二手车交易历史的著名老牌二手车拍卖公司Manheim，得以在互联网化的今天依然能够成为美国本地市场领先的二手车交易平台的制胜法宝。换句话说，这是经历过市场考验的商业模式，企业需要有足够的积累和实力才能转型成功。在利好的国家政策和市场条件下，我国二手车市场极具想象空间。

拍卖是二手车市场不可或缺的一种重要方式，是二手车市场目前最活跃的一种交易方式。从全世界范围来看，拍卖作为主要的二手车批发交易方式，承担了二手车大流通的重任，市场前景十分广阔。通过拍卖，可以实现分散车源的集中化、规模化和跨地域流转。而且现在很多二手车交易平台都引入了风险投资，例如，车易拍平台2015年网上交易量已达到10万辆，交易金额达几十亿元，并已经实现三轮融资，发展得非常快。

二手车拍卖在国内尚属新兴行业，还需不断历练。借助“互联网+”的优势，我国的二手车拍卖业务将蒸蒸日上，拍卖将是做大二手车市场的关键。

三、二手车拍卖实务

1. 基础拍卖价格

作为二手车拍卖商，首先要了解两个基本问题，一个是价格计算方法，另一个是报废时限。由于二手车价格的影响因素较多且每辆车的情况不同，导致定价只能走“估价”这条路。一般二手车按照车型、里程、年限这三个因素估算价格。

（1）按照车型估价 二手车商在收购二手车时，是以其“基本型”即最便宜那一款的时下新车价格作为参考。车辆在没有发生大故障的前提下，第一年折旧率为15%左右，第二至第五年，每年递减6%~8%。同系列中，二手车的收购价以基本型为基础。所以车主可以根据自己爱车所属车系，以基本型现价为准，再扣除折旧，即可大致确定车辆的收购行情价格。

（2）按照里程估价 一些业内人士总结出二手车价格计算公式，通过“54321法”估算二手车的价格。一般认为，一辆车最多行驶30万km就报废，超过30万km后，维修维护费可能比车本身的价值还高。因此将其分为5段，车辆的总价值是15/15，每段6万km，每段价值分开依序为新车价的5/15、4/15、3/15、2/15、1/15。也就是说，新车开了第一段6万km后，就耗去了新车价值的5/15，而第二段6万km则消耗了总价值的4/15，之后依次递减。例如，如果某辆新车的市场价为10万元，行驶12万km后，所剩价值为10万元×(3+2+1)/15=4万元。

（3）按照年限估价 如果不能确定二手车的行驶里程，则可以根据其使用年限来推断其价值，一般认为，一辆车的使用寿命为10年，同样将其分为5段，也就是说，头两年将消耗1/5的价值。还是以市场价为10万元的车为例，如果该车已经行驶了4年，则该车还值6万元。对于档次低的车，需要灵活使用该方法。

根据商务部、发改委、公安部、环境保护部令2012年第12号《机动车强制报废标准规定》，机动车的使用年限及行驶里程参考值见表4-1。

表 4-1　机动车使用年限及行驶里程参考值

车辆类型与用途				使用年限/年	行驶里程参考值/万 m^2
载客汽车	营运	出租客运	小、微型	8	60
			中型	10	50
			大型	12	60
		租赁		15	60
		教练	小、微型	10	50
			中型	12	50
			大型	15	60
		公交客运		13	40
		其他	小、微型	10	60
载客汽车	营运		中型	15	50
			大型	15	80
	非营运	专用校车		15	40
		小、微型客车，大型轿车		20	60
		中型客车		20	50
		大型客车		20	60

2. 二手车拍卖形式

二手车拍卖业务一般有以下两种形式：

(1) 委托拍卖　二手车委托拍卖所需材料：①《机动车行驶证》、购置税完税证明、车船使用税完税凭证、原始发票或过户发票；②车辆所有人证件（私人为身份证、户口簿；企事业单位为组织机构代码证）。二手车委托拍卖流程如图 4-1 所示。

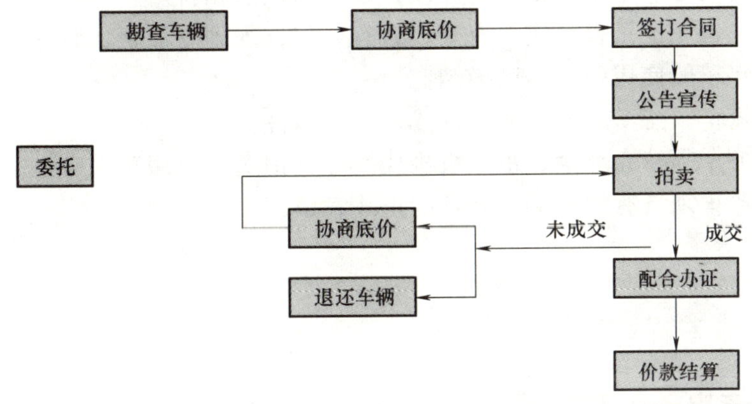

图 4-1　二手车委托拍卖流程

(2) 参加竞买　二手车参加竞买所需材料：①竞买人身份证明（私人为身份证；企事业单位为组织机构代码证）；②保证金：按每次拍卖会规定的标准交付。二手车竞买流程如图 4-2 所示。

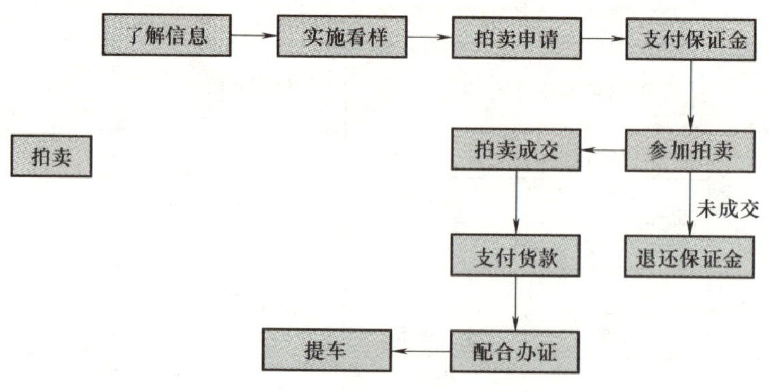

图 4-2 二手车竞买流程

3. 二手车拍卖注意事项

（1）拍卖现场注意事项 竞买人在拍卖公告规定的咨询、展示期限内，有权了解拍卖车辆的有关情况，实地查看拍卖车辆。

竞买人应按拍卖公告规定的时间、地点准时出席拍卖会。

拍卖成交后，买受人当场与拍卖行签订《拍卖成交确认书》，竞投号牌应立即回收，买受人保证金自动转为定金。

（2）了解汽车报废时限和价格计算 核查行车执照是否在年检有效期内，如车辆使用年份与行车执照登记日期不相符，则须到交易大厅咨询处查询。

对达到规定报废标准或距报废期限不足一年的汽车不予办理交易过户手续。

进口汽车办理交易过户手续须距领取牌证日期两年（24 个月）以上，国产车辆办理交易过户须距领取牌证日期六个月以上。进口汽车再次办理交易过户须时隔六个月以上。

（3）二手车检查 包括以下内容：

1）核查购车原始发票或上次交易过户凭证。

2）检查发动机号、车架号是否有涂改，是否与执照相符。

3）检查附加费凭证是否真实、有效，若有疑问，须到附加费征收处认证。

4）检查当年车船使用税是否已缴纳。

5）拍卖私家车须持车主本人身份证或户口簿原件。

6）拍卖公务车须持介绍信、组织机构代码证，拍卖公务用车须有批文。

7）拍卖公务车须具有税务部门开具的正式发票。

第五节 二手车电子商务

一、二手车电子商务概述

我国二手车电子商务从乏人问津到炙手可热只经历了短短 1 年左右的时间。面对“限购”“限迁”“税收不规范”“信息不透明”等传统瓶颈政策，汽车经销商不仅要饱受新车销售放缓的冲击，又面临着 4S 店线下实体销售的饱和以及二手车车源碎片化的尴尬。电子商务的产生和发展打破了地域的局限性和车源的零散性，整合了商家与车源资料，拓宽了二手车市场的交易范围与交易模式，为二手车市场的销售渠道创造了新兴交易模式。

二手车电子商务公司是指利用互联网技术或手段开展二手车相关的交易和服务等活动，能够在线上打通车主与车商、车商与车商、车商与购车用户之间的信息流与现金流，同时具备互联网思维的企业。互联网以其大容量、高速度、大范围等特点，实现了全天候的及时有效的信息共享与沟通服务。

二、二手车电子商务模式

近几年，二手车电子商务模式层出不穷，如以车易拍、优信拍、开新等为代表的 B2B 及 C2B 模式，以大搜车、优车诚品、赶集好车等为代表的 C2C 模式，以车王和澳康达等为代表的 B2C 模式以及每种模式下的各种细分类型（寄售模式、上门服务模式、平台模式、自营模式等）。

对于中国的二手车产业来说，不同的模式都有其存在的价值，B2B 和 C2B 模式虽然从短期来看能够更快地扩张和整合市场，但 C2C 模式能够最大限度地缩短二手车流通链条，从而实现价值最大化。寄售模式虽然能够为用户提供车辆存放的场所以及选车看车的良好体验，但是上门服务则具有更轻的模式和更快速的扩张性，自营模式虽然能够有效保证车源质量，但平台模式具有更低的投入和更小的风险。

三、二手车电子商务发展趋势

目前，二手车电子商务处于高速发展的风口，无论是资本、创业者、互联网企业还是传统厂商，都对这一领域显示出了十分高涨的热情，虽然大家都认为这个行业有大好前景，但只有对未来趋势的准确判断才能把握真正的发展脉络，成为最后的赢家。

1. 二手车市场空间大

1）从国内新车的平均车龄来看（超过 6 年），已经开始进入换车的阶段。

2）城镇化进程的加速将助推三四线城市居民对二手车需求的加剧。

3）具备品牌影响力，专业和权威的二手车交易平台的出现为二手车的流通提供了更加有效和便捷的渠道，从而推动二手车交易的繁荣。

4）二手车相关规范和标准的完善，使中国二手车行业逐步走向成熟。

5）年轻一代特别是“90 后”对于汽车的消费习惯已发生改变，他们注重拥有汽车之后生活的改变，因此二手车的电子商务将成为二手车的主流方向。

因此，预计到 2020 年，二手车的市场交易量将超过 2000 万辆，交易金额将超过 1 万亿元。

2. 二手车标准和品牌认证

2014 年 6 月 1 日，我国汽车流通业首个国家标准《二手车鉴定评估技术规范》正式实施，这标志着过去二手车市场的信息不透明、经营不规范、标准缺失等问题将发生根本性的改变。这一标准的贯彻实施，对于使二手车信息公开透明、保护消费者权益以及诚信体系的建设具有重大意义。同时，发布的“行”认证二手车品牌，解决了二手车在交易过程中消费者与车商之间的短板，增加了二手车鉴定评估的含金量，为车辆赋予了独一无二的“身份证”。“行”认证由第三方鉴定评估机构在全国范围内实施，对进入流通领域的二手机动车进行鉴定评估，建立诚信品牌，一直以来阻碍二手车产业发展的车况认证问题也得到了解决。当然，对于二手车电子商务平台来说，除了车源、在线交易平台和线下服务资源之外，更重要的核心竞争力在于打造权威和标准化的二手车认证品牌，这一品牌的塑造能够体现平台的可靠性和专业性，从而构建起有效的竞争门槛。

3. 二手车拍卖在线化

从发展趋势看，我国二手车的拍卖模式因标准化程度的完善而正在经历变化，从以国拍为代表的第一阶段，逐渐向以优信拍（C/B2B）为代表的第二阶段发展。第二阶段代表着二手车拍卖流程100%的在线化，凭借标准化的检测报告保证二手车质量，真正实现跨地域快速在线交易。虽然各大城市出台的限迁政策，在一定程度上阻碍了二手车跨区域的流通，但是从未来发展看，二手车在全国范围内快速的跨区域流转是必然趋势，因此作为二手车流通环节中不可或缺的拍卖平台将承担这一重要任务，完成消费者和企业的有效连接。

4. 二手车的跨区域流通

从整体二手车电子商务的发展来看，信息服务型电商不能解决实际交易当中的问题，针对消费者市场，交易服务型电商短期内仍将以区域性业务为主，而企业级交易服务型电商如果能够完全实现二手车交易的在线化，就能够快速地将业务覆盖至全国范围，从而打破原有的地域局限，使二手车供应和需求的匹配完全线上化，同时在线下通过完善的物流体系完成二手车的流转。

案例

天津二手车拍卖业务流程

1. 接受委托

1）审查车辆来源的合法性。

2）审查车辆的手续、证照及缴纳的各种税费是否齐全。

3）对车辆进行静态和动态检查。

4）确定委托保留价（即拍卖底价）。

2. 签订《机动车委托拍卖合同》

3. 发布机动车拍卖公告

拍卖人应于拍卖日7日前通过报纸或者其他媒体发布机动车拍卖公告，并载明下列事项：

1）拍卖的时间、地点。

2）拍卖的车型及数量。

3）车辆的展示时间、地点。

4）参加拍卖会办理竞买的手续。

5）其他事项，如号牌号码、初次登记时间、拍卖咨询电话、联系人等。

4. 展示车辆

1）在机动车拍卖前必须进行至少2日的公开展示。

2）如有意参加拍卖会，经审核符合竞买人要求，须提前办理入场手续。

5. 实施拍卖

在拍卖实施当天，竞买人经工作人员审查确认后，方可提前半小时进入会场。

6. 收费

1）拍卖成交后，收取委托方和买受方一定的佣金（收费标准按成交价的百分比确定）并开具拍卖发票。

2）拍卖车辆在整个拍卖活动中发生的相关费用由委托人和买受人双方分别承担（以成交确认作为界定，成交前由委托人承担，成交后由买受人承担）。

7. 移交车辆

1）机动车拍卖成交后，买受人和拍卖人应签署《二手车拍卖成交确认书》，在买受人付清全部货款后，方可办理车辆移交手续。

2）车辆移交时，应填写《机动车拍卖车辆移交清单》。

3）车辆移交方式（含办理过户、转出、转入等相关手续）由委托人、买受人和拍卖人商议确定。

思　考　题

1. 二手车交易市场具有什么功能？
2. 二手车交易市场有何特点？
3. 举例说明二手车超市与二手车专卖店的区别。
4. 如何确定二手车的基础拍卖价格？
5. 阐述二手车拍卖的形式及其各自的流程。

第五章

二手车贸易功能

第一节　二手车鉴定评估功能

通过二手车鉴定评估这一技术手段，可以让消费者了解车辆的技术状况、价格、行驶里程、修复经历等信息，从而提高消费者对二手车的信任度，达到促进二手车流通的目的。我国的二手车鉴定评估目的不再局限于二手车产权交易，已扩展至二手车的纳税、保险、信贷、抵押、典当、司法鉴定等非产权交易。二手车鉴定评估在二手车交易过程中起着重要作用。

国外的二手车评估体系值得借鉴：1966 年成立的财团法人日本评估协会对规范二手车鉴定评估行为起到了重要作用；德国二手车鉴定评估师资格认证是由德国认证及职业评估师协会下设的认证中心承担的，在继续教育、义务、权力、检查、质量保证等方面都有严格的规定。

二手车鉴定评估功能的有关内容将在本书第六章中做详细介绍。

第二节　二手车收购功能

二手车收购即对社会上的二手车进行统一的收购，给有能力买新车的消费者提供置换的场所，同时又为没有能力购买新车的消费者提供购车的平台，以免资源过度浪费。

二手车收购的关键之处在于能否建立起一个二手车的质量认证和价格评估体系。通过该体系对欲收购每一辆的二手车进行统一的质量认证和价格评估，从而以统一的价格标准收购符合质量要求的二手车，一般二手车收购的标准流程如图 5-1 所示。

目前，二手车收购受到了电商投资者的热捧，纷纷利用媒介宣传和补贴用户等手段抢占市场，扩大其影响力。例如，优信二手车以 3000 万元的价格拍下了《中国好声音》总决赛 60s 的广告，短时间内百度搜索指数从平时日均 2.7 万～2.8 万一度增加至 17 万左右，但是由此带来的“烧钱”效应却难以维持长久。

二手车收购市场的动态变化受到诸多外界因素的影响，例如上海市内二手车收购市场从 2015 年 12 月 31 日起，对轻型汽油车和公交、环卫、邮政行业重型柴油机执行国家第五阶段机动车污染物排放标准（以下简称“国五标准”）。不符合要求的车辆被停止销售、注册和转入，受此影响，上海二手车收购交易额急剧贬值，部分车型价格甚至在一年内下跌 30%～40%。

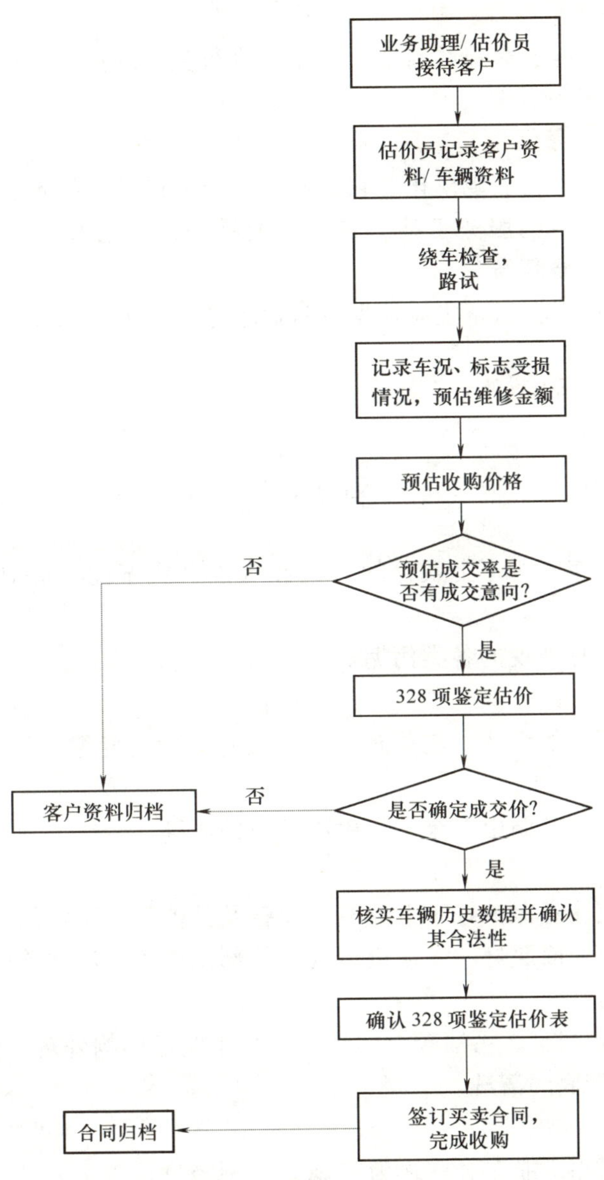

图5-1　二手车收购流程

第三节　二手车整修翻新功能

既然是二手车，不管使用了多久必然会留下使用后的痕迹，当车主想要卖个好价钱或者使自己的车“焕然一新”时，常对车进行翻新。整修翻新后的二手车可以大大提升其外观和性能。

一、二手车整修翻新的方法

对二手车进行整修翻新主要有以下两种方法：

1. 将车送往二手车整修翻新站

二手车整修翻新站能够为那些需要对二手车进行美容维护、更换部件的用户提供个性化服务，满足客户的多种需求。

2. 将车送往二手车整修翻新工厂

二手车整修翻新工厂更加规模化，它会利用专业的设备、技术、加工工艺来对二手车进行整修翻新，既可以专门服务于某个二手车贸易公司，也可以与二手车贸易商建立合作关系，进行统一的整修翻新。

上述两种方法各有千秋，车主应根据自身需求进行合理的选择。

二、二手车翻新的基本步骤

1. 去除杂物、洗车

1）在进行车辆清洗前，应首先对车上各部位（包括发动机、驾驶室、行李箱）的杂物进行清理。

2）为避免在清洗车辆时车上残存的灰尘和水混合成湿泥，应对车上各部位的灰尘、污物进行彻底的清理。

3）洗车，清洗车身外观的各类污垢。

2. 清洗内室及行李箱

1）车辆内室有不同的织物、皮革制品等，且有大量的缝隙和接口，因此需要非常细致地清理。

2）车辆内室清洗应遵循由上至下、由内至外的原则。

3. 清洗发动机

1）清洗过程中应注意保护好车上的电气设备及其他需要防水的部件。

2）注意避免电池、前照灯、发动机节气门等部位进水，清洗前应切断电路。

4. 清洗底盘及轮胎

底盘和轮胎是附着泥土、污渍较多的地方，虽不明显影响外观，但对车辆品质有很大影响，因此也要进行彻底的清洗。

5. 外观翻新

1）清洁后的车辆并不能完全称之为美观，一辆经过认真、专业、细致清洗后的车辆还需要进行总体外观的翻新，以达到美观的效果。

2）外观的翻新主要是对车身漆面上的一些细微瑕疵进行处理，给车身漆面进行整体养护，以产生光亮如新的效果。

6. 收尾检查

翻新工作结束后，车辆焕然一新，但可能还存在很多细小问题，因此要进行严格的收尾检查，包括内饰各接缝间是否清洗干净，是否还存在清洁死角等。

三、二手车整修功能

为了安全起见，购买二手车后应立即进行整修，通过整修，使车辆达到更佳的使用状态。

第四节　二手车配送功能

二手车的配送要根据各地区二手车保有量和消费量的不同以及各地不同的环境和排放标准，在各地区间开展业务，平衡各地区的二手车供需关系，推动二手车贸易市场的发展，还要通过建立一个国际二手车配送网络，为开展国际二手车贸易建立基础。

一、二手车的国内配送

一方面，根据二手车保有量和排放标准的不同，在我国经济发达地区或排放要求较高的城市，如上海、北京、天津等，与外地一些经济欠发达地区或排放标准滞后的地区之间开展二手车配送业务。根据国家环保部和工信部共同发布的《关于实施第五阶段机动车排放标准的公告》，从2016年4月1日起，包括天津市、河北省和山东省等在内的东部11个省、市施行国五标准，以上城市将出现大量的“积压”车辆配送至排放标准较低的内地，避免二手车资源的浪费。另一方面，根据消费水平的不同，可以在我国经济较为发达的地区，如上海，与消费水平较低的城市之间开展配送，一般车主不愿意将自己的车折价或低价卖出而造成廉价二手车车源不足的地区之间开展二手车的配送业务。

二、二手车的国际配送

在各国之间开展二手车的配送业务，不仅可以平衡国际二手车的资源，还可以满足消费者对进口车的需求。例如，天猫“车海淘”借着与上海自贸区外高桥汽车交易市场的合作，让消费者线上选车后，在上海或深圳进行线下提车。

无论是二手车的国内配送还是国际配送，都要求建立二手车的物流系统，这样才能对国内外的二手车资源进行统一的配送。

第五节　二手车交易功能

在开展二手车交易之前，首先要对二手车交易区域进行统一的规划，在此基础上，以各个销售区域为单位进行二手车的交易。

二手车的交易主要有以下几种方式：

（1）二手车超市交易　以某一二手车贸易公司的总体品牌为出发点，建立二手车超市，对各种不同品牌的二手车进行统一交易。

（2）经纪公司交易　这就需要建立二手车贸易经纪公司体系，建立二手车交易网点，通过二手车经纪公司对各种品牌的二手车进行统一交易。

（3）与新车同地交易　即借用新车经销商的车辆展示厅的一部分来展示与该新车经销商所经销的同一品牌二手车，以借新车的销售来促进二手车的交易。

（4）互联网络交易　在网络上建立二手车交易平台，通过互联网进行二手车交易，如B2C的看车网和C2C的人人车网等。

二手车交易功能的有关内容将在本书第七章中做详细介绍。

第六节 二手车置换功能

二手车置换即通过“以旧换新”来开展二手车贸易，具有周期短、时间快、风险小等特点。消费者可以通过支付新旧车之间的差价来一次性完成车辆的更新，即处理了手头上的旧车，又购买到了新车。二手车置换在旧车与新车两个市场之间搭建起了桥梁，使其互相带动，共同发展。客户同时可以选择通过其原有二手车的再销售来抵扣购买新车的分期付款。

发挥二手车贸易置换功能的关键在于对物流、资金流、信息流的控制与协调以及与汽车维修、车辆流通、汽车服务等相关领域和车辆管理所、客管处、工商、税务等单位和部门进行横向沟通和纵向疏导工作。

由于参加置换的厂商拥有良好的信誉和优质的服务，其品牌经销商也能够给参与置换业务的消费者带来信任感和更加透明、安全、便利的服务，所以现在越来越受到消费者的追捧。

二手车置换功能的有关内容将在本书第八章中做详细介绍。

第七节 二手车租赁功能

传统的二手车租赁一般可分为用户个人租车、公司租车和长期租赁三个部分，但目前由阿里汽车推出的二手车“以租代售”模式，迅速吸引了“85后”的关注。“以租代售”即消费者仅需交纳车辆部分保证金及首期月供，便可办理手续提车且拥有车辆产权，使用期内消费者仅需按月支付月供，到期后可选择支付尾款或将车还给车商。

在国外，二手车租赁是汽车融资租赁公司的一项重要业务。在欧美等汽车金融服务较为成熟的市场，二手车金融约有一半为融资租赁提供，其中以租代售占70%以上。开展二手车租赁业务的核心是要有规范化的服务，要实行统一的租赁价格，避免二手车租赁公司各自为营而加剧市场的竞争。

随着国内汽车保有量的成倍增长，各大主要城市相继出台限购、限迁、限行、摇号等政策，以租代售这样高效灵活的汽车使用方法正在成为中国汽车消费领域的另一大增长点，且潜力巨大。

二手车租赁功能的有关内容将在本书第九章中做详细介绍。

第八节 二手车售后服务功能

现如今，售后服务的地位越来越重要。而且，中国市场上的大部分二手车都超过了原厂的质保期，一旦汽车零部件发生故障，将面临高额的维修费用，与国外相比，中国的二手车质保服务还有很大的增长潜力。美国55%以上的二手车消费者购买汽车延长质保服务，欧洲二手车市场延保率可达70%以上，日本二手车延保率更是高达90%以上，相比之下，中国汽车市场的延保率仅为2%~3%。

中国的二手车质保还处于起步期，一直缺乏一个全国性的企业或机构为二手车提供完善的质保服务，开展二手车的售后服务既可以提高用户对该二手车贸易的信任度和满意度，也可以促进二手车的销售。例如，平安好车推出的“中国二手车保障计划”就作为中国领先的二手车电商交易平台，不仅在上海、北京、广州等30个城市成立分公司，而且向质保车辆提供全国联保和售后维修服务。

二手车售后服务功能的关键在于建立起二手车售后服务网络和体系，该部分内容将在本书第十章中做详细介绍。

二手车贸易与二手车交易的一个最大不同就是要综合以上八大功能，以贸易网络为基础，开展全过程、全方位的二手车贸易。

全过程：对于个人客户来说，二手车贸易应渗入二手车售前、售中和售后服务全过程；对于汽车厂商来说，二手车贸易又应提供从零配件购入到整车出售的一条龙服务，即要从二手车的收购到售后服务全过程地开展二手车贸易。

全方位：二手车贸易公司的不同部门可以分工合作，同时开展多项二手车业务，全方位地开展二手车的收购、销售、整修翻新、置换、配送、租赁、售后服务等多项服务，使二手车贸易的各大功能融合为一个统一的有机系统。

案例

优信二手车

一、公司背景介绍

优信集团是专业的二手车在线交易服务提供商。利用互联网及移动互联网技术，致力于推动中国二手车市场的快速发展，树立二手车市场高效交易的典范。集团拥有优信拍、优信二手车、优信金融等业务平台，核心业务涵盖了二手车网络拍卖、二手车电子商务零售平台以及二手车金融衍生服务。

（1）优信拍　是优信集团旗下集车况评定、竞价拍卖、安全支付、手续代办、物流运输为一体的B2B竞拍模式的二手车电子商务交易平台。2015年，优信拍业务已经覆盖360多个城市，并在北京、上海、广州、成都等8个中心城市建立了分公司、线下实体拍卖场及中心仓，并提供一站式售后服务。合作二手车车商近30000家，并同庞大、永达等汽贸集团及神州租车等汽车租赁公司保持着良好的合作关系。

（2）优信二手车　是优信集团旗下2015年3月上线的主打B2C的业务板块，是连接二手车经销商及个人消费者的二手车零售电子商务平台。开展B2C业务可以看作优信集团在成熟的B2B业务模式的基础上对新的业务模式的探索，是其打造完整二手车电子商务行业生态体系的战略规划的展现。2015年优信二手车业务覆盖全国260个城市，设立了110个办事处，合作车商超过50000家。

（3）优信金融　是优信集团旗下基于二手车市场的金融衍生类服务机构，利用优信集团在二手车行业的经验积累以及大数据技术的分析能力，为消费者解决购买二手车的融资借贷问题，为经销商的资金周转提供支持，包括对公融资、消费信贷、二手车延保服务等。2015 年 3 月，优信金融上线针对消费者购车金融服务“付一半”，上线之后取得了不错的市场反响，对于进一步鼓励二手车消费、促进 C 端市场的发展起到了助推作用。

二、公司融资情况

作为 B2B 竞拍模式的领军企业，优信集团在 2015 年上半年获得了由百度领投的 1.7 亿美元 C 轮融资，是中国二手车电子商务平台中少数获得 C 轮融资的企业之一。资本的支持促进了优信集团的快速发展，也是对优信业绩与商业模式的肯定。

三、优信集团生态体系布局

2015 年，优信拍正式更名为优信集团，上线了 B2C 业务，开始布局自己的生态体系。优信拍继续深耕 B 端车商市场，维护与车商的合作关系，并继续扩大车商市场的渗透率，为优信二手车的后期发展铺平道路。优信二手车布局 C 端消费市场，挖掘用户价值，提供增值服务。优信金融则为车商和消费者提供金融支持，提高车商的忠诚度，同时刺激消费者的购车需求。

图 5-2 为优信集团业务体系。

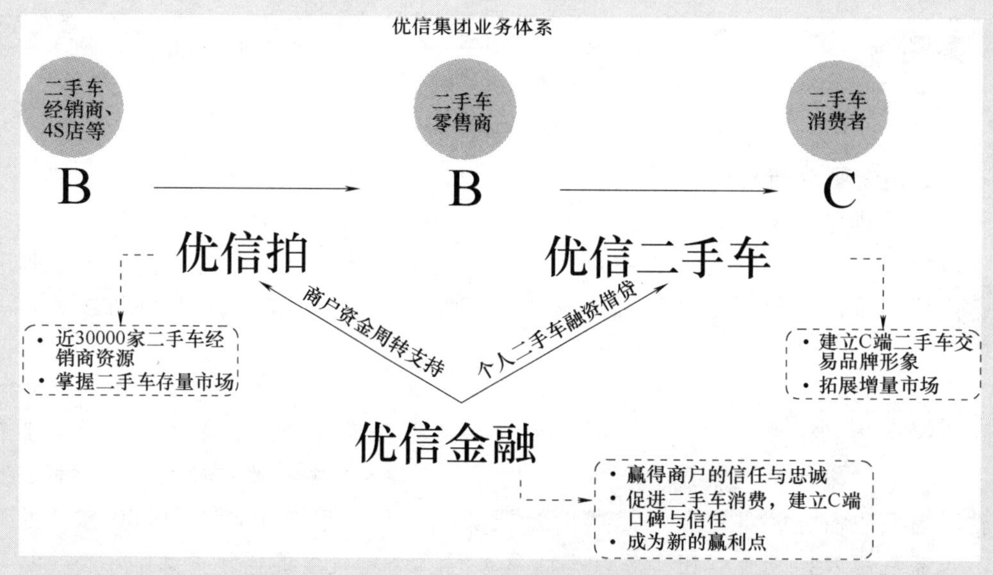

图 5-2 优信集团业务体系

基于中国二手车市场现状特点，B 端车商是不可忽视的重要群体，优信拍专注于服务和维护 B 端车商，为优信集团整体生态体系的搭建提供了重要保障和支持；同时，优信二手车的全面上线及优信集团对于 C 端二手车业务的大力推广和突出的广告端表现将带来行业知名度和用户认知度的提升，对于初期的市场占领有较明显的优势。

四、公司发展展望

2016 年，优信集团的生态产业链建设进一步完善，优信拍业务与优信二手车、优

信金融业务将不断融合，互相协助，共同为用户提供更多元化的二手车交易解决方案。在成熟的B2B业务模式及陆续上线的二手车金融的解决方案基础上大力开展针对C端购车用户的二手车零售业务，积极宣传、推广优信二手车业务，持续影响并改变消费者的消费观念及消费习惯，同时计划上线多种针对车商与车主的增值服务。从优信集团一系列业务方向各有侧重的市场战略的实施可以看出优信集团布局整个二手车生态圈的努力和决心，而拥有完整的产业链将可能直接帮助优信集团在激烈的市场竞争中脱颖而出。

思考题

1. 二手车贸易包含哪些功能？
2. 二手车贸易鉴定评估的基本要素有哪些？
3. 二手车鉴定评估包含哪些原则？
4. 二手车鉴定评估的程序有哪些？
5. 二手车鉴定评估的方法有哪些？各有什么特点？
6. 二手车整修翻新的基本步骤如何？
7. 简述实现二手车交易功能的途径。
8. 二手车贸易与二手车交易各有什么含义？两者有什么区别？

第六章

二手车鉴定评估

第一节　二手车鉴定评估概述

一、二手车鉴定评估的概念

二手车鉴定评估是指由专门的鉴定评估人员，按照特定的目的，遵循法定或公允的标准和程序，运用科学的方法，对二手车进行手续检查、技术鉴定和估算价格的过程。

二手车鉴定评估从实质上来说，是市场经济的产物，是适应生产资料市场流转的需要，由鉴定评估人员所掌握的市场资料，在对市场进行预测的基础上，对二手车辆的现时价格做出预测估算。

通过对概念的解释可以看出，二手车鉴定评估由六大要素组成，即鉴定评估的主体、客体、目的、程序、标准和方法。鉴定评估的主体是指二手车鉴定评估工作的承担者；鉴定评估的客体是指鉴定评估的对象；鉴定评估的目的是指二手车发生的经济行为，直接决定鉴定评估标准和方法的选择；鉴定评估的标准是指鉴定评估采用的计价标准；鉴定评估的方法是指用以确定二手车评估值的手段和途径。

二、二手车鉴定评估的特点

机动车作为一类资产，有其自身的特点：①单位价值较大，使用时间较长；②工程技术性强，使用范围广；③使用强度、使用条件、维护水平差异大：④使用管理严，税费附加值高。

1. 二手车鉴定评估以技术鉴定为基础

机动车辆本身具有较强的工程技术特点，其技术含量较高。机动车在长期的使用过程中，由于机件的摩擦和自然力的作用，会不断磨损。随着行驶里程和使用年数的增加，车辆实体的有形损耗和无形损耗加剧；其损耗程度的大小，因使用强度、使用条件、维修水平等而异。因此，往往需要通过技术检测等技术手段来鉴定车辆的损耗程度，以评定车辆的价值状况。

2. 二手车鉴定评估以单辆汽车为评估对象

由于二手车单位价值相差比较大、规格型号多、车辆结构差异很大，为了保证评估质量，对于单位价值大的车辆，一般都是分整车、分部件逐辆、逐件地进行鉴定评估。为了简化鉴定评估工作程序、节省时间，对于以产权转让为目的、单位价值小的车辆，也可采取“提篮作价”的评估方式。

3. 二手车鉴定评估要考虑其手续构成的价值

由于国家对车辆实行“户籍”管理，使用税费附加值高，因此，对二手车进行鉴定评估时，除了估算其实体价值外，还要考虑由“户籍”管理手续和各种使用税费构成的价值。

三、二手车鉴定评估的目的

二手车鉴定评估是为了正确反映机动车的价值量及其变动，为将要发生的经济行为提供公平的价格尺度。在二手车交易市场，二手车鉴定评估的主要目的如下：

1. 确定二手车交易的成交额

按照国家有关规定，二手车成交时按其成交额收取一定的管理费，成交额是按二手车鉴定评估人员估算的价格来确定的。

2. 转让二手车的所有权

二手车在市场上进行交易时，买卖双方对其交易价格的期望值是不同的，甚至相差甚远，因此需要鉴定评估人员对其进行鉴定评估，评估的价格作为买卖双方成交的参考底价。

3. 抵押贷款

银行为了确保放贷安全，要求贷款人以机动车辆作为贷款抵押物。放贷者为回收贷款的安全起见，要对二手车辆进行鉴定评估。而这种贷款的安全性在一定程度上取决于抵押评估的准确性。

4. 法律诉讼咨询服务

当事人遇到机动车辆诉讼时，委托鉴定评估师对车辆进行评估，有助于把握事实真相；同时，法院判决时可以依据鉴定评估师的结论为法院司法裁定提供现时价值依据。

5. 拍卖

对于公务车、执法机关罚没车辆、抵押车辆、企业清算车辆、海关获得的抵税和放弃车辆等，都需要进行鉴定评估，以在预期之日为拍卖车辆提供拍卖底价。

除此之外，还有企业或个人的产权变动，如合资、合作和联营；企业分设、合并和兼并；企业出售、股份经营、企业清算或企业租赁等资产业务，必须进行评估，也一定有二手车评估业务，只是这部分业务是局部或整体资产评估，若涉及国有资产，按国家有关规定，国有资产占用单位在委托评估之前须向国有资产管理部门办理评估立项申请，待批准后方可委托评估机构进行评估。

二手车鉴定评估还有一个重要任务，即要鉴定、识别走私车、盗抢车、非法拼装车、报废车、手续不全的车，严禁这些车辆在二手车交易市场上交易。

四、二手车鉴定评估的业务类型

二手车鉴定评估业务类型是指鉴定评估的业务性质。根据鉴定评估服务对象的不同，鉴定评估的业务类型可分为交易类业务和咨询服务类业务。交易类业务是服务于二手车交易市场内部的交易业务，它是以收取交易管理费的一部分作为报酬的有偿服务；咨询服务类业务是服务于二手车交易市场外部的非交易业务，它是按各地方政府物价管理部门对二手车鉴定评估制定的有关规定实行有偿服务，如融资业务的抵押贷款估价、为法院提供的咨询服务等。

五、二手车鉴定评估的标准和假设

1. 资产评估简说

（1）资产评估 随着市场经济体制的建立和发展，企业资产的再生产已从一个封闭的系统走向了全面开放。不同所有者之间的合资、联营，企业之间的收购、兼并，企业破产清算以及资产重组等资产业务的开展，使得资产流动逐渐社会化，加之融资租赁、抵押贷款、债券发行、风险担保等信用业务以及房地产业务的发展，国家行政事业单位的资产合理配置和流动都需要进行资产评估，使得资产评估逐渐发展成为一个专门性的职业。

（2）资产评估的客体 从图6-1中可以看出，二手车属于固定资产，故机动车鉴定评估的理论依据和估价方法都是以资产评估学为指导思想的。

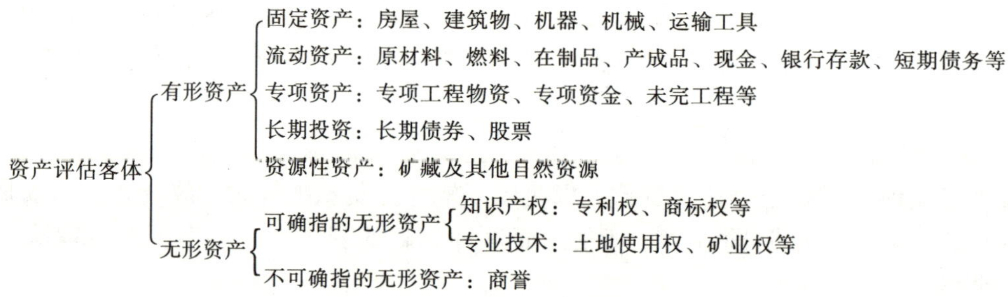

图6-1 资产评估客体

2. 二手车鉴定评估的价值概念

二手车评估中的价值与价格，从现在的应用状况来看，远不及经济学中定义的那样严格。二手车评估中的价值与价格概念经常处于混用状态，一般来讲，可以理解为交换价值或市场价格的概念。为了便于对评估价值的理解，可以从以下两个方面对评估价值进行认识。

（1）二手车评估的价值是交易价值 从某种意义上讲，二手车评估的价值是效用价值，是从“有用即值钱”的角度去探究值多少钱。二手车评估价值从表面上看是鉴定评估从业人员判定、估算的价值，但车辆价值的真实体现是产权交易发生时的交易价值，而交易价值的最终判定者是交易双方当事人。成功和正确的价值估定是将交易双方当事人都认为合理并认同的价值，因而二手车鉴定评估人员也应从交易双方当事人的角度考虑二手车的价值问题。

（2）评估的价值是市场价值 从某种意义上说，被评估的车辆价值的真正意义是其作为市场价值的货币表现。因为二手车的评估的依据来源于市场，具有现实的、接受市场检验的特征。二手车的价值是一个动态的概念，因而对其评估中的价值是指特定时间、特定地点和特定市场条件下的价值，具有很强的时效性，即二手车评估价值是指评估基准价的市场价值。

3. 二手车鉴定评估的计价标准

和其他资产评估一样，二手车评估的计价标准是关于二手车估价所适用的价格标准的

准则，它要求计价标准与二手车估价的业务相匹配。

二手车评估的计价标准是二手车评估价值形式上的具体化，二手车在价值形态上的计量可以有多种类型，分别从不同的角度反映二手车的价值特征。这些价格不仅在质上不同，在量上也存在较大差异，而二手车评估业务所要求的具体计价标准却是唯一的，否则，就失去了正确反映和提供价值尺度的功能。因此，必须根据评估的目的，弄清楚所要求的价值尺度的内涵，从而确定二手车评估业务所适用的价格类别。

根据我国资产评估管理要求，二手车估价遵守以下四个标准：重置成本标准、现行市价标准、收益现值标准和清算价格标准。

（1）重置成本标准　重置成本是指在现时条件下，按功能重置机动车并使其处于使用状态所耗费的成本。重置成本的构成与历史成本一样，也是反映车辆在购建、运输、注册登记等建设过程中全部费用的价格，只不过它是按现有技术条件和价格水平计算的。重置成本标准适用的前提是车辆处于使用状态，一方面反映车辆已经投入使用；另一方面反映车辆能够继续使用，对所有者具有使用价值。决定重置成本的两个因素是重置完全成本及其损耗（或称贬值）。

（2）现行市价标准　现行市价是车辆在公平市场上的售卖价格。现行市价标准产生于公平市场，它适用的前提是：有充分的市场竞争，买卖双方没有垄断和强制，双方都有足够的时间和能力了解实情，具有独立的判断和理智的选择。决定现行市价的基本因素如下：

1）基础价格：即车辆的生产成本价格。在一般情况下，一辆车的生产成本高低决定其价格的高低。

2）供求关系：车辆价格与需求量成正比关系，与供应量成反比关系。当一辆车有多个买方竞买时，车的价格就会上升；反之则会下降。

3）质量因素：是指车辆本身的功能、指标等技术参数及损耗状况。优质优价是市场经济法则，在二手车评估中，质量因素对车辆价格的影响必须予以充分考虑。

（3）收益现值标准　收益现值是指根据机动车辆未来预期获利能力的大小，按照“将本求利”的逆向思维——“以利索本”，以适应的折现率或资本化率将未来收益折成现值。可见，收益现值是指为获得二手车辆以取得预期收益的权利所支付的货币总额。收益现值标准适用的前提条件是车辆投入使用，同时，投资者投资的直接目的是获得预期的收益。

（4）清算价格标准　清算价格是指在非正常市场上限制拍卖的价格。清算价格标准与现行市价标准的区别在于适用的市场条件不同。现行市价是公平市场价格，而清算价格则是一种拍售价格，由于受到期限限制和买主限制，清算价格一般低于现行市价。在二手车交易的实践中，二手车的拍卖均是以这种性质的价格出售的。

二手车评估计价标准的选择，必须与二手车经济行为的发生密切结合起来，不同的经济行为所要求车辆评估价值的内涵是不一样的。如果不区别车辆经济行为就确定评估价值类型——计价标准，或者笼统地确定二手车的评估值，就会失去评估价值的科学性。在实际工作中，二手车评估的经济行为是多种多样的，要求鉴定评估人员充分地理解二手车评估计价标准的含义和适用前提，选择科学合理的计价标准。

4. 二手车评估的假设

假设是任何一门学科形成的前提，相应的理论、观点和方法是建立在一定假设基础之上的。二手车的评估适用于资产评估的理论和方法，也是建立在一定的假设条件之上的。二手车评估的假设前提有继续使用假设、公开市场假设、破产清算（清偿）假设。

（1）继续使用假设 继续使用假设是指二手车将按现行用途继续使用，或转换用途继续使用。对这些车辆的评估，就要从继续使用的假设出发，而不能按将车辆拆零出售零部件所得收入之和进行估价。比如一辆汽车用作营运，其估价可能是4万元；而将其拆成发动机、底盘等零部件分别出售时也可能仅值3万元。可见同一车辆按不同的假设用作不同的目的，其价格是不一样的。

在确定二手车能否继续使用时，必须充分考虑的条件是：车辆具有显著的剩余使用寿命，而且能以其提供的服务或用途满足所有者经营上或工作上期望的收益；车辆所有权明确，并保持完好；车辆在经济上和法律上允许转作他用；充分地考虑了车辆的使用功能。

（2）公开市场假设 公开市场是指充分发达与完善的市场条件。公开市场假设，是假定在市场上交易的二手车，交易双方彼此地位平等，双方都有获取足够市场信息的机会和时间，以便对车辆的功能、用途及其交易价格等做出理智的判断。

公开市场假设是基于市场客观存在的现实，即二手车在市场上可以公开买卖。不同类型的二手车，其性能、用途不同，市场程度也不一样，用途广泛的车辆一般比用途狭窄的车辆市场活跃，而无论车辆的买方还是卖方都希望得到车辆的最大最佳效用。所谓最大最佳效用，是指车辆在可能的范围内，用于最有利又可行且法律上允许的用途。在进行二手车评估时，按照公开市场假设处理或做适当的调整，才有可能使车辆获得的收益最大。最大最佳效用由车辆所在地区、具体特定条件以及市场供求规律所决定。

（3）破产清算（清偿）假设 破产清算（清偿）假设是指二手车所有者在某种压力下被强制进行整体转移或拆零，经协商或以拍卖方式在公开市场上出售。这种情况下的二手车评估具有一定的特殊性，适应强制出售中市场均衡被打破的实际情况，二手车的估价值大大低于继续使用或公开市场条件下的评估值。

综上所述，在二手车评估中，由于机动车辆未来效用有别而形成了“三种假设”。在不同的假设条件下，评估结果各不相同。在继续使用假设前提下要求评估二手车的继续使用价值；在公开市场假设前提下要求评估二手车的市场价格；在破产清算（清偿）假设前提下要求评估二手车的清算价格。因此，二手车鉴定评估人员在业务活动中要充分地分析和了解，判断认定被评估车辆最可能的效用，以得出二手车的公平价格。

六、二手车鉴定评估的依据

二手车鉴定评估工作与其他工作一样，在鉴定评估中必须遵循正确、科学的依据，这样才能得出正确、客观的结论，得到社会的认可。二手车鉴定评估的依据主要有以下3个：

1. 法律法规依据

二手车鉴定评估工作政策性强，主要的法律法规依据有《中华人民共和国价格法》，国务院发布的《国有资产评估管理办法》，国家国有资产管理局颁布的《国有资产评估管理办法施行细则》，商务部、公安部、发改委、环境保护部联合发布的《机动车强制报废标准规定》，国家标准《机动车辆及挂车分类》《车辆产品型号编制规则》以及各地区的汽车维修行业工时定额收费标准等。

2. 理论依据

二手车评估的理论依据是资产评估学，它的操作是按国家有关资产评估及二手车评估等的规定进行的。

3. 价格依据

二手车评估的价格依据，一是历史依据，主要是原车辆的账面原值、净值等资料，它具有一定的客观性，但不能作为评估的直接依据；二是现实依据，在评估二手车价值时以评估基准日这一时点的现实条件为准，即现时的价格、现实的车辆功能状态等。

七、二手车鉴定评估的原则

二手车鉴定评估的原则是对二手车鉴定评估行为的规范。为了保证鉴定评估结果的真实、准确，并做到公平合理、被社会承认，必须遵循以下原则：

1. 公平性原则

公平、公正是二手车鉴定评估人员应遵守的一项最基本的道德规范。鉴定评估人员应当公正无私，评估结果应该是公道、合理的，绝对不能偏向任何一方。

2. 独立性原则

独立性原则要求二手车鉴定评估人员依据国家的有关法规和规章制度及可靠的资料数据，对被评估的二手车价格独立地做出评定。坚持独立性原则，是保证评估结果具有客观性的基础。鉴定评估人员的工作不应受外界干扰和委托者意图的影响，应该公正客观地进行评估工作。

3. 客观性原则

客观性原则是指评估结果应有充分的事实作为依据。它要求二手车相关计算所依据的数据资料必须真实，对技术状况的鉴定分析应该实事求是。

4. 科学性原则

科学性原则是指在二手车评估过程中，必须根据评估的特定目的，选择适用的评估标准和方法，使评估结果准确合理。

5. 专业性原则

专业性原则要求鉴定评估人员接受国家专门的职业培训，经职业技能鉴定合格后，由国家统一颁发执业证书，持证上岗。

6. 可行性原则

可行性原则又称有效性原则。要想使鉴定评估工作简便易行且评估结果真实可靠，就要求鉴定评估人员是合格的，并具有较高的素质；评估中利用的资料数据是真实可靠的；鉴定评估的程序与方法是合法的、科学的。

八、二手车鉴定评估的程序

二手车鉴定评估的程序是按资产评估的法定程序进行的。下面简要介绍资产评估的法定程序，可以据此来确定二手车鉴定评估的实际操作程序和步骤。

1. 资产评估的法定程序

资产评估的程序在国家有关的法律、法规和规章制度中做了具体规定。按照国家的有关规定，整个资产评估工作可分为三个阶段、四个步骤和若干个具体环节。三个阶段即前期准备、评估操作、后期管理。四个步骤即申请立项、资产清查、评定估算、验收确认，现简要介绍如下：

（1）申请立项 申请立项是指因资产业务需要，资产占有单位依法向国有资产管理部门书面提出进行资产评估的申请报告，由国有资产管理部门进行审核后，做出是否准予进行资产评估决定并通知申请单位。准予评估的，即行建档立案，并据以进行评估事宜等一系列工作。这一程序主要分为申请、立项、委托三个环节。

1）申请。

① 国有资产向国有资产管理部门申请立项。

② 集体资产向主管部门申请立项。

③ 无主管部门的集体资产、私有资产可直接向评估机构申请立项评估，受理视为立项，并鉴定评估合同。

按照国家规定，国有资产占有单位有下列情形之一时，应进行资产评估，从而必须向国有资产管理部门提出资产评估的申请。

① 拍卖、转让。转让是指国有资产占有单位有偿转让超过百万元或占全部固定资产原值20%以上的非整体性资产的经济行为。

② 企业兼并、出售、联营、股份制经营。

③ 与外国公司、企业或其他经济组织或个人开办中外合资经营企业或者中外使用经营企业。

④ 企业清算，包括歇业清算和破产清算。

⑤ 行政、事业、企业单位之间发生单位性质的互相转变。

⑥ 依照国家有关规定需要进行资产评估的其他情形。

以上是必须申报的情况。此外，国有资产占有单位有下列情形之一，当事人认为需要进行资产评估的，也要向国有资产管理部门提出评估的申请：

① 资产抵押及其他担保。

② 企业承包经营、租赁经营。

③ 当事人认为需要进行资产评估的其他情形。

申报行为的主体是申请准予资产评估立项的国有资产占有单位。申请时间，一般是在其资产业务提出之后、正式签约委托之前。申报的主体文件是资产评估立项的申请书。

申请的内容包括资产评估的目的，被评估资产用于哪种经营活动，被评估资产的范围、种类、评估基准日。同时提供有关经济业务的基本文件，如合同可行性报告、资产目录、财务会计报表等。

2）立项。立项是指国有资产管理部门或者由其授权委托的资产占有单位的主管部门，对评估申请进行审查，对符合规定的做出批准决定并书面通知申报单位，同时建档备案，准予评估项目成立的管理行为。对资产评估申请主要从以下几个方面进行审核：

① 申报单位对资产占有的合法性，即请求准予评估的资产，应是申报单位合法占有并能用于生产业务的。

② 申报理由的充分性，即请求评估立项有正当、充分的理由，对其经济业务或经济行为确有必要，并符合国家的有关政策、法规和制度的规定。

③ 资产业务的效益性，即需要进行资产评估的经济业务或经济行为，应当有利于资源的合理利用和优化组合，有利于促进社会主义市场经济和现代化建设的发展，有利于国有资产经营使用效率和经济效益的提高，有利于国有资产的保值增值，并不得对社会和生态环境造成不利的影响，涉及业务不得有损国家利益和民族尊严。

④ 申报内容和资料的完备性及数据资料的可靠性，即申报文件应按要求做到内容充实、文字简明、资料齐备、数据可靠。

对上述四个方面全面审查、逐一核实后，符合要求的可批准立项；否则限期补充修正后再行审核，不符合要求的则不准立项。对近期已经进行过评估或申报评估的资产数额很小或经济业务与资产关系不大的，或即使加以评估资产价值也不会明显变动的，可不必立项评估。

有时资产所有者认为，有必要评估某项资产，也可以不经资产占用单位申报，直接立项。国务院正式决定的对全国或特定行业、地区、单位进行的国有资产评估，视为已经批准立项。

经审核后无论是否批准立项，审核机关都应及时书面通知申报单位及其主管部门。已经批准立项的申请单位，接到立项批准通知书后，便可委托评估机构着手进行评估工作。同时，国有资产管理部门应对已批准立项的评估项目登记评估立项表。连同申报文件资料建档立户，作为对其管理监督和验证确认的依据。

3）委托。资产评估申请单位收到立项批准通知书后可根据国有资产管理部门的建议或自行寻找合适的资产评估机构，进行委托工作。

评估机构接受委托后，要与资产占有单位办理委托手续，双方共同签订《资产评估业务委托书》。委托书是一种合同契约文件，其主要内容如下：

① 委托方与受托方的单位全称。

② 委托事项及内容（被评估资产的范围、种类及评估要求）。

③ 评估时间（基准日期和工作起止日期）。

④ 双方的责任和义务。

⑤ 双方应承担的违约责任。

⑥ 评估收费标准、费用总额、交费时间和交费方式等。

（2）资产清查　资产清查是指按确定的评估范围对被评估资产实际数量、质量等进行实地盘点，并做出清查报告的过程。资产清查是资产评估的准备工作，一般由委托单位完成。资产评估机构的任务是核实清查工作的质量，并收集待评估资产的各种有关资料。

资产评估机构在清查过程中，首先应对待评估资产逐项进行账账、账表、账卡与账实核对，检查资产的名称、数量、计量单位、型号、购置时间、账面价值等是否一致；其次，根据委托书中所列资产的范围逐项进行实地盘点，核实账实是否相符。如果委托评估的资产是企业的整体资产，还要根据企业会计报表，对企业经营成果是否真实做出鉴定。

资产清查过程同时也是评估人员对待评估资产进行现场勘查的过程。评估人员可将待评估资产划分类别，按照实际情况，采取不同的方式对资产进行清查。如果待评估资产中同一类别资产单位数目较少，则应该以普查的方式进行逐件勘察；如果单位数目较大，也可以按照具体情况采取抽样方式进行。通过现场勘察，使评估人员对待评估资产的实际情况有全面、细致的了解，取得评估所需的第一手资料。

在资产清理开始之前和评定估算之前，评估人员还要收集必要的资料。在实地勘查和资料收集的基础上，评估人员要对资料进行分类整理，鉴别比较，筛选加工，除供评定估算参考使用外，有重要价值的资料还要留作撰写评估报告的附件。

（3）评定估算 评定估算是评估人员根据特定的评估目的和所掌握的待评估资产的有关资格，选择适当的评估标准和评估方法，进行具体的计算和判断，从而得出资产评估结果的过程。评定估算是整个评估过程最关键的程序，一般分为以下三个步骤：

1）合理划分资产类别。如果对企业的全部资产进行评估，一般可按房地产、机器设备、流动资产、长期投资、资源性资产、无形资产和其他资产等进行分类。

2）确定正确的估价标准，选择适当的评估方法。根据特定的评估目的、评估范围、资产种类和所掌握资料数据的实际情况，选择正确的估价标准和适当的评估方法。在确定估价标准、选用评估方法时，应遵循主要评估方法与估价标准相一致，估价标准符合特定的评估目的的原则。

3）逐一计算资产价值，汇总资产总值，撰写评估报告。在评定估算的基础上撰写评估报告。资产评估报告是资产评估机构及人员对其接受资产评估委托提出的公证性文件，负有法律责任。

（4）验证确认 验证确认是国有资产管理行政主管部门对资产占有单位提出的资产评估报告，在合法性、真实性、科学性等方面进行检验和确认的过程。对不符合要求的资产评估报告要分别令其修改、重评或做出不予确认的决定。验证确认是资产评估的最后阶段。为了确保资产评估的质量，一定要把好最后一关。这个阶段一般分为以下四个环节：

1）审核。国有资产管理行政主管部门接到资产评估报告书及有关资料后，应指派专人对其进行全面细致的审核。审核的主要内容如下：

① 资产评估报告书的各项内容有无错漏。

② 资产评估工作是否符合法定程序和有关政策法规的规定。

③ 资产评估的范围和基准时间是否符合立项规定。

④ 资产评估的特定目的、计价标准与评估方法是否相互匹配。

⑤ 资产评估中利用的数据是否可靠，评估计算是否准确，评估结果是否公正。

⑥ 评估报告书文字是否规范，用语是否确切。

⑦ 资产评估机构是否具有国家认证的评估资格，收费是否合理。

2）验证。国有资产管理部门在对资产评估报告进行全面审核的基础上，应通过实地抽查等方法对资产评估结果进行验证。

首先，要对评估结果的数据进行验证，包括：①对资产评估所依据的资料和数据要逐个细致地检验，并与国有资产管理部门掌握的有关技术、经济、物价和财务资料数据核对；②对资产评估采用的公式、计算步骤进行认真验证。

其次，在对资产评估结果进行验证的同时，还要进行必要的实地验证。要到被评估单位去进行实地抽样验证，检查资产评估报告书提供的资产名称、规格、购进时间、原值、净值、主要价格、新旧程度、主要折余价格等是否与实物和有关账卡、表上相应数据一致，是否与当场初步评估结果相一致。

3）协商。为了保证评估结果的合理性和公平性，国有资产管理部门要与被评估单位的主管部门、财政部门和有关方面，就资产评估结果进行协商，听取各方面的意见，然后将各种意见统一到实事求是、客观公正、合理合法、真实可靠的评估结果上来。

4）确认。经过对资产评估报告书的审核、验证和协商，国有资产管理部门对资产评估结果做出是否准予确认的决定，并登记备案。如果认为评估结果符合要求，国有资产管理部门就要下达资产评估确认通知书。

有关单位若对确认通知书有异议，可以向上一级国有资产管理部门提出复议，并具体阐述理由和根据。上一级国有资产管理部门收到复议申请后，要根据申请人提出的理由和根据，对已经确认的评估报告书中的问题进行重新验证，经复议裁定，向当事各方下达裁定通知书后，应根据资产评估的目的和国家有关会计制度进行账务处理。至此，资产评估过程全部结束。

2. 二手车鉴定评估操作程序

二手车相比其他资产有其自身特点。在实际工作中，既要遵守资产评估的法定程序，又要简化程序中申报审批、验收确认等繁杂的操作手续，寻找一套适合二手车鉴定评估特点、简便易行的操作程序。所谓二手车鉴定评估操作程序，是指对具体的待评估车辆，从接受立项、受理委托到完成评估任务、出具评估报告的全过程的具体步骤和工作环节。

（1）二手车评估业务类型　通常，二手车交易市场发生的二手车评估业务有以下两种：

1）单辆的二手车交易业务。这类业务一般是二手车辆零散地进入市场交易。

2）多辆或批量的二手车评估业务。这类业务的特点是数量比较集中，车辆少则五辆、十辆，多则几十辆。这些客户大多是生产企业或运输企业。

（2）二手车评估业务程序　上述评估业务中，前者评估操作程序相对简单，后者评估操作程序相对复杂，下面就多辆或批量交易的评估业务一般的操作程序简述如下：

1）前期准备工作阶段。二手车鉴定评估的前期准备工作主要包括业务接待、实地考察、签订鉴定评估委托协议书。根据鉴定评估的要求，鉴定评估人员需向委托方收集有关资料、了解情况，并做好其他相关准备工作。

2）现场工作阶段。现场工作阶段的主要任务是检查手续、核查实物、验证委托人提供的资料、鉴定车辆技术状况。

3）评定估算阶段。在评定估算阶段，一方面要继续收集所欠缺的资料，另一方面要对所收集的数据资料进行筛选整理；根据评估目的选择适用的估价标准和评估方法，本着客观、公正的原则对车辆进行评定估算，确定评估结果。

4）自查及撰写评估报告阶段。这一阶段的主要任务是对整个评估过程进行自查，对鉴定评估的依据和参数进行全面核对，在核对无误的基础上，撰写评估说明和报告。最后登记造册并归档。

第二节 二手车的鉴定

一、二手车凭证检查

无论是二手车还是新车，只要上路行驶，就必须按照国家相关法律和法规办理各类相关的有效证件和缴纳各种应缴的税费，凭这些有效的证件和缴纳的税费凭证上路行驶。

二手车是一种特殊商品，它的价值包括车辆实体本身的有形价值和各项手续构成的无形价值。只有这些手续齐全，才能构成车辆的全部价值，才能发挥车辆的实际效用。若不办理这些手续或手续不全，则车辆只能闲置、搁放车库，不能上路行驶，就不能发挥效用，其价值几乎为零。

1. 车辆有效证件

（1）机动车来历凭证 机动车来历凭证分为新车来历凭证和二手车来历凭证。

新车来历凭证是指经国家工商行政管理机关验证盖章的机动车销售发票。其中，没收的走私车、非法拼装的车辆销售发票是国家制定的机动车销售单位销售发票。

二手车来历凭证是指经国家工商行政管理机关验证盖章的二手车交易专用发票。除此之外，还有因经济赔偿、财产分割等所有权发生转移，由人民法院出具的具有法律效力的判决书、裁定书、调解书。

从新车的来历凭证可以看出车主购车日期和原始价值，这可作为评估时的参考资料。从二手车的来历凭证也可看出二手车交易的日期和买卖双方的交易价格。

国家税务部门制定的二手车交易专用发票，对促进二手车流通和规范交易起到了极大的促进作用；国家税务部门也按专用发票票面成交价来征缴税费。但是在二手车交易中，有的不法之徒弄虚作假，故意隐瞒真实的交易价格，开具虚假的交易价格发票，从中逃税，牟取非法利益，造成国家税收流失，损害国家利益。若遇到此种情况，不仅执法部门要严厉打击，二手车交易市场、二手车评估机构、评估师等都有义务维护二手车市场的正常秩序，制止这种不法行为，确保国家税费的正常收缴。

（2）《机动车行驶证》 《机动车行驶证》是由公安车辆管理机关依法对机动车辆进行注册登记核发的证件，这是机动车取得合法行驶资格的凭证。凡上路行驶的汽车，必须随带此证。它也是二手车转籍过户必不可少的证件。

检查时不仅要检查核对正页的所有人、车辆识别号码（Vehicle Identification Number，VIN）、发动机号、车架号等，而且要认真检查副页的内容。《机动车行驶证》副页主要记录了车辆的安全和排放检测内容，并注明了检验的有效日期。从副页上可以看出安全检查和排放检测是否合格，检验结果是否在有效期内。交易时，必须查验检验结果是否符合法规要求，并注意检验签注的日期是否在有效期内。在二手车交易中，应坚持先检验后交易的原则。安全检验不合格，不能进行交易，也不能上路行驶。

（3）机动车号牌　机动车号牌是由公安车辆管理机关依法对机动车辆进行注册登记核发的号牌。它和《机动车行驶证》一同核发，其号牌号码要与《机动车行驶证》上的号牌号码完全一致。机动车号牌严禁涂改、伪造和转借。严禁无号牌的车辆上路行驶。机动车号牌的规格、颜色、试用范围都有极严格的规定，以便管理和查阅。

（4）道路运输证　道路运输证是县级以上人民政府交通主管部门设置的道路运输管理机构对从事旅客运输（包括城市出租客运）、货物运输单位和个人核发的随车携带的证件。营运车辆交易后，进行转籍、过户时，应到主管机关及相关部门一并办理营运过户手续。

根据有关规定，在二手车交易中，原为营运车辆，例如，原为城市出租车，交易后改为私家生活用车，其规定使用年限仍按出租车的规定使用年限执行。若原为私家生活用车，进行二手车交易后改为运营出租车，其规定使用年限也按出租车的规定执行。

（5）准运证　准运证是从有资格进口车辆的口岸进口的车辆，需销往外地的新、旧车辆，必须有经国家商务部核发批准的证件。准运证一车一证，不能一证多车。

目前，我国还严禁二手车进口。但从海外归国的人员，按规定可免费携带一辆私家车入境。

（6）其他证件　其他证件是指二手车买卖双方的证明或者居民身份证。此证件主要是向车辆注册登记机关证明车辆所有权转移的车主身份和住址。

2. 税费缴讫凭证

税费缴讫凭证主要是指车辆在使用环节缴纳的税费凭证。

（1）车辆购置附加税　我国于1985年开征车辆购置附加费，2001年1月1日改为车辆购置附加税，其征收标准为车辆购置时价格的10%。按照国家规定，车辆购置附加税的征收范围为：所有国内生产和组装并在国内销售和使用的各类乘用车和商用车。乘用车主要是指9座以下的小客车。各类商用车主要是指载货、载客的汽车。越野车、客货两用车、牵引车、半挂牵引车、挂车、半挂车、特种挂车及其他专用运输车辆以及从国外进口的上述范围内的新、旧车辆，均应征缴此税。

《车辆购置税征收管理办法》已于2014年11月25日由国家税务总局第3次局务会议审议通过，自2015年2月1日起施行。车辆购置税采用从价定率的办法计算应纳税额，计算公式为：应纳税额 = 计税价格 × 税率。如果消费者买的是国产汽车，计税价格为支付给经销商的全部价款和价外费用，不包括增值税税款（税率为17%）。因为机动车销售专用发票的购车价中均含增值税税款，所以在计征车辆购置税时，必须先将17%的增值税剔除，即车辆购置税计税价格 = 发票价/1.17，然后再按10%的税率计征车辆购置税。比如，消费者购买一辆10万元的国产车，去掉增值税部分后按10%纳税，计算公式是100000元/1.17 × 0.1 = 8547元。如果消费者买的是进口汽车，计税价格的计算公式为：计税价格 = 关税完税价格 + 关税 + 消费税。

2015年9月，国家财政部和国家税务总局联合发布《关于减征1.6升及以下排气量乘用车车辆购置税的通知》（财税［2015］104号，以下简称《通知》），要求对纳税人自2015年10月1日至2016年12月31日期间购置的排气量在1.6L及以下的乘用车，暂减按5%的税率征收车辆购置税。

（2）燃油附加税 原公路养路费是交通管理部门规定的车辆所有者在使用车辆时，因占用道路而应缴纳的费用。此项费用是国家按“以路养路，专款专用”的原则，规定由交通管理部门向有车单位和个人征收的用于公路养护、维修、技术改造、改善和管理公路的专项事业费。

以前缴纳养路费的车辆有养路费缴讫证。此证是机动车在公路上行驶必备的证件之一，免征的车辆也有应征证件。国家对养路费的征收和减、免征收的范围均有严格的规定。

我国于1997年7月3日颁布的《中华人民共和国公路法》，2004年8月28日第十届全国人民代表大会常务委员会第十一次会议《关于修改〈中华人民共和国公路法〉的决定》第二次修订，规定公路养路费将以燃油附加税的方法征收，即所谓的“费改税”。这也是国际上通行的办法。其合理之处在于，车辆行驶在公路一定要多耗油。为此，消耗的石油资源多，排放的污染物也多，多收税费应是公平合理的。以前的情况是，不管车辆在不在路上行驶，行驶了多少里程，同型号的车辆都要缴纳相同的养路费，这显然是不公平的。所以，2009年国家正式将养路费改为以燃油附加税的方式征收。

（3）机动车保险费 机动车保险费是车主为了防止发生意外交通事故，减少风险而向保险公司所交的费用，该项费用依据《机动车交通事故责任强制保险条例》及各大保险公司规定的各项保险费率缴纳。

目前，国家出台的交通强制保险统称“交强险”。任何在公路上行驶的车辆均必须缴纳“交强险”。这就是2006年7月1日开始实施的《机动车交通事故责任强制保险条例》的刚性规定。按照法规，交通管理部门在办理机动车注册登记和机动车检验时，要检查车辆所有人或者登记人的交强险凭证和标志。对没有办理交强险的，会处以最低保险限额应交纳保险费的两倍罚款。对没有随车携带或者未在车辆上粘贴保险标志的，可以处以200元罚款。

交强险执行全国统一责任限额、统一基础费率和统一保单条款。6座以下家庭自用车，交强险保费定为1050元，后调整为950元；6座以下的营业出租车，交强险保费定为1800元；10t以上营运货车，交强险保费定为4480元；排量为50～250mL的摩托车，交强险保费定为180元等。最高赔偿额为6万元，后改为12万元。

交强险的目的是确保机动车在使用过程中发生交通事故，造成车辆本身及第三者人身伤亡和财产损失时，可以获得一定的经济补偿。机动车的其他险种，车主可自行选择投保。

（4）车船税 国务院于2006年颁发的《中华人民共和国车船税暂行条例》规定，凡在中华人民共和国境内拥有车船的单位和个人，都应按规定缴纳车船税。这项税按年征收，可分期缴纳。缴纳后有缴讫凭证。

（5）客运、货运附加费 客运、货运附加费属于地方建设专项资金，由地方政府指定客运、货运主管单位，本着“取之于民，用之于民”的原则，向从事客运、货运的单位或个人征收的费用。该项费用征收后，通常用于汽车客运站、点设施的建设。货运附加费则用于港口、航站（场）的建设。此项费用征收后，也有缴讫凭证。

3. 有效凭证的查验

二手车交易评估时，必须查验上述有效证件和税费缴讫凭证。对车辆及其相关凭证核实查验的主要内容如下：

（1）核实车辆的产权　查验委托方证明或居民身份证、购车原始发票或其复印件、《机动车行驶证》、车辆购置附加税凭证、进口车的准运证、交强险证、车船税缴讫凭证、货运附加费缴讫凭证及营运车辆的营运证以及地方政府规定的税费缴纳凭证，据此核查车辆的产权和来历，以免不法车辆流入二手车市场。

（2）验车　查看车牌号、车身颜色、发动机号、车架号或车辆识别号码，看是否与《机动车行驶证》上的一致。发现有凿痕、挫痕、重新打刻、垫支金属块等人为改动和损坏的，应及时向公安交通管理部门报告并扣车查验。评估人员在进行核查时，绝不能马虎了事，以免留下隐患，造成不必要的损失。

（3）验检　凡到二手车市场来评估交易的车辆，均应查验车辆的《机动车行驶证》副页检验栏目中是否盖有检验专用章，填注的日期是否在有效期内。要坚持先检验后交易的原则。

（4）验税　检验要评估的二手车，看其是否有购置附加税费缴讫凭证，查验是否缴纳了当年车船税等。

（5）验费　检验要评估的二手车缴讫凭证是否在有效期内，是否缴纳了交强险费。评估人员在查验各种规费的缴讫凭证时，绝不能马虎了事，不能只听车主的口头承诺，必须看有关凭证，且要注意有效期。

车主在驾车过程中，若有违章行为，如在限速地段超速行驶，在单向路段逆行，酒后驾车等，交通管理部门会根据有关规定对其进行处罚，车主要按规定的时间缴纳罚款，但有的车主不按时缴纳罚款，这样就会产生违章罚款未缴的滞纳金。以前是弃缴罚款的时间越长，滞纳金越多，滞纳金甚至超过罚金，现在改为滞纳金不得超过罚金。评估师对此应向车主询问清楚或通过网络查询，以防漏检，造成经济损失和工作上的麻烦。

进行上述查验时要注意检查的全面性，不得有遗漏。此外，还要注意证件和凭证的真伪，若有疑问，必须认真查验清楚，或请专门机构帮助核实，确实无误后方可签单放行。

二、二手车静态检查

二手车静态检查包括对二手车的识伪检查和车辆技术的状况检查。

1. 识伪检查

在对汽车进行识伪检查时，可以从以下几个方面进行：

（1）看外观　是否有重新涂装的痕迹，尤其是顶部下沿一圈要特别仔细查看，如那些有曲线部分的接合部线条是否流畅，大面是否凹凸不平。小曲线结合部在目前技术条件下不可能处理得天衣无缝，留下的再加工痕迹也特别明显；另外还可以用手从顶部开始向下触摸，如经过再加工处理，手感一定不那么平整光滑。还要查看车门和发动机盖同车身的接合部缝是否一致、整齐，间隙是否过大等。

(2) 看车内装饰 检查车内装饰材料是否平整，表面是否干净。尤其是压边条边沿部分要特别仔细检查，经过再装配的车辆内装饰压边条边沿部分有无明显手指印或其他工具碾压后留下的痕迹。车顶部装饰材料或多或少会留下弄脏的迹印。

(3) 看发动机 打开发动机盖查看线路和管路的布置是否有条理，发动机和其他零部件是否有拆卸和安装过的痕迹，有无旧的零部件等，然后发动试车，听发动机声音是否正常、有无杂音，检查空调是否制冷、有无暖风、发动机及其他部件有无漏油现象等。最后驾车检查整个车身是否有异常响声等。

2. 车辆技术状况检查

在进行检查之前，一般要对车辆进行外部清洗。

检查项目中，须在底盘下面进行的项目，最好在设有检测地沟及千斤顶或汽车举升器的工位上进行。

(1) 目测检查。

1）检查送检车辆的发动机型号和出厂编号、底盘型号和出厂编号是否与行车执照上的相吻合；有无铭牌，是否标明了厂牌、型号、发动机功率、总质量、载重量或载客人数、出厂编号、出厂时间及厂名。

2）检查车身外部的技术状况，特别是轿车和客车的车身在整车中价值权重较大，维修费用也高，故检查车身是技术状况鉴定的重要一环。检查顺序从车的前部开始，一般按以下方法进行：

① 检查车身是否发生过碰撞，是否受损。站在车的前部一角观望车尾部，观察车身各接缝，如果出现不直、缝隙大小不一、线条弯曲、装饰条有脱落或新旧不一，则说明车辆可能出现过事故或修理过。

② 检查车门是否平衡，周边是否有间隙，胶边是否硬化，否则车门会进水。

③ 检查车身金属锈蚀程度。主要检查防护板、窗户、水槽、底板、各接缝等。如锈蚀严重，说明车辆较旧。

④ 检查油漆脱落情况。查看排气管、镶条、窗户四周和轮胎等处是否有多余油漆。如果有，说明车辆已重新涂装或翻新过。用一块磁铁沿车身周围移动，如磁力突然减小，则说明补了灰，重新涂装过。当用手敲击车身时，如敲击声清脆，说明车身没有补灰，没有重新涂装过；如敲击声沉闷，则说明车身已补灰，重新涂装过。

3）检查车厢内部。

① 查看座位的新旧程度，座椅是否下凹，车顶的内篷是否开裂，地毡或胶板是否残旧，车厢内部是否污秽发霉。

② 揭开地毡或胶板，查看车厢地板是否有潮湿或生锈的痕迹。如果有，说明车辆下雨时可能漏水。

③ 打开行李箱，看盖边防水胶边是否损坏脱落，行李箱是否漏水，是否锈蚀，是否有烧焊的痕迹。

④ 查看四周玻璃升降是否灵活。

⑤ 查看仪表盘是否为原装，仪表盘底部有没有更改过电线的痕迹。

⑥ 离合器踏板和制动踏板的踏板胶是否磨损过度，通常一块踏板胶寿命是 3 万 km 左

右，如果换了新的，则说明此车已行驶 3 万 km 以上。

⑦ 坐在车上试试所有踏板有没有弹性。离合器踏板应该有少许空间，同时留心听听踩下踏板时有没有异声发出。

4）发动机的检查。

① 观察发动机外部是否堆满机油和灰尘，如果是，则说明车主平日不怎么清洗发动机，但如果特别干净，则说明车主可能用蒸汽清洗过发动机。

② 查看分火盖上的电线有没有机油，有没有爆裂的痕迹。看电池购买日期，电池寿命一般为 2 年多。电池两接线柱应没有白粉（硫酸盐）附着在上面，电池身应干爽，绝对没有裂痕。

③ 看气缸盖外有没有漏油，少量则不是大问题，如有大量漏油痕迹，则表示可能机油上盆或气缸垫坏了。

④ 检查发动机油量。拿出机油量度尺，看看机油是否浑浊不堪或起水泡，并且注意油的高度。如果过高，则可能少了气缸垫，水箱内的水混入了曲轴箱内；过低则可能是机油上窜与汽油一并烧掉了，意味着迟早要大修。用手试试机油的黏性，看看有没有沙砾。机油颜色是深黄色为最佳。

⑤ 揭开水箱盖看，如水箱内的水全是黄色锈水，或水箱外有锈水漏出的痕迹，则要特别注意了。看看风扇皮带松紧是否合适。水箱的上下两条胶喉应用力捏压一下，看看有没有裂痕。检查水箱盖关闭后是否紧密，胶垫是否有松脱。行驶一段路后，看看水箱有没有沾上油迹，如果有，表示气缸顶垫衬漏气。观察水箱有没有撞过的痕迹，散热片是否有焊接痕迹。

5）检查附属装置，如刮水器、收音机、仪表、反光镜、加热器、灯具、转向信号、喷水装置、空调设备等是否破损、残缺；并对附属装置进行动态检验。如刮水器动作、喷水装置喷水、空调器制冷、各灯光和仪表是否正常工作。

6）车辆底部检查：将车辆开进地沟或上举升机的工位进行检查。

① 检查车底漏水、漏油、漏气、锈蚀程度与车体上部检查的是否相符，是否有焊接痕迹。

② 检查车辆万向节臂、转向横直拉杆及球销有无裂纹和损伤，球销是否松旷，连接是否牢固、可靠。

③ 检查车辆车架是否有弯、扭、裂、断、锈蚀等损伤；螺栓、铆钉是否齐全、紧固。

④ 检查车辆前后桥是否有变形、裂纹。

⑤ 检查车辆钢板弹簧是否有裂纹、断片和缺片现象，其中心螺栓和 U 形螺栓是否紧固；减振器是否漏油，减振弹簧是否有裂纹等。

检查车辆传动轴中间轴承、万向节是否有裂纹和松旷现象。

(2) 用常用量具检查　将车辆停放在外观检测工位。首先目测检查，如发现有严重的横向或纵向歪斜等现象，再用高度尺、水平尺检测是否超过规定值。同时检查车架和车身是否变形，悬架是否裂断或刚度下降，轮胎搭配及气压是否正常等。如果有异常，即使车体歪斜未超过规定值，也应予以排除。否则，歪斜会越来越严重，导致操纵不稳、行驶跑偏、重心转移、轮胎磨损加剧等。

三、二手车动态检查

二手车的动态检查是指车辆路试检查。路试的主要目的是在一定条件下，通过二手车各种工况，如发动机起动，怠速，起步，加速，匀速，滑行，强制减速，从低速档到高速档、从高速档到低速档的行驶，检查汽车的操纵性能、制动性能、滑行性能、加速性能、噪声和废气排放情况，以鉴定二手车的技术状况。

1. 二手车路试的准备工作

在上述的静态检查中，已基本完成了路试的准备工作，即检查机油、冷却水、制动踏板、离合器踏板、转向盘及其自由行程、轮胎气压等。路试准备工作就绪，即可发动车辆。

2. 发动机起动和无负荷时工况检查

（1）检查起动性 发动机起动时，看起动是否容易，发动机运转是否良好。一般起动不应超过2~3次，每次起动时间不超过5~10s。

（2）无负荷时的工况检查。

1）发动机起动后，使其怠速运转，然后到车头前听听有没有运转杂音，如有杂音，说明机件磨损过大；看看车头运转是否平稳，车头越静、越稳越好。

2）检查加速的灵敏性。待水温、油温正常后，用手拨动节气门，由怠速状态猛然加速，看发动机转速是否可以由低速到高速灵活反应；然后由加速状态猛松节气门，看是否怠速时熄火。

3）检查发动机窜油、窜气情况。方法是打开机油口的盖子，慢慢加油，若窜气严重，用肉眼就可以看出。若窜气不严重，可用一张白纸，放在离机油口5cm左右的地方，然后加油，若窜油、窜气，白纸上会有油迹，严重时油迹较大。

4）检查排气颜色。正常的汽油机在工作时排出的气体应是无色的。柴油机带负荷运转时，排气颜色一般为淡茶色，负荷略重时，则可为深灰色。如果排气颜色为蓝色，说明机油窜入燃烧室，气缸内有机油燃烧。若机油油面正常，则是活塞、活塞环与气缸壁磨损过甚，间隙过大或气缸进气不畅，致使机油吸入燃烧室；如果排气管冒黑烟，则说明混合气过浓，点火时刻过时等。

3. 路试检查

机动车路试一般进行15~30min。

1）检查离合器。起步时看离合器是否平稳接合，分离彻底，是否发抖、发响。

2）检查制动性能。车辆起步上路，用20km/h的车速行驶，试验转向盘是否灵活、可靠，再做一次紧急制动，检查制动是否可靠，再以50km/h的车速行驶，迅速将制动踏板踩到底，看车辆是否立即减速、停车，有无制动跑偏、甩尾现象。

3）检查车辆的操作稳定性。在一宽敞的路段，做左、右圈转向，看转向是否灵活、轻便，有无回正力矩；放开转向盘，看是否跑偏；高速行驶时，看是否有跑偏、摆振现象。

4）检查变速器。从起步到高速档，再由高速档到低速档，看变速器换档是否灵活，是否乱档、跳档、夹排，是否发生异响。

5）车辆由原地起步，加速至60km/h左右，感觉有没有振抖，如果有，可能前悬架

或车轮有问题，或者传动轴弯曲。

6）路试。在40km/h时突然抬起加速踏板，接着猛踩加速踏板，看主减速器是否发出特别大的声响，如果是，说明主减速器磨损严重。

7）检查动力性能。由原地起步后，加速行驶，猛踩加速踏板，看提速是否快；高速行驶时，估计是否能够达到原设计的最高车速，若不能达到，估计一下差距大不大，车辆行驶是否平稳，是否发生异响；爬坡试验时，看车辆行驶是否有力。如果提速慢，最高车速与原设计车速差距大，上坡无力，则说明车辆动力性能差，是“老爷车”。

8）检查机械传动效率，做滑行试验。在平坦的路面上，将机动车运行到50km/h，踏下离合器，将变速器换至空档滑行，根据滑行距离估计车辆各传动系传动效率是否高。

4. 动态试验后的检查

（1）检查各部件温度。

1）检查油、水温度。检查冷却水、机油以及齿轮油的温度（正常水温不应超过90℃，机油温度不应超过95℃，齿轮油温不应高于85℃）。

2）检查运动机件过热情况。查看制动鼓、轮毂、变速器壳、传动轴、中间轴轴承、驱动桥壳（特别是减速器壳）等是否有过热现象。

（2）检查“四漏”现象。

1）检查车辆的气、电泄漏情况。

2）检查漏水情况。在发动机运转及停车时，水箱、水泵、缸体、缸盖、暖风装置及所有连接部位均不得有明显的渗水和漏水现象。

3）检查漏油情况。机动车连续行驶距离不小于10km，停车5min后观察，不得有明显的渗油和漏油现象。

四、仪器检查

用仪器设备对汽车进行检测，可为分析、判断汽车的技术状况，提供定量的依据，其检测结果精确度高。但需要有专用的检测设备、专用的场地，操作人员要经过专门的培训，投资大，成本大，费时，费力。为此，在二手车的评估中，一般不对被评估的车辆进行上线检测，仅由评估人员进行上述的静态和动态检查。然后，再按一定的评估方法和程序，评估出二手车的现时价值。

但是，对于一些价格很高的二手车，买方要求对其技术状况进行准确、全面的检测鉴定时，应进行仪器设备的全面检测，以便对被评估车辆做出准确的判断和切合实际的评估。有时候，二手车经营公司或销售公司也需要对收购或置换的二手车技术状况进行全面深入的了解，以便有针对性地进行维修维护后再出售。但其检测和维修维护的费用，会列入成本，包含在再出售的二手车价中。

由于这样的检测采用专门的仪器设备，在专设的检测线上，由专业人员进行操作，通常不要求评估师都同时具备此种检测的专业技能，但要求评估师能对检测提供的报告、检测结果进行分析和判断。有鉴于此，对于上述有关性能检测的设备结构原理、技术要求以及检测操作方法、步骤和程序等，此处不做介绍，而只介绍如何对检测结果进行简要的分析和判断。

1. 汽车性能检测的主要指标

对二手车进行的综合检测，主要包括车辆的动力性、安全性、经济性、可靠性、污染物排放及噪声等整车性能指标以及发动机、底盘、电气等各主要部件的技术状况，汽车主要检测内容及采用的仪器设备见表6-1。

表6-1 汽车主要检测内容及采用的仪器设备

检测项目		检测内容	仪器设备
整车性能	动力性	底盘输出功率	底盘测功机
		汽车加速性能	底盘测功机
		汽车滑行性能	底盘测功机
	燃料经济性	等速百公里耗油	底盘测功机、油耗仪
	制动性	制动力	底盘测功机、轮重仪
		制动力平衡	底盘测功机、轮重仪
		制动协调时间	底盘测功机、轮重仪
		车轮阻滞力	底盘测功机、轮重仪
		驻车制动力	底盘测功机、轮重仪
	转向操作性	转向轮横向侧滑量	侧滑试验台
		转向盘最大自由转动量	转向力—转向角检测仪
		转向操纵力	转向力—转向角检测仪
		悬架特性	底盘测功机
	前照灯	发光强度	前照灯检测仪
		光束照射位置	前照灯检测仪
	污染物排放能力	汽油车怠速污染物排放	废气分析仪
		汽油车双怠速污染物排放	废气分析仪
		柴油车排气污染物	不透光仪
		柴油车自由加速排气烟度	烟度计
	喇叭声级		声级计
	车辆防雨密封性		淋雨试验台
	车速表误差		车速表试验台
发动机部分	发动机功率		无负荷侧功仪 发动机综合测试仪
	气缸密封性	气缸压力	气缸压力表
		曲轴箱窜气量	曲轴箱窜气量检测仪
		气缸漏气量	气缸漏气量检测仪
		进气管真空度	真空表
	起动系	起动电流 蓄电池起动电压 起动转速	发动机综合测试仪 汽车电器万能试验台
	点火系	点火波形点火提前角	专用示波器 发动机综合测试仪

（续）

检测项目		检测内容	仪器设备
发动机部分	燃油系	燃油压力	燃油压力表
	润滑系	机油压力	机油压力表
		润滑油品质	机油品质检测仪
	发动机异响		发动机异响诊断仪
底盘部分	离合器打滑		离合器打滑测定仪
	传动系游动角度		游动角度检测仪
行驶系	车轮定位		四轮定位仪
	车轮平衡性		车轮平衡仪
空调系统	系统压力		空调压力表
	空调密封性		卤素检漏仪
电子设备			解码器、示波器、万用表

2. 汽车性能检测的常用设备

汽车性能指标检测的常用设备有很多，如底盘测功机、制动试验台、油耗仪、侧滑试验台、前照灯检测仪、车速表试验台、发动机综合测试仪、示波器、四轮定位仪、车轮平衡仪及废气分析仪等。这些设备一般在汽车的综合性能检测中心（站）或汽车维修厂采用，并有固定的场地和相关专业人员进行操作，而二手车评估人员不需要完全掌握这些设备的使用方法。

但作为二手车评估人员，对于一些常规的、小型的检测设备应能掌握运用方法，以便迅速地判断汽车技术状况及常见故障。这些仪器设备主要有气缸压力表、真空表、万用表、正时枪、废气分析仪、烟度计、声级计及解码器等。

五、事故车检查

1. 事故车的概念

事故车是指曾经发生过严重碰撞或撞击，或长时间泡水，或较严重过火，虽经修复并在继续使用，但仍存在安全隐患的车辆。

1）经过严重碰撞或撞击的车辆，只要符合以下任何一条，就应认为是事故车：

① 碰撞或撞击后，车架大梁弯曲变形、断裂后修复。

② 水箱及水箱支架被撞伤后修复或更换过。

③ 车身叶子板碰撞后被切割或更换过。

④ 车门及其下边框、B 柱碰撞变形弯曲后修复或更换过。

⑤ 整个车辆在事故中翻滚，整个车身变形凹陷、断裂后修复或做过车身。

2）泡水车一般指全泡车，也称灭顶车。全泡车是指泡水时，水线超过发动机盖，水线达到前风窗玻璃的下沿的车辆。

3）过火车辆。汽车无论是自燃还是外燃，只要在发动机舱或乘员舱发生过严重火

烧，燃烧面积较大，机件损坏较严重，就应该列为过火车辆。

2. 事故车的检查

（1）碰撞事故车检查 在检查此类车辆时，首先查看汽车底盘，看脏污的程度是否大致相同。若发现有部分地方特别干净，则该处有可能被修理和擦拭过。而此处大梁应平直，并无敲打的痕迹。若发现有敲打或烧焊的痕迹，那说明大梁发生过弯曲变形，仔细查看，若有裂纹，则说明断裂过。

其次看水箱支架和水箱，看是否有碰撞变形后修复或更换过的痕迹。水箱支架损坏后，碰撞有可能殃及发动机或车架，要注意有关零部件的检查。

再次，若车后部被严重碰撞，那车身的叶子板肯定会损坏，看叶子板是否被切割更换过。叶子板与车厢及车体的连接处应平整，其上的焊点应略呈圆形并微微凹陷，若焊点凸出，则为重新烧焊的痕迹。也可以打开行李箱盖，看其内板是否有烧焊的痕迹。

此外，可查看车身侧面有无碰擦痕迹。先看车门是否与车身密合，有无翘曲，门缝是否均匀一致，若修理或者换过就一定会出现某些缺陷。检查 B 柱是否有烧焊的痕迹，这可在车内扒开装饰物查看，或看油漆是否平整，是否涂抹填泥。检查底板、横梁是否敲击过和烧焊过。

有时候还可以从零件的工艺孔是不是变形、工艺孔是否一致来判断车辆是否发生过碰撞。例如，有的轿车发动机盖前方左右两内侧有对称的椭圆形工艺孔，若两工艺孔形状不一致，则可能发生过碰撞，导致变形。

还可以从车辆的周正情况来判断车辆情况，在前车轮附近，检查车轮后面的空间，即车轮后面与车轮罩后缘之间的距离，用金属直尺测量这段距离。再转到另一前轮，测量车轮后面和车轮罩后缘之间的距离。该距离应该和另一前轮大致相同。在后轮测量同一间隙。如果发现左前轮或左后轮和它们轮罩之间的距离与右前轮或右后轮的相应距离大大不同，则车架或整体车身弯了。

（2）泡水车检查 打开发动机盖，查看水箱、散热器片、水箱前板是否有污泥。然后检查发动机旁的发电机、起动电机、电线插座等小零件以及左右轮罩的接缝处。接着检查前、后排座椅，查看弹簧及内套绒布是否有残留污泥或霉味。此外，还要查看行李箱内的备胎座内有无污泥，若是泡水车，后轮罩隐秘的接缝处死角内会留有污泥。另外，还要仔细检查一下前、后车门中间的 B 柱，把塑料饰板轻轻撬开，可看出浸泡水位的高度。

（3）过火车检查 汽车过火的地方比较容易辨认，过火并烧蚀较严重的金属会出现像排气歧管一样的颜色。燃烧面积较大、燃烧时间较长、过火严重的车辆修复起来很困难，常做报废处理。

第三节 二手车的价格计算

二手车价格计算的方法和资产评估的方法一样，按照国家规定的现行市价法、收益现值法、清算价格法、重置成本法四种方法进行。

一、现行市价法

现行市价法又称市场法、市场价格比较法，是指通过比较被评估车辆与最近售出类似车辆的异同，并将类似车辆的市场价格进行调整，从而确定被评估车辆价值的一种评估方法。

现行市价法是最直接、最简单的一种评估方法。这种方法的基本思路是：通过市场调查，选择一辆或几辆与评估车辆相同或类似的车辆作为参照物，分析参照物的构造、功能、性能、新旧程度、地区差别、交易条件及成交价格等，并与评估车辆一一对照比较，找出两者的差别及差别所反映的在价格上的差额，经过调整，计算出二手车辆的价格。

1. 现行市价法应用的前提条件

1）需要有一个充分发育、活跃的二手车交易市场，有充分的参照物可取。在二手车交易市场上二手车交易越频繁，与被评估相似的车辆价格越容易获得。

2）参照物及其与被评估车辆可比较的指标、技术参数等资料是可收集到的，并且价值影响因素明确，可以量化。

运用现行市价法，重要的是要能够找到与被评估车辆相同或相似的参照物，并且参照物是近期的、可比较的。所谓近期，是指参照物交易时间与车辆评估基准日相差时间相近，一般在一个季度之内。所谓可比，是指车辆在规格、型号、功能、性能、内部结构、新旧程度及交易条件等方面不相上下。

2. 采用现行市价法评估的步骤

1）收集资料。收集评估对象的资料，包括车辆的类别名称、车辆的型号和性能、生产厂家及出厂时间，了解车辆当前的使用情况、实际技术状况以及尚可使用的年限等。

2）选定二手车交易市场上可进行类比的对象。所选定的类比车辆必须具有可比性，可比性因素具体如下：

① 车辆型号。

② 车辆制造厂家。

③ 车辆来源，既是私用、公务、商务车辆，还是营运出租车辆。

④ 车辆使用年限，行驶里程。

⑤ 车辆实际技术状况。

⑥ 市场状况。市场状况指的是市场处于衰退萧条还是复苏繁荣时期，供求关系是买方市场还是卖方市场。

⑦ 交易动机和目的，即车辆出售是以清偿为目的还是以淘汰转让为目的；买方是获利转手倒卖还是购进自用。交易动机和目的不同，交易作价往往有较大的差别。

⑧ 车辆所处的地理位置。不同地区的交易市场，同样车辆的价格有较大的差别。

⑨ 成交数量。单辆交易与成批交易的价格会有一定差别。

⑩ 成交时间。应尽量采用近期成交的车辆作为类比对象。由于市场容易受通货膨胀及市场供求关系变化的影响，所以价格有时波动很大。

按以上可比性因素选择参照对象，一般选择与被评估对象相同或相似的三个以上的交易案例。当找不到多台可类比的对象时，应按上述可比性因素，仔细分析选定的类比对象是否具有一定的代表性，要认定其成交价的合理性，才能作为参照物。

3）分析、类比。综合上述可比性因素，对待评估的车辆与选定的类比对象进行认真的分析类比。

4）计算评估值。分析调整差异，得出结论。

3. 现行市价法的具体计算方法

运用现行市价法确定单辆车辆价值通常采用直接法和类比法。

（1）直接法 直接法是指在市场上找到与被评估车辆完全相同的车辆，将该车辆的现行市价直接作为被评估车辆评估价格的一种方法。

所谓完全相同，是指车辆型号相同，但是在不同的时期寻找同型号的车辆比较困难。若参照车辆与被评估车辆类别相同、主参数相同、结构性能相同，只是生产序号不同，并做了局部改动，则还是认为完全相同。

（2）类比法 类比法是指评估车辆时，在公开市场上找不到与之完全相同的车辆，但能找到与之相似的车辆，以此为参照物，并依其价格再做相应的差异调整，从而确定被评估车辆价格的一种方法。所选参照物与评估基准日在时间上越近越好，若无近期的参照物，也可以选择远期的，再做日期修正。其基本计算公式为

$$\text{评估价格}=\text{市场交易参照物的价格}+\sum\text{评估对象比交易参照物优异的价格差额}-\sum\text{交易参照物比评估对象优异的价格差额}$$

或

$$\text{评估价格}=\text{参照物价格}\times(1\pm\text{调整系数})$$

用现行市价法进行评估时，了解市场情况很重要，并且要全面了解，了解的情况越多，评估的准确性越高，这是现行市价法评估的关键。用现行市价法评估已经包含了车辆的各种贬值因素，包括有形损耗的贬值、功能性贬值和经济性贬值。因为市场价格是综合反映了车辆的各种因素而体现的。车辆的有形损耗及功能陈旧而造成的贬值，自然会在市场价格中体现出来。经济性贬值则是反映了社会上对各类产品综合的经济性贬值的大小，突出表现为供求关系的变化对市场价格的影响。因而用现行市价法评估不再就功能性贬值和经济性贬值做专门计算。

4. 采用现行市价法的优缺点

（1）现行市价法的优点。

1）能够客观反映二手车辆当前的市场情况，其评估的参数、指标直接从市场获得，评估值能反映市场现实价格。

2）评估结果易于被各方面理解和接受。

（2）现行市价法的缺点。

1）需要公开及活跃的市场作为基础。然而我国二手车市场还只是刚刚建立，发育不完全、不完善，寻找参照物有一定的困难。

2）可比因素多而复杂，即使是同一个厂家生产的同一型号的产品，同一天登记，由不同的车主使用，其使用强度、使用条件、维护水平不同，其实体损耗、新旧程度也各不相同。

5. 现行市价法应用举例

现有一辆评估车辆，从市场上找到相近的参照物的市场价格为12万元，根据评估，现需要更换组合灯，市场价格为340元；该车装潢较好，加装了真皮座椅，估价为1000元。请计算被评估车辆的价格。

解：该车的评估价格＝（12－0.034＋0.1）万元＝12.066万元

二、收益现值法

1. 收益现值法及其原理

收益现值法是指将被评估的车辆在剩余寿命期内的预期收益用适用的折现率折现为评估基准日的现值，并以此确定评估价格的一种方法。

采用收益现值法对二手车进行评估所确定的价值，是指为获得该机动车辆以取得预期收益的权利所支付的货币总额。

从原理上讲，收益现值法是基于这样的事实，即人们之所以占有某车辆，主要是考虑这辆车能为自己带来一定的收益。如果某车辆的预期收益小，车辆的价格就不可能高；反之，车辆的价格肯定高。投资者购买车辆时，一般要进行可行性分析，只有在预计的内部回报率超过评估时的折现率时才肯支付货币额来购买车辆。应该注意的是，运用收益现值法进行评估时，是以车辆投入使用后连续获利为基础的。在机动车的交易中，人们购买的目的往往不在于车辆本身，而是车辆获利的能力。因此该方法较适用于投资营运的车辆。

2. 收益现值法评估值的计算

收益现值法评估值的计算，实际上就是对被评估车辆未来预期收益进行折现的过程。被评估车辆的评估值等于剩余寿命期内各期的收益现值之和，其基本计算公式为

$$P=\sum_{t=1}^{n}\frac{A_t}{(1+i)^t}=\frac{A_1}{(1+i)^1}+\frac{A_2}{(1+i)^2}+\cdots+\frac{A_n}{(1+i)^n} \tag{6-1}$$

当 $A_1=A_2=\cdots=A_n=A$ 时，即 t 从 $1\sim n$ 年的未来预期收益相同且为 A 时，则有

$$P=A\left[\frac{1}{1+i}+\frac{1}{(1+i)^2}+\cdots+\frac{1}{(1+i)^n}\right]=A\frac{(1+i)^n-1}{i(1+i)^n} \tag{6-2}$$

式中　P——评估值；

A_t——未来第 t 个收益期的预期收益额，收益期有限时（机动车的收益期是有限的），A_t 中还包括期末车辆的残值，一般估算时残值忽略不计；

n——收益年期（剩余经济寿命的年限）；

i——折现率；

t——收益期，一般以年计；

$\frac{1}{(1+i)^n}$——现值系数；

$\frac{(1+i)^n-1}{i(1+i)^n}$——年金现值系数。

当未来预期收益不等值时，应用式（6-1）；当未来预期收益等值时，应用式（6-2）。

例 6-1 某企业拟将一辆万山牌 10 座旅行客车转让，某个体工商户准备将该车用作载客营运。按国家规定，该车辆剩余年限为 3 年，经预测得出 3 年内各年预期收益的数据见表 6-2。

表 6-2 某企业 3 年内各年预期收益数据

收 益 期	收益额/元	折 现 率	折 现 系 数	收益折现值/元
第一年	10000	8%	0.9259	9259
第二年	8000	8%	0.8573	6854
第三年	7000	8%	0.7938	5557

由此可以确定评估值为

$$评估值 = 9259\ 元 + 6854\ 元 + 5557\ 元 = 21670\ 元$$

3. 收益现值法中各评估参数的确定

（1）剩余经济寿命期的确定 剩余经济寿命期是指从评估基准日到车辆报废的年限。如果剩余经济寿命期估计过长，就会高估车辆价格；反之，则会低估车辆价格。因此，必须根据车辆的实际状况对剩余寿命做出正确的评定。对于各类汽车来说，该参数按《机动车强制报废标准规定》确定是很方便的。

（2）预期收益额的确定 运用收益法时，收益额的确定是关键。收益额是指由被评估对象在使用过程中产生的超出其自身价值的溢余额。对于收益额的确定应把握以下两点：

1）收益额指的是车辆使用带来的未来收益期望值，是通过预测分析获得的。无论是所有者还是购买者，判断某车辆是否有价值，首先应判断该车辆是否会带来收益。对其收益的判断，不仅仅是看当前的收益能力，更重要的是预测未来的收益能力。

2）收益额的构成，以企业为例，目前有几种观点：①企业所得的税后利润；②企业所得的税后利润与提取折旧额之和扣除投资额；③利润总额。

关于选择哪一种作为收益额，针对二手车的评估特点与评估目的，为估算方便，推荐选择第一种观点，目的是准确地反映预期收益额。为了避免计算错误，一般应列出车辆在剩余寿命期内的现金流量表。

（3）折现率的确定 确定折现率，首先应该明确折现的内涵。折现作为一个时间优先的概念，认为将来的收益或利益低于当前的同种收益或利益，并且，随着收益时间向将来推迟的程度而有系统地降低价值。同时，折现作为一个算术过程，是把一个特定比率应用于一个预期的将来收益流，从而得出当前的价值。从折现率本身来说，它是一种特定条件下的收益率，说明车辆取得该项收益的收益率水平。收益率越高，车辆评估值越低。因为在收益一定的情况下，收益率越高，意味着单位资产增值率高，所有者拥有资产价值就低。折现率的确定是运用收益现值法评估车辆时比较棘手的问题。折现率必须谨慎确定，折现率的微小差异都会带来评估值很大的差异。确定折现率，不仅应有定性分析，还应寻求定量方法。折现率与利率不完全相同，利率是资金的报酬，折现率是管理的报酬。利率只表示资产（资金）本身的获利能力，而与使用条件、占用者和使用用途没有直接关系，折现率则与车辆以及所有者使用效果有关。一般来说，折现率应包含无风险利率、风险报酬率和通货膨胀率。无风险利率是指资产在一般条件下的获利水平，风险报酬率则是指冒风险取得报酬与车辆投资中为承担风险所付代价的比率。风险收益能够计算，而为承担风险所付出代价的多少却不好确定，因此风险收益率不容易计算出来，只要选择的收益率中包含这一因素就行。

每个行业、每个企业都有具体的资金收益率。因此在利用收益现值法对机动车进行评估选择折现率时，应该进行本企业、本行业历年收益率指标的对比分析。但是，最后选择的折现率应该起码不低于国家债券或银行存款的利率。

此外还应注意，在使用资金收益率这一指标时，要充分考虑年收益率的计算口径与资金收益率的口径是否一致。若不一致，将会影响评估值的正确性。

4. 收益现值法评估的程序

1）调查和了解营运车辆的经营行情以及营运车辆的消费结构。

2）充分了解被评估车辆的情况和技术状况。

3）确定评估参数，即预测未来收益，确定折现率。

4）将预期收益折现处理，确定二手车评估值。

5. 收益现值法应用举例

某人拟购置一辆较新的普通大众车用作个体出租车经营使用，经调查得到以下数据和情况：

车辆登记日是2013年4月，已行驶公里数为18.3万km，目前车况良好，能正常运行。如用于出租使用，全年可出勤300天，每天平均毛收入800元。评估基准日是2015年4月。

分析：从车辆登记之日起至评估基准日止，车辆投入运行已2年。根据行驶公里数和车辆外观和发动机等技术状况来看，该车辆原投入出租营运，还算正常使用、维护之列。根据国家有关规定和车辆状况，车辆剩余经济寿命为6年。预期收益额的确定思路是：将一年的毛收入减去车辆使用的各种税和费用，包括驾驶员的劳务费等，以计算其税后纯利润。根据目前银行储蓄年利率、国家债券、行业收益等情况，确定资金预期收益率为15%，风险报酬率为5%，具体计算如下：

预计年收入　　　　　　800元/天×300天=24万元

预计年支出

每天耗油费200元，年耗油费为200元/天×300天=6万元

日常维修费为1.2万元

平均大修费用为0.8万元

号牌、保险及各种规费、杂费（每天付85元）为3万元

人员劳务费为3.6万元

出租车标付费为0.6万元

故年毛收入为（24－6－1.2－0.8－3－3.6－0.6）万元=8.8万元

按个人所得税条例规定，所得税税率为30%。故年纯收入为8.8万元×(1－30%)＝6.16万元

该车剩余使用寿命为6年，预计资金收益率为15%，再加上风险率5%，故折现率为20%。假设每年的纯收入相同，则由收益现值法公式求得收益现值，即评估值为

$$P=A\frac{(1+i)^n-1}{i(1+i)^n}=6.16\text{万元}\times\frac{(1+0.2)^6-1}{0.2\times(1+0.2)^6}=20.5\text{万元}$$

6. 采用收益现值法的优缺点

采用收益现值法有两个优点：①与投资决策相结合，容易被交易双方接受；②能真实和较准确地反映车辆的使用价值。

采用收益现值法的缺点是预期收益额预测难度大，受较强的主观判断和未来不可预见因素的影响。

三、清算价格法

1. 基本概念

清算价格法是指以清算价格为标准，对二手车辆进行的价格评估的方法。所谓清算价格，是指企业由于破产或其他原因，要求在一定的期限内将车辆变现，在企业清算之日预期出卖车辆可收回的快速变现价格。

清算价格法在原理上基本与现行市价法相同，所不同的是迫于停业或破产，清算价格往往大大低于现行市场价格。这是由于企业被迫停业或破产，急于将车辆拍卖、出售等原因造成的。

2. 清算价格法的适用范围和前提条件

清算价格法适用于企业破产、抵押、停业清理时要售出的车辆。

(1) 企业破产 当企业或个人因经营不善造成严重亏损，不能清偿到期债务时，企业应依法宣告破产，法院以其全部财产依法清偿其所欠的债务，不足部分不再清偿。

(2) 抵押 抵押是以所有者资产作抵押物进行融资的一种经济行为，是合同当事人一方用自己特定的财产向对方保证履行合同义务的担保形式。提供财产的一方为抵押人，接受抵押财产的一方为抵押权人。抵押人不履行合同时，抵押权人有权将抵押财产在法律允许的范围内变卖，从变卖抵押物价款中优先受偿。

(3) 清理 清理是指企业由于经营不善导致严重亏损，已临近破产的边缘，或因其他原因无法继续经营下去，为弄清企业财物现状，对全部财产进行清点、整理和查核，为经营决策（破产清算或继续经营）提供依据，以及因资产损毁、报废而进行清理、拆除等的经济行为。

在上述三种经济行为中，若有机动车辆进行评估，可以清算价格为标准。

以清算价格法评估车辆价格有三个前提条件：①以具有法律效力的破产处理文件或抵押合同及其他有效文件为依据；②车辆在市场上可以快速出售变现；③所卖收入足以补偿出售车辆的附加支出总额。

3. 决定清算价格的主要因素

在二手车评估中，决定清算价格的有以下几项主要因素：

(1) 破产形式　如果企业丧失车辆处置权，出售的一方无讨价还价的可能，那么以买方出价决定车辆售价；如果企业未丧失处置权，出售车辆一方尚有讨价还价的余地，那么以双方议价决定售价。

(2) 债权人处置车辆的方式　按抵押时的合同契约规定执行，如公开拍卖或收回已有。

(3) 清理费用　在破产等评估车辆价格时应对清理费用及其他费用给予充分的考虑。

(4) 拍卖时限　一般，时限长售价会高些，时限短售价会低些，这是快速变现原则的作用所决定的。

(5) 公平市价　公平市价是指车辆交易双方都满意的价格。在清算价格中卖方满意的价格一般不易求得。

(6) 参照物价格　参照物价格是指在市场上出售相同或类似车辆的价格。一般来说，市场参照物价格高，车辆出售的价格就会高，反之则低。

4. 评估清算价格的方法

二手车评估清算价格的方法主要有以下三种：

(1) 现行市价折扣法　现行市价折扣法是指对清理车辆，首先在二手车市场上寻找一个相适应的参照物；然后根据快速变现原则估定一个折扣率并据以确定其清算价格的一种方法。

例如，一辆旧桑塔纳轿车，经调查，在二手车市场上成交价为4万元，根据销售情况调查，折价20%可以当即出售，则该车辆清算价格为4万元×(1－20%)＝3.2万元。

(2) 模拟拍卖法（也称意向询价法）　这种方法是指根据向被评估车辆的潜在购买者询价的办法取得市场信息，最后经评估人员分析确定其清算价格的一种方法。用这种方法确定的清算价格受供需关系影响很大，要充分考虑其影响的程度。

例如，有大型拖拉机一台，拟评估其拍卖清算价格，评估人员经过向两个农场主、两个农机公司经理和两个农机销售员征询，其估价分别为6万元、7.3万元、4.8万元、5万元、6.5万元和7万元，平均价为6.1万元。考虑到其他因素，评估人员确定清算价格为5.8万元。

(3) 竞价法　竞价法是指由法院按照法定程序（破产清算）或由卖方根据评估结果提出一个拍卖的底价，在公开市场上由买方竞争出价，谁出的价格高就卖给谁的一种方法。

清算价格法的应用在我国还是一个新课题，还缺少这方面的实践，关于清算价格的理论与实际操作，都有待进一步总结和完善。

四、重置成本法

1. 重置成本法及其理论依据

重置成本法是指在现时条件下重新购置一辆全新状态的被评估车辆所需的全部成本（即完全重置成本，简称重置全价），减去该被评估车辆的各种陈旧贬值后的差额作为被评估车辆现时价格的一种评估方法。其基本计算公式可表述为

$$\text{被评估车辆的评估值}=\text{重置成本}-\text{实体性贬值}-\text{功能性贬值}-\text{经济性贬值} \quad (6\text{-}3)$$

$$被评估车辆的评估值 = 重置成本 \times 成新率 \tag{6-4}$$

由上式可看出，被评估车辆的各种陈旧贬值包括实体性贬值、功能性贬值和经济性贬值。

重置成本法的理论依据是：任何一个精明的投资者在购买某项资产时，他所愿意支付的价钱绝对不会超过具有同等效用的全新资产的最低成本。如果该项资产的价格比重新建造或购置一个全新状态的同等效用的资产的最低成本高，投资者肯定不会购买这项资产，而会去新建或购置全新的资产。也就是说，待评估资产的重置成本是其价格的最大可能值。

重置成本是购买一辆全新的与被评估车辆相同的车辆所支付的最低金额。按重新购置车辆所用的材料、技术的不同，可把重置成本分为复原重置成本（简称复原成本）和更新重置成本（简称更新成本）。复原成本是指用与被评估车辆相同的材料、制造标准、设计结构和技术条件等，以现时价格复原购置相同的全新车辆所需的全部成本。更新成本是指利用新型材料、新技术标准、新设计等，以现时价格购置相同或相似功能的全新车辆所支付的全部成本。一般情况下，在进行重置成本计算时，如果同时可以取得复原成本和更新成本，则应选用更新成本；如果不存在更新成本，则再考虑用复原成本。

和其他机器设备一样，机动车辆价值也是一个变量，它随其本身的运动和其他因素的变化而变化。影响车辆价值量变化的因素，除了市场价格以外，还有以下几个因素：

（1）机动车辆的实体性贬值 实体性贬值也称有形损耗，是指机动车在存放和使用过程中，由于物理和化学原因而导致的车辆实体发生的价值损耗，即由于自然力的作用而发生的损耗。二手车一般都不是全新状态的，因而大都存在实体性贬值。车辆的实体性贬值可通过新旧程度，包括表体及内部构件、部件的损耗程度来确定。假如用损耗率来衡量，一辆全新的车辆，其实体性贬值为0，而一项完全报废的车辆，其实体性贬值为100%，处于其他状态下的车辆，其实体性贬值率则位于这两个数字之间。

（2）机动车辆的功能性贬值 功能性贬值是指由于科学技术的发展导致的车辆贬值，即无形损耗。这类贬值又可细分为一次性功能贬值和营运性功能贬值。一次性功能贬值是指由于技术进步引起劳动生产率的提高，现在再生产制造与原功能相同的车辆的社会必要劳动时间减少，成本降低而造成原车辆的价值贬值。具体表现为原车辆价值中有一个超额投资成本将不被社会承认。营运性功能贬值是指由于技术进步，出现了新的、性能更优的车辆，致使原有车辆的功能相对新车型已经落后而引起其价值贬值。具体表现为原有车辆在完成相同工作任务的前提下，在燃料、润滑油、人力、配件材料等方面的消耗增加，形成了一部分超额运营成本。

（3）机动车辆的经济性贬值 经济性贬值是指由于外部经济环境变化所造成的车辆贬值。所谓外部经济环境，包括宏观经济政策、市场需求、通货膨胀、环境保护等。经济性贬值是由于外部环境而不是车辆本身或内部因素所引起的达不到原有设计的获利能力而造成的贬值。外界因素对车辆价值的影响不仅是客观存在的，而且对车辆价值影响还相当大，所以在二手车的评估中不可忽视。

重置成本法的计算公式为正确运用重置成本法评估二手车辆提供了思路，评估操作中，重要的是依此思路，确定各项评估技术、经济指标。

2. 重置成本及其估算

如前所述，重置成本分为复原重置成本和更新重置成本。一般来说，复原重置成本大于更新重置成本，但由此引致的功能性损耗也大。在选择重置成本时，在获得复原重置成本和更新重置成本的情况下，应选择更新重置成本。之所以要选择更新重置成本，一方面，随着科学技术的进步、劳动生产率的提高，新工艺、新设计的采用被社会所普遍接受。另一方面，新型设计、用新工艺制造的车辆无论在使用性能还是成本耗用方面都会优于旧的机动车辆。

更新重置成本和复原重置成本的相同方面在于采用的都是车辆现时价格，不同的在于技术、设计、标准方面的差异，对于某些车辆，其设计、耗费、格式几十年不变，更新重置成本与复原重置成本是一样的。应该注意的是，无论更新重置成本还是复原重置成本，车辆本身的功能不变。

在资产评估中，重置成本的估算方法有很多，二手车评估定价一般采用以下两种方法：

（1）直接法　直接法也称重置核算法，它是指按待评估车辆的成本构成，以现行市价为标准，计算被评估车辆重置全价的一种方法。也就是将车辆按成本构成分成若干组成部分，先确定各组成部分的现时价格，然后加总得出待评估车辆的重置全价。

重置成本的构成可分为直接成本和间接成本两部分。直接成本是指直接可以构成车辆成本的支出部分，具体来说就是按现行市价的买价，加上运输费、购置附加费、消费税、人工费等。间接成本是指购置车辆发生的管理费、专项贷款发生的利息、注册登记手续费等。

以直接法取得的重置成本，无论国产车辆还是进口车辆，都应尽可能地采用国内现行市场价作为车辆评估的重置成本全价。市场价可通过查阅市场信息资料（如报纸、专业杂志和专业价格资料汇编等）和向车辆制造商、经销商询价取得。

二手车重置成本全价的构成一般分下述两种情况考虑：

1）属于所有权转让的经济行为，可将被评估车辆的现行市场成交价格作为被评估车辆的重置全价，其他费用略去不计。

2）属于企业产权变动的经济行为（如企业合资、合作和联营，企业分设、合并和兼并等），其重置成本构成除了考虑被评估车辆的现行市场购置价格以外，还应考虑国家和地方政府对车辆加收的其他税费（如车辆购置附加费、教育费附加、社控定编费、车船使用税等）一并计入重置成本全价。

（2）物价指数法　物价指数法是指在二手车辆原始成本的基础上，通过现时物价指数确定其重置成本的一种方法。其计算公式为

$$\text{车辆重置成本} = \text{车辆原始成本} \times \frac{\text{车辆评估时物价指数}}{\text{车辆购买时物价指数}} \tag{6-5}$$

或

$$\text{车辆重置成本} = \text{车辆原始成本} \times (1 + \text{物价变动指数}) \tag{6-6}$$

如果被评估车辆是淘汰产品或是进口车辆，当问不到现时市场价格时，物价指数法是一种很有用的方法。用物价指数法时应注意以下问题：

1）一定要先检查被评估车辆的账面购买原价。如果购买原价不准确，则不能使用物价指数法。

2）用物价指数法计算出的值，即为车辆重置成本值。

3）运用物价指数法时，如果现在选用的指数往往与评估对象规定的评估基准日之间有一段时间差，则这一时间差内的价格指数可由评估人员依据近期内的指数变化趋势结合市场情况确定。

4）物价指数要尽可能地选用有法律依据的由国家统计部门或物价管理部门以及政府机关发布和提供的数据。有的可取权威性的国家政策部门所辖单位提供的数据。不能选用无依据、不明来源的数据。

3. 实体性贬值及其估算

机动车的实体性贬值是由于使用和自然力损耗所形成的贬值。实体性贬值的估算，一般可以采取以下两种方法：

（1）观察法 观察法也称成新率法，是指对评估车辆，由具有专业知识和丰富经验的工程技术人员对车辆的实体各主要总成和部件进行技术鉴定，并综合分析车辆的设计、制造、使用、磨损、维护、修理、大修理、改装情况和经济寿命等因素，将评估对象与其全新状态相比较，考察由于使用磨损和自然损耗对车辆的功能、技术状况带来的影响，判断被评估车辆的有形损耗率，从而估算实体性贬值的一种方法，其计算公式为

$$\text{车辆实体性贬值} = \text{重置成本} \times \text{有形损耗率}$$

（2）使用年限法 其计算公式为

$$\text{车辆实体性贬值} = (\text{重置成本} - \text{残值}) \times \frac{\text{已使用年限}}{\text{规定使用年限}} \tag{6-7}$$

式中 残值——车辆在报废时净回收的金额，在鉴定评估中一般略去残值不计。有关这部分内容在第五节再做详述。

4. 功能性贬值及其估算

（1）一次性功能贬值的测定 对目前在市场上能购买到的且有制造厂家继续生产的全新车辆，一般采用市场价即可认为该车辆的功能性贬值已包含在市场价中了。这是最常用的方法。从理论上讲，同样的车辆其复原重置成本与更新重置成本之差即是该车辆的一次性功能性贬值。但在实际评估工作中，具体计算某车辆的复原重置成本比较困难，一般就用更新重置成本（即市场价），并认为其已考虑其一次性功能贬值。

在实际评估时经常遇到的情况是：待评估的车辆其型号是现已停产或是国内自然淘汰的车型，这样就没有实际的市场价，只有采用参照物的价格用类比法来估算。参照物一般采用替代型号的车辆。这些替代型号的车辆其功能通常比原车型有所改进和增加，故其价值通常会比原车型的价格要高（功能性贬值大时，也有价格更低的）。故在与参照物比较，用类比法对原车型进行价值评估时，一定要了解参照物在功能方面改进或提高的情况，再按其功能变化情况测定原车辆的价值，总的原则是被替代的旧型号车辆其价格应低于新型号车辆的价格。这种价格有时相差很大。评估这类车辆的主要方法是设法取得该车型的市场现价或类似车型的市场现价。

（2）营运性功能贬值的估算 测定营运性功能贬值的步骤如下：

1）选定参照物，并与参照物对比，找出营运成本有差别的内容和差别的量值。

2）确定原车辆尚可继续使用的年限。

3）查明应上缴的所得税税率及当前的折现率。

4）通过计算超额收益或成本降低额，最后计算出营运性功能贬值。

例 6-2 A、B 两辆 8t 载货汽车，重置全价基本相同，其营运成本差别见表 6-3。

表 6-3 A、B 两辆载货汽车营运成本差别

项 目	A 车	B 车
每千米耗油量	25L	22L
每年维修费用	3.5 万元	2.8 万元

求 A 车的功能性贬值。

解： 按每日营运 150km，每年平均出车日为 250 天计算，油价为 5 元/L，则 A 车每年超额耗油费用为

$$\left[(25-22)\times 5\times\frac{150}{100}\times 250\right]\text{元}=5625\text{ 元}$$

A 车每年超额维修费用为

$$(35000-28000)\text{ 元}=7000\text{ 元}$$

A 车总超额营运成本为

$$(5625+7000)\text{ 元}=12625\text{ 元}$$

取所得税税率为 33%，则税后超额营运成本为

$$12625\times(1-33\%)\approx 8459\text{ 元}$$

取折现率为 11%，并假设 A 车将继续运行 5 年，利用式（6-8）计算，即

$$P=A\frac{(1+i)^n-1}{(1+i)^n i} \tag{6-8}$$

A 车的营运性功能贬值为

$$P=A\frac{(1+i)^n-1}{(1+i)^n i}=8459\text{ 元}\times\frac{(1+0.11)^5-1}{(1+0.11)^5\times 0.11}\approx 3132\text{ 元}$$

5. 经济性贬值估算的思考方法

经济性贬值是由机动车辆外部因素引起的，外部因素无论多少，对车辆价值的影响不外乎两类：①造成营运成本上升；②导致车辆闲置。由于造成车辆经济性贬值的外部因素很多，并且造成贬值的程度也不尽相同，所以在评估时只能统筹考虑这些因素，而无法单独计算所造成的贬值。其评估的思考方法如下：

1）估算前提。车辆经济性贬值的估算主要以评估基准日以后是否停用、闲置或半闲置作为估算依据。

2）已封存或较长时间停用，且在近期内仍将闲置，但今后肯定要继续使用车辆最简单的估算方法是：按其可能闲置时间的长短及其资金成本估算其经济性贬值。

3）根据市场供求关系估算其贬值。

6. 采用重置成本法的优缺点

采用重置成本法的优点有 3 个：①比较充分地考虑了车辆的损耗，评估结果更趋于公

平合理；②有利于二手车辆的评估；③在不易计算车辆未来收益或难以取得市场（二手车交易市场）参照物的条件下可广泛应用。

运用重置成本法的缺点是工作量较大，且经济性贬值也不易准确计算。

五、二手车成新率的确定

1. 二手车成新率的概念

成新率是反映二手车新旧程度的指标。二手车成新率是表示二手车的功能或使用价值占全新机动车的功能或使用价值的比率。也可以理解为二手车的现时状态与机动车全新状态的比率。

机动车的有形损耗率与机动车的成新率的关系为

$$成新率=1-有形损耗率$$

或

$$有形损耗率=1-成新率$$

在二手车鉴定评估的实践中，重置成本法是二手车鉴定评估的首选办法，要想较为准确地评估车辆的价值，成新率的确定是关键。成新率作为重置成本法的一项重要指标，如何科学、准确地确定该项指标，是二手车评估中的重点和难点。因为成新率的确定不仅需要以一定的客观资料和检测手段为依据，而且在很大程度上要依靠评估人员的学识和评估经验来进行判断。

二手车鉴定评估成新率的确定通常采用使用年限法、技术鉴定法、综合分析法三种方法。

2. 使用年限法

使用年限法是建立在二手车在整个使用寿命期间，实体性损耗是随线性递增的基础上，机动车价值的降低与其损耗的大小成正比。因此，使用年限法的数学表达式为

$$成新率=\left(1-\frac{已使用年限}{规定使用年限}\right)\times100\% \tag{6-9}$$

从上述表达式可知，运用使用年限法估算二手车的成新率涉及两个基本参数，即机动车已使用年限和机动车规定使用年限。

（1）机动车规定使用年限 机动车的规定使用年限即机动车的使用寿命。机动车使用寿命的概念与汽车使用寿命的概念相同，它分为技术使用寿命、经济使用寿命和合理使用寿命，这里所指的机动车规定使用年限是指机动车的合理使用寿命。对于汽车来说，2013 年 1 月 14 日，商务部网站发布了《机动车强制报废标准规定》，明确根据机动车使用和安全技术、排放检验状况，国家对达到报废标准的机动车实施强制报废。该规定自 2013 年 5 月 1 日起施行。

根据规定，已注册机动车应当强制报废的情况包括：达到规定使用年限；经修理和调整仍不符合机动车安全技术国家标准对在用车有关要求的；经修理和调整或者采用控制技术后，向大气排放污染物或者噪声仍不符合国家标准对在用车有关要求的；在检验有效期届满后连续 3 个机动车检验周期内未取得机动车检验合格标志的。

在各类机动车使用年限方面，规定明确了小、微型出租客运汽车使用 8 年，中型出租客运汽车使用 10 年，大型出租客运汽车使用 12 年；公交客运汽车使用 13 年；专用校车

使用15年；大、中型非营运载客汽车（大型轿车除外）使用20年；正三轮摩托车使用12年，其他摩托车使用13年等。

（2）机动车已使用年限 机动车已使用年限是指二手车开始使用到评估基准日所经历的时间。

运用使用年限法估算二手车成新率应注意两点：①使用年限是代表车辆运行或工作量的一种计量，这种计量是以车辆的正常使用为前提的，包括正常的使用时间和正常的使用强度。在实际评估过程中，应充分注意车辆的实际已使用的时间，而不是简单的日历天数，同时也要考虑实际使用强度。②已使用年限不是指会计折旧中已计提折旧年限，规定使用年限也不是指会计折旧年限。

使用年限法方法简单，容易操作，一般用于二手车的价格粗估或价值不高的二手车价格的评估。其有关问题将在第九章中做进一步讨论。

3. 技术鉴定法

技术鉴定法是指评估人员用技术鉴定的方法测定二手车的成新率的一种方法。采用这种方法，首先是评估人员对二手车进行技术观察和技术检测来鉴定二手车的技术状况，再以评分或分等级的方法来确定成新率，这种方法是以技术鉴定为基础的。技术鉴定法分部件鉴定法和整车观测法。

（1）部件鉴定法 部件鉴定法是指对二手车按其组成部分对整车的重要性和价值量的大小来加权评分，最后确定成新率的一种方法。其做法是：将车辆分成若干个主要部分，根据各部分的建造费用占车辆建造成本的比重，按一定百分比例确定权重，各部分功能与全新车辆对应的功能相同，则该部分成新率为100%，其功能完全丧失，则成新率为0。再根据这若干部分的技术状况给出各部分成新率，分别与权重相乘即得各部分的成新率，最后将各部分的成新率加权即得二手车的成新率。

这种方法费时费力，车辆各组成部分权重难以掌握，但评估值更接近客观实际，可信度高。它既考虑了二手车实体性损耗，也考虑了二手车维修换件会增大车辆的价值。这种方法一般用于价值较高的车辆的评估。

（2）整车观测法 整车观测法主要是指采用人工观察的方法，辅之以简单的仪器检测，对二手车技术状况进行鉴定、分级以确定成新率的一种方法。对二手车技术状况分级的办法是先确定两头，即先确定刚投入使用不久的车辆和将报废处理的车辆，然后再根据车辆评估的精细程度要求在刚投入使用不久车辆与报废车辆之间分若干等级。其技术状况分级参见表6-4。

表6-4 二手车成新率评估参考表

车况等级	新旧情况	有形损耗率（%）	技术状况描述	成新率（%）
1	使用不久	0～10	刚使用不久，行驶里程一般在3万～5万km，在用状态良好，能按设计要求正常使用	100～90
2	较新车	11～35	使用一年以上，行驶15万km左右，一般没有经过大修，在用状态良好，故障率低，可随时出车使用	89～65

（续）

车况等级	新旧情况	有形损耗率（%）	技术状况描述	成新率（%）
3	旧车	36～60	使用4～5年，发动机或整车经过大修一次，大修较好地恢复了原设计性能，在用状态良好，外观中度受损，恢复情况良好	64～40
4	老旧车	61～85	使用5～8年，发动机或整车经过两次大修，动力性能、经济性能、工业可靠性能都有所下降，外观油漆脱落受损、金属件锈蚀程度明显。故障率上升，维修费用、使用费用明显上升。但车辆符合《机动车安全技术条件》，在用状态一般或较差	39～15
5	待报废处理车	86～100	基本到达或到达使用年限，通过《机动车安全技术条件》检查，能使用但不能正常使用，动力性、经济性、可靠性下降，燃料费、维修费、大修费用增长速度快，车辆收益与支出基本持平，排放污染和噪声污染到达极限	15以下

二手车成新率评估参考表是就一般车辆成新率判定的经验数据，仅供参考。整车观测分析法对车辆技术状况的评判，大多数是由人工观察的方法进行的，成新率的估值是否客观、实际，取决于评估人员的专业水准和评估经验。这种方法简单易行，但评估值没有部件鉴定法准确，一般用于中、低等价值的二手车的初步估算，或作为综合分析法鉴定评估要考虑的主要因素之一。

4. 综合分析法

综合分析法是以使用年限法为基础，再综合考虑对二手车价值影响的多种因素，以系数调整确定成新率的一种方法。其计算公式为

$$\text{成新率} = \left(1 - \frac{\text{已使用年限}}{\text{规定使用年限}}\right) \times \text{调整系数} \times 100\% \tag{6-10}$$

综合分析法的调整系数可参照表6-5来确定。

表6-5 二手车成新调整系数参考表

影响因素	因素等级	调整系数（1990年以后）	权重（%）
技术状况	好	1.2	30
	较好	1.1	
	一般	1	
	较差	0.9	
	差	0.8	
维护	好	1.1	25
	一般	1	
	差	0.9	

（续）

影响因素	因素等级	调整系数（1990年以后）	权重（%）
制造质量	进口	1.1	20
	国产名牌	1	
	国产非名牌	0.9	
工作性质	私用	1.2	15
	公务、商务	1	
	营运	0.7	
工作条件	较好	1	10
	一般	0.9	
	较差	0.8	

鉴定评估时要综合考虑的因素有：车辆的实际运行时间、实际技术状况：车辆使用强度、使用条件、使用和维护情况；车辆的原始制造质量；车辆的大修、重大事故经历；车辆外观质量等。

采用这种方法复杂、费时、费力，但它充分考虑了影响车辆价值的各种因素，评估值准确度较高，适用于中等价值的二手车辆，这是二手车鉴定评估最常用的方法之一。

例6-3　评估车辆的厂牌型号；登记日期为2008年4月；年审检验合格至2015年9月；公路规费、购置附加税、车船使用税和保险等证照与费用齐全有效。

经过对车辆的技术鉴定和全面了解，各影响综合调整系数的因素的情况为：a. 技术状况好；b. 维护情况好；c. 制造质量属国产名牌；d. 工作性质属公务车；e. 工作条件好。

解：

（1）重置成本法估价：评估值＝重置成本×成新率。

（2）重置成本计算：类似配置的该车型新车市场成交价为16万元，作为本车的重置成本。

（3）综合调整系数计算：经过对车辆的技术鉴定和全面了解，各影响综合调整系数的因素的取值为：技术状况好取1.2；维护情况好取1.1；制造质量属国产名牌取1；工作性质属公务车取1；工作条件好取1。采用综合分析法计算调整系数为

$$1.2\times30\%+1.1\times25\%+1\times20\%+1\times15\%+1\times10\%=1.085$$

（4）$\text{成新率}=\left(1-\dfrac{\text{已使用年限}}{\text{规定使用年限}}\right)\times\text{调整系数}\times100\%$

$$=\left(1-\frac{89}{120}\right)\times1.085\times100\%=28\%$$

（5）评估值＝重置成本×成新率＝16万元×28%＝4.48万元。

第四节 二手车鉴定评估的咨询与服务

一、二手车鉴定评估从业人员的岗位职责与素质要求

1. 二手车鉴定评估从业人员的岗位职责

1）遵守《二手车鉴定评估从业人员工作守则》，认真履行岗位职责。

2）接待二手车交易客户，受理客户鉴定评估的委托。

3）接受客户对二手车交易的咨询，引导客户合法交易。

4）负责检查二手车交易的各项证件。

5）负责收集二手车鉴定评估的政策法规资料、车辆技术资料、市场价格信息资料。

6）负责对二手车进行技术鉴定，估算价格。

7）不准盗抢车辆、走私车辆、非法拼装车辆及报废车辆进场交易。

8）负责报告鉴定评估结果，与客户商定确认评估价格。

9）填写鉴定评估报告，指导资料员存档。

10）协助领导做好有关鉴定评估的其他工作。

2. 二手车鉴定评估从业人员的素质要求

二手车鉴定评估从业人员的素质，对评估工作水平和评估结果的质量有至关重要的影响。合格的二手车鉴定评估从业人员的素质主要体现在以下三个方面：

（1）政策理论素质。

1）掌握马克思主义的基本理论，能运用马克思主义的立场、观点和方法分析和解决问题。

2）有一定的资产评估业务理论，熟悉资产评估基本原理和基本方法。

3）有一定的政策水平，熟知国家有关二手车交易的政策法规和国家在各个时期的路线、方针和政策。

（2）业务素质。

1）具有一定的知识面。二手车鉴定评估涉及知识面广，它不仅要求鉴定评估从业人员具备财会、经济管理、市场、金融、物价等经济学科方面的知识，同时还要求鉴定评估从业人员具有工程技术、计算机操作方面的知识。鉴定评估从业人员只有具备较全面的知识结构，才能胜任二手车鉴定评估工作。

2）具有娴熟的评估技巧和计算技术。

3）具有较高的收集、分析和运用信息资料的能力。

4）具有准确的判断能力。二手车鉴定评估的过程，就是一个对二手车技术状况进行判断、鉴定，从而对二手车价格进行估算的过程。

（3）思想品德素质 思想品德素质包括以下内容：热爱祖国，坚持四项基本原则，拥护改革开放的方针政策，遵纪守法，公正廉洁。鉴定评估从业人员只有具备较高的思想品德素质，才能在评估工作中自觉履行自己的职责和义务，恪守职业道德，全心全意地为客户服务。

二、二手车鉴定评估从业人员工作守则

1. 总则

1）为了使二手车鉴定评估从业人员更好地履行职责，坚持二手车评估的客观公正性，保证鉴定评估质量，参照中国资产评估协会制定的《资产评估执业人员自律守则》，特制定《二手车鉴定评估从业人员工作守则》。

2）二手车鉴定评估从业人员工作守则，是指二手车鉴定评估的从业人员在二手车的评估业务活动中应当遵循的行为准则。

3）二手车鉴定评估从业人员是指专职在二手车交易市场从事二手车鉴定评估，并获得国家人力资源与社会保障部颁发的《二手车鉴定评估师职业资格证书》的从业人员。

2. 基本要求

1）二手车鉴定评估从业人员在执行业务中应严格遵守国家有关法律、法规，执行国家有关政策，坚持独立、客观、公正的原则。

2）二手车鉴定评估从业人员在承接业务、评估操作和评估报告形成过程中，不受其他任何单位和个人的干预和影响。

3）二手车鉴定评估从业人员在资料收集、调查、判断和意见表达时应当实事求是，不以主观好恶或个人偏见行事，不允许因成见或偏见影响评估结果的客观性。

4）二手车鉴定评估从业人员在执行业务过程中，应诚实、正直、公平，不偏不倚地对待评估业务中有关各方，不以牺牲一方利益为条件而使另一方受益。

5）二手车鉴定评估从业人员要廉洁自律，不得利用工作之便，谋取私利。

3. 业务能力和工作规则

1）二手车鉴定评估从业人员应具备鉴定评估及相关专业知识和鉴定评估的实践经验，并应按规定接受继续教育，充实和更新业务知识，提高鉴定评估的技能。

2）二手车鉴定评估从业人员应熟悉和掌握国家有关政策和法规、行业管理制度及有关技术标准，注意收集与鉴定评估有关的业务信息，以提供完善的服务。

3）二手车鉴定评估从业人员在执行业务时，应该严肃认真，采用恰当科学的评估方法，按照规定的评估程序，完成承接的鉴定评估业务，履行二手车鉴定评估协议书中规定的各项职责。

4）二手车鉴定评估从业人员对鉴定评估的结果和撰写的评估报告书必须提供可靠、充实的依据，手续核实、技术鉴定、评定估算等评估过程均应形成文字工作底稿，采用的数据信息资料均应注明来源渠道。

5）二手车鉴定评估从业人员在本行业中应团结合作，不得以不正当手段损害同行的专业信誉。

6）二手车交易市场与委托单位在承接和委托业务上，应实行双向选择。二手车鉴定评估从业人员应以良好的服务质量赢得客户，不得以任何方式限制、利诱或干预委托单位对二手车交易市场的选择，也不得采取回扣、提成、压价竞争和抬高自己贬低他人等不正当手段招揽业务。

7）二手车鉴定评估从业人员承接业务，均应由二手车交易市场单位受理，不得以个

人名义接受委托，承办业务。

8）二手车鉴定评估从业人员不得允许其他人用本人名义接受委托，承办业务，也不得为其他人的评估结果签字盖章。

9）二手车鉴定评估从业人员有权要求委托单位提供执行评估业务所需的资料。由于委托单位不提供资料或提供资料不全面、不真实，造成评估结果失实的，鉴定评估从业人员不承担相应责任。

10）二手车鉴定评估从业人员对于委托单位提供的数据资料和评估结果，应当严格保守秘密，除非得到委托单位的书面允许或依法律、法规要求公布，否则不得将任何资料和情况提供或泄露给第三者。

三、二手车鉴定评估的业务接待和前期准备工作

1. 二手车鉴定评估的业务接待

二手车鉴定评估的第一项工作是接待客户，接待是二手车鉴定评估中的一项重要的日常性工作。鉴定评估人员与来自二手车交易市场的各种性质的人员交谈，都希望通过接待为二手车交易市场树立良好的企业形象和信誉，营造融洽和谐的环境，结交更多的客户朋友，扩大企业的知名度和信誉度。接待工作做得好与差，直接决定了客户对企业的第一印象，因此鉴定评估从业人员应该重视并做好接待这第一步的工作。

（1）办公室接待 首先，要将办公室布置得美观整洁，周围的工作人员不得在办公室吸烟、饮食、打牌、下棋、闲谈、喧哗。让客户一走进办公室，就感到这里的工作井井有条，充满生机、活力，因而产生信任感。其次，接待客户要认真、热情、耐心、文明，要专心致志地听来访者谈话，不要东张西望、漫不经心。

（2）电话接待 电话接待应该专门准备记录簿，电话接待用语应简练、周全。电话铃一响，便要拿起听筒。首先通报自己的单位名称，“您好，这里是××二手车交易中心（市场）评估部。”接着说：“您找哪一位?”“我能为您做点什么?”等礼貌用语。切忌什么也不说，只是一味地询问对方“你叫什么名字？你是哪个单位的？你找他是公事还是私事?”这是极不礼貌的。如果接听电话后，自己不是受话人，应担负起传呼的责任，但不能尚未放下听筒，就大叫别人来接电话，这样会显得很没有教养。假如对方要找的人在场，可回答：“请您稍候，我立刻请他来听电话。”如果找的人不在，不应把电话一挂了事，可以回答：“××不在办公室，您有什么事需要转告?”如果对方有重要的事情，需要转告或要求记录下来，应认真记录下来并及时转告。当电话交谈结束时，可询问对方“还有什么事吗？还有什么要求?”，这既是尊重对方，也是提醒对方，最后可以说“再见”。一般是在对方挂断后再放下自己的话筒。

2. 二手车鉴定评估的业务洽谈

业务洽谈方式有面谈和电话洽谈之分，与客户洽谈的主要内容有：车主基本情况、车辆情况、委托评估的意向、时间要求等。通过业务洽谈，应该初步了解下述情况：

（1）车主单位（或个人）名称、隶属关系、所在地 车主即二手车所有人，指车辆所有权的单位或个人。了解洽谈的客户是否是车主，若是车主则有车辆处置权，否则无车辆处置权。

（2）车主要求评估的目的　评估目的是评估所服务的经济行为的具体类型，根据评估目的，选择计价标准和评估方法。一般来说，委托二手车交易市场评估的大多数是交易类业务，车主要求评估价格的目的大多数是为买卖双方成交提供参考底价。

（3）评估的对象及其基本情况。

1）二手车类别，即是汽车，还是拖拉机或摩托车。

2）机动车的品牌名称、型号、生产厂家、出厂日期。

3）机动车辆管理机关初次注册登记的日期、行驶里程。

4）新车来历，即是从市场上购买的，还是走私罚没的，还是捐赠免税车。

5）车籍，即车辆牌证发放地。

6）使用性质，即是公务车、商用车，还是专业运输车或是出租营运车。

7）手续是否齐全，是否年检。

在洽谈中，上述基本情况已摸清楚以后，就应该做出是否接受委托的决定。如果不能接受委托，应该说明原因，客户对交易中有不清楚的地方，应该接受咨询，耐心地解答和指导；如果接受委托，还要进行下述鉴定评估的前期准备工作。

3. 鉴定评估的前期准备工作

（1）实地考察　对于评估数量较多的业务，还应安排到实地考察，以便了解鉴定评估的工作量、工作难易程度、车辆现时状态（是在用，还是在修，还是停驶待修）。

（2）签署二手车鉴定评估协议　对于咨询服务类业务，还应向委托方提出有偿服务报价，签署二手车鉴定评估业务委托协议。

二手车鉴定评估业务委托协议是受托方与委托方对各自权利、责任和义务的协定，是一项经济合同性质的契约。二手车鉴定评估业务委托协议应写明以下内容：

1）委托方和二手车交易中心（市场）的名称、住所、工商登记注册号、上级单位、二手车鉴定评估师资格类型及证件编号。

2）鉴定评估目的、车辆类型和数量。

3）委托方须做好的基础工作和配合工作。

4）鉴定评估工作的起止时间。

5）鉴定评估收费金额及付款方式。

6）反映协议双方各自的责任、权利、义务以及违约责任的其他内容。

二手车鉴定评估业务委托协议必须符合国家法律、法规和资产评估业的管理规定。涉及国有资产占有单位要求申请立项的二手车鉴定评估业务，应由委托方提供国有资产管理部门关于评估立项申请的批复文件，经核实后，方能接受委托，签署协议书。二手车鉴定评估协议书参考示例如下：

二手车鉴定评估协议书编号：

根据工作需要，甲方委托乙方对下述机动车辆进行鉴定评估，经友好协商，双方愿意委托与受托，特签订如下协议（见表6-6），双方各执一份。

表6-6　二手车鉴定评估协议书

<table>
<tr><td colspan="4">甲方委托方</td><td colspan="4">乙方受托方</td></tr>
<tr><td>单位</td><td colspan="3"></td><td>单位</td><td colspan="3">××二手车交易中心（市场）</td></tr>
<tr><td>地址</td><td colspan="3"></td><td>地址</td><td></td><td>电话</td><td></td></tr>
<tr><td>经办人</td><td></td><td>电话</td><td></td><td>鉴定评估师</td><td></td><td>执业书证号</td><td></td></tr>
<tr><td colspan="4">责任与义务
1. 按照委托鉴定评估的车辆清单，提供全面准确的清查资料。
2. 为鉴定评估人员开展工作提供完整、真实和合乎评估管理办法要求的资料、手续和工作场所。
3. 按照国家规定的评估收费标准交付评估费，在签订本协议当时预交________元，待鉴定评估工作结束后多退少补。
4. 由一名领导负责，组织本单位有关人员配合鉴定评估工作和回答估价中的问题。
5. 若不能及时、完整、真实地提供所需资料手续，造成拖延时间，以致不能提出鉴定评估报告或中途停止鉴定评估时，委托方负违约责任，同意按进度支付评估费。</td><td colspan="4">责任与义务
1. 根据委托鉴定评估的车辆清单，按时提出鉴定评估报告。
2. 遵照《国有资产评估管理办法》及其《国有资产评估管理办法施行细则》等有关法规，独立、公正、合理地进行鉴定评估。
3. 委托方若能履行本协议所签订的责任与义务，受托方则于　　月　　日，提出二手车鉴定评估报告。
4. 对委托方所提供的资料及鉴定评估结果，有责任保守机密。
5. 因受托方不能按协议的时间提出鉴定评估报告，而造成的违约由受托方负责，适当减免评估费。</td></tr>
<tr><td colspan="8">鉴定评估目的：</td></tr>
</table>

委托鉴定评估的车辆清单

序号	车辆厂牌名称	号牌号码	发动机号	车架号

备注：

委托方代表签字（盖章）　　　　　　受托方代表签字（盖章）

年　　月　　日　　　　　　　　　　年　　月　　日

（3）拟定鉴定评估方案和日程计划　鉴定评估方案是鉴定评估人员进行该项二手车评估的规划和安排。其主要内容包括：评估目的、评估对象和范围、评估基准日，协助评估人员工作的其他人员安排，现场工作计划、评估程序、评估具体工作和时间安排，拟采用的评估方法及其具体步骤等。

（4）指导委托方做好评估准备工作。

1）产权归属证明。机动车辆注册登记是确定车辆产权归属有效的一项手续。经注册登记后的车辆发给《机动车行驶证》。

2）车辆使用说明书。从使用说明书中可以了解车辆的一些技术参数、随车工具等情况。

3）车辆行驶、营运的所有证件。

4）填写二手车鉴定评估登记表，见表6-7。

表 6-7　二手车鉴定评估登记表

年　月　日

车主			所有权性质	公/私	联系电话	
住址					经办人	
原始情况	车辆品牌		型号		生产厂家	
	结构特点		发动机号		车架号	
	载重量/座位数/排量				燃料种类	
使用情况	初次登记日期	年　月	号牌号码		车籍	
	已使用年限	年　个月	累计行驶里程	万 km	工作性质	
	大修次数	发动机	次	工作条件		
		整车	次			
	维护保养情况			现时状态		
	事故情况					
	现时技术状况					
手续情况	证件					
	税费					
价值反映	购置日期	年　月	账面原值/元		账面净值/元	
	车主报价/元		重置价格/元		初估价格/元	

填表人：

二手车鉴定评估登记表填写说明：

1）结构特点：填写内容如有别于普通型的电喷、ABS 自动防抱死制动系统、自动变速等。

2）工作性质：填写内容如私用、公务、商务、长途客运、长途货运、城市出租小汽车、城市出租货车。

3）工作条件：指车辆大部分时间工作的条件，填写内容如城市、城镇、乡村、山区、沙漠地区、厂区等。

4）现时状态：填写内容如在用、在修、待修。

5）事故情况：做简单描述。

6）现时技术状况：指车辆主要丧失的功能、缺少和损坏的零部件。填写内容如：空调不制冷，门把损坏，发电机不工作等。

7）证件和税费：填写交易中缺少的有效证件及税费。

四、二手车鉴定评估报告的撰写

1. 二手车鉴定评估报告的基本要求

国有资产管理局发布了《关于资产评估报告书的规范意见》，提出了比较系统的规范要求：

1）二手车鉴定评估报告必须依照客观、公正、实事求是的原则由二手车交易市场独立撰写，如实反映鉴定评估的工作情况。

2）二手车鉴定评估报告应有委托单位（或个人）的名称、二手车交易市场的名称和印章，二手车交易市场法人代表或其他委托人和二手车鉴定评估师的签字以及提供报告的日期。

3）二手车鉴定评估报告要写明评估基准日，并且不得随意更改。所有的估价中采用的税率、费率、利率和其他价格标准，均应采用基准日的标准。

4）二手车鉴定评估报告中应写明评估的目的、范围、二手车的状态和产权归属。

5）二手车鉴定评估报告应说明评估工作遵循的原则和依据的法律法规，简述鉴定评估过程，写明评估的方法。

6）二手车鉴定评估报告应有明确的鉴定估算价值的结果，鉴定结果应有二手车的成新率。估价结果应有二手车原值、重置价值、评估价值等。

7）二手车鉴定评估报告还应有齐全的附件。

2. 二手车鉴定评估报告（示例）

二手车（　　　　）鉴定评估报告

（鉴定评估机构）接受________的委托，根据国家有关资产评估的规定，本着客观、独立、公正、科学的原则，按照公正的资产评估方法，对轿车进行鉴定评估。本机构鉴定评估人员按照必需程序，对委托鉴定评估车辆进行了实地查勘与市场调查，并对其在____年________月________日所表现的市场价值做出了公允反映。

现将车辆评估情况及鉴定评估结果报告如下：

（一）委托方与车辆所有方简介

委托方：________，委托方联系人：____________，联系电话：____________。

根据《机动车行驶证》所示，委托车辆车主：____________________。

（二）评估目的

根据委托方的要求，本项目评估目的：

□交易　□转籍　□拍卖　□置换　□抵押　□担保　□咨询　□司法裁决　□收益

（三）评估对象

评估车辆的厂商型号________：车辆号码________：发动机号________：

车辆识别号码/车架号____________________：登记日期____________：

年审检验合格至____年____月：购置附加费证____：车船使用税____。

鉴定评估基准日

鉴定评估基准日________年________月________日

（四）评估原则

严格遵循“客观性、独立性、公正性、科学性”的原则。

（五）评估依据

1. 行为依据，二手车鉴定评估委托书第____________________号。

2. 法律、法规依据

【国有资产评估管理办法】（国务院令第91号）

【摩托车报废标准暂行规定】（国家经贸委等部门令第33号）。

原国家国有资产管理局【关于印发〈国有资产评估管理办法施行细则〉的通知】（国资办发〔1992〕36号）。

原国家国有资产管理局【关于转发〈资产评估操作规范意见（试行）〉的通知】（国资办法〔1996〕23号）。

国家经贸委等部门【汽车报废标准】（国经贸经〔1997〕456号）、【关于调整轻型载货汽车报废标准的通知】（国经贸经〔1998〕407号）、【关于调整汽车报废标准若干规定的通知】（国经贸资源〔2002〕1202号）、【农用运输车报废标准】（国经贸资源〔2001〕234号）等。

3. 其他相关法律、法规等。

4. 财产依据，委托鉴定评估车辆的《机动车登记证书》编号：________________。

5. 评估及取价依据：

技术标准资料：【机动车运行安全技术条件】（GB 7258—2004）。

技术参数资料：____________________系列车型性能、装备一览表。

技术鉴定资料：（1）评估鉴定人员现场查勘记录表；（2）评估鉴定人员市场调查资料。

（六）评估方法

□重置成本法　□现行市场法　□收益现值法　□其他

计算过程如下：

（七）评估过程

按照接受委托、验证、现场查勘、评定估算、提交报告的程序进行。

（八）评估结论

车辆评估价：人民币____________________元。金额大写：____________________整。

（九）特别事项说明

（十）评估报告法律效力

1. 本项评估结论有效期为90天，自评估基准日至______年______月______日止。

2. 当评估目的在有效期内实现时，本评估结果可以作为作价参考依据。超过90天，需重新评估。另外，在评估有效期内若被评估车辆市场价格或因交通事故等原因而发生变化，对车辆评估结果产生明显影响时，委托方也需要重新委托评估机构重新评估。

3. 鉴定评估报告书的使用权归委托方所有，其评估结论仅供委托方为本项目评估目的使用和送交旧机动车鉴定评估主管机关审查使用，不适用于其他目的；因使用本报告书不当而产生的任何后果与签署本报告书的鉴定评估师无关；未经委托方许可，本鉴定评估机构承诺不将本报告书的内容向他人提供或公开。

附件：

1. 二手车鉴定评估委托书

2. 二手车鉴定评估作业表

3. 二手车照片

注册旧机动车鉴定估价师（签字、盖章）： 复核人（签字、盖章）：

机动车鉴定评估机构法人代表（签字、签章）：

机动车鉴定评估有限公司
年 月 日

五、二手车评估案例

某公司一辆大众出租车，2015 年 2 月 26 日来某二手车交易中心交易，试对车辆进行鉴定评估。

经与客户洽谈，了解车辆情况，填写二手车鉴定评估登记。对该出租车鉴定评估分析如下：

大众车属国产名牌车，其工作性质属城市出租营运车辆，常年工作在市区或市郊，工作繁忙，工作条件较好。从车辆使用年数和累计行驶公里数来看，年平均行驶近 10 万 km，使用强度偏大；加上车辆日常维护较差；再则，发现发动机排气管冒蓝烟，车身前左侧撞击受损，故应该着重检查车辆动力性能和检测前轮定位是否正确。

经外观检查，油漆有局部脱落现象；车厢内饰有两处烟头伤痕迹。经路试做紧急制动检查，方向稍向左跑偏，但属正常情况。用力踩油门，车辆提速困难，发动机排气管冒蓝烟。经发动机功率检测，发现发动机功率比原设计功率下降 20%，判定活塞、活塞环、缸套磨损严重，导致燃烧室窜机油。车辆前左侧受撞击，经前轮定位仪检测，前轮定位正常，不影响转向。其他情况均与使用 1 年 7 个月的新旧程度基本相符。总体来看，车辆技术状况较差。

通过上述技术鉴定认为：购买者购买该车辆，需要进行二次项目维修和换件（如换活塞、活塞环、缸套组件，表面涂装等）后，才能投入正常使用。鉴于这种情况，首先采用使用年限法估算车辆正常情况下的成新率，再综合考虑影响成新率的各项因素，采用“一揽子”评估方法确定综合调整系数，具体计算如下：

（1）估算成新率 根据国家规定，出租车使用年限为 8 年，折合为 96 个月，从初次登记之日至已使用年限 1 年 7 个月，折合 19 个月。故成新率为

$$(1-19/96)\times100\%=80.2\%$$

（2）经市场询价 评估基准日同型号的大众车市场成交价为 100400 元。

（3）计算调整系数 经过对车辆的技术鉴定和全面了解，各影响因素调整系数取值为：技术状况差取 0.8；维护情况较差取 0.9；制造质量属国产品牌取 1；工作性质属营运车辆取 0.7；工作条件较好取 1。采用综合分析法估算调整系数为

$$0.8\times30\%+0.9\times25\%+1\times20\%+0.7\times15\%+1\times10\%=0.87$$

（4）计算评估值 计算评估值为

$$100400\text{ 元}\times(1-19/96)\times100\%\times0.87=70053\text{ 元}$$

填写二手车鉴定评估登记表（表 6-8）和二手车鉴定评估作业表（表 6-9）并一起存档备查。

表 6-8　二手车鉴定评估登记表　　　　2015年2月26日

车主	××公司	所有权性质	公/私	联系电话	××	
住址	××	经办人	××			
原始情况	车辆品牌	大众	型号	VWX001	生产厂家	上海大众
	结构特点	普通	发动机号	0001343	车架号	004274
	载质量/座位数/排量	1.6L	燃料种类	汽 油		
使用情况	初次登记日期	2013年7月	号牌号码	××	车籍	××
	已使用年限	1年7个月	累计行驶里程	14.5万km	工作性质	出租
	大修次数	发动机	0/次	工作条件	好	
		整车	0/次			
	维护情况	较差	现时状态	在用		
	事故情况	左前侧撞击，车身受损				
	现时技术状况	发动机加速困难，排气管冒蓝烟，车身后部油漆局部脱落				
手续情况	证件	齐全、有效				
	税费	齐全、有效，交至2015年6月				
价值反映	购置日期	2013年6月	账面原值/元	110800	账面净值/元	83000
	车主报价/元	83000	重置价格/元	100400	初估价格/元	75000

表 6-9　二手车鉴定评估作业表　　　　编号：99022601

车主	××公司	所有权性质	公/私	联系电话	××
住址	××	经办人	××		
车辆品牌	大众	型号	VWX001	生产厂家	上海大众
结构特点	普通	发动机号	0001343	车架号	004274
载质量/座位数/排量	1.6L	燃料种类	汽 油		
初次登记日期	2013年7月	号牌号码	××	车籍	××
已使用年限	1年7个月	累计行驶里程	14.5万km	工作性质	出租
大修次数	发动机	0/次	工作条件	好	
	整车	0/次			
维护情况	较差	现时状态	在用		
事故情况：左前侧撞击，车身受损					
现时技术状况：技术状况较差					
账面原值/元	110800	账面净值/元	83000	成交价格	65000
重置价格/元	100400	成新率（%）	72	评估价格/元	70053
鉴定评估目的：交易					
鉴定评估说明： 采用综合分析法确定成新率，因车况较差，成新率较正常情况下降20%					

鉴定评估师（签名）：××　　　　审核人（签名）：××

案例一

骊威2008款1.6G多能型评估报告

车辆基本信息：

品牌：东风日产　　型号：骊威1.6G多能型

车辆类型：小型车　　国产/进口：合资

制造厂名称：东风汽车有限公司　　VIN：LGBK32E637Y ××××××

发动机号：HR16 ×××　　发动机型号：HR16

车身颜色：银色　　燃油种类：93号汽油

排量/功率：1.6L　　出厂日期：2008年4月

手续、规费情况：《机动车登记证书》、车船税缴纳凭证、交强险及年检标志齐全。

基准日期：2015-02-02

配置：

前排双气囊，发动机电子防盗，车内中控锁，ABS防抱死系统，真皮转向盘，前门车窗电动调节，真皮座椅。

静态检查：

车辆整体外观良好，车门开合良好，车身无金属锈蚀，车架连接处没有碰撞变形的痕迹。车辆内部整齐，内饰大概有八成新，仪表台没有破损和划痕。打开发动机盖及其行李箱检查，前后边角没有经过钣金痕迹。轮胎磨损一般，制动片正常。

动态检查：

插入车钥匙，点火动作干脆利落，发动机运转平顺正常，各档位之间切换操作分明，变速器提速表现很平顺，似乎感觉不到换档的顿挫。转向盘操控精准而省力，得益于该车型的电子液压助力转向系统。仪表台各项功能操作正常，空调制冷系统效果明显，整个行驶过程车身稳定，风噪、路噪正常，制动响应灵敏、稳定。

综合评定：

骊威总体不错，有着温馨的内饰布置、宽大的内部空间，外观还有点像小越野。这款车的最大亮点就是像宣传的一样“全时多能”，什么场合都适用，还能搬运很多物品。根据市场行情分析，这辆二手车的价格应该在3.5万元左右比较合理。

案例二

本田CR-V2010款评估报告

车辆基本信息：

品牌：CR-V　　型号：DHW6464

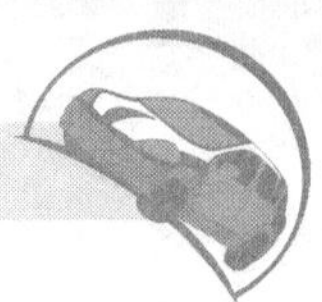

车辆类型：旅行车　　国产/进口：国产

制造商名称：东风本田　　VIN：LVHRD787848 ××××××

发动机号：GHT445 ×××　　发动机型号：IVTEC

车身颜色：黑色　　燃油种类：汽油

排量/功率：2.4L　　出厂日期：2010 年 11 月

手续、费用情况：2012 费用保险齐，发票齐全

基准日期：2015-12-7

配置：

倒车雷达，中央门锁，真皮座椅，助力转向，安全气囊，电动车窗，自动恒温空调，电动座椅，电动后视镜，ABS 防抱死制动系统，氙气灯等。

静态检查：

从该车的外观看有九成新。进行环车检查，车身表面均为原厂漆，光洁度较高，细小的划痕也很少，没有掉漆和锈蚀痕迹。

动态检查：

变速器、转向盘、仪表盘、各信号灯工作正常。路试时，感觉提速较为敏捷，转向盘指向到位、精确。

综合评定：

根据市场行情分析，这辆二手车的综合评定价格为 12.8 万元。

案例三

斯巴鲁认证报告

（车王二手车认证超市提供）

车辆基本信息：

VIN：JF1BM ×××××××××××××　　车身/内饰颜色：白色/黑色

品牌：斯巴鲁　　车系：力狮（进口）

年款：2014　　排量：2.5L，变速器：无级变速

车型：2014 款，2.5L，自动，三厢，豪华版（2014 年上市）

年检日期：2016-12-31　　里程数：22533km

排放标准：国 4，国 5

路试检测：

路试检测内容见表 6-10。

表 6-10 路试检测内容

序 号	检 测 内 容	检 测 评 价
1	遥控器能正常控制	OK
2	发动机起动无异响、起动无困难的现象	OK
3	发动机怠速时无游车、抖动、熄火的现象	OK
4	换档时变速器无异响、冲击、入档困难的现象	OK
5	急加速中发动机无熄火、异响、加速无力的现象	OK
6	离合器无打滑、抖动的现象	OK
7	查验直线行驶无跑偏现象	OK
8	转向盘转动的自由间隙正常	OK
9	转向盘无变形、损坏	OK
10	转向盘上下调节和锁止功能正常	OK
11	左右转动转向盘的转动圈数基本一致	OK
12	左右转动转向盘的操纵力基本一致	OK
13	转向盘具有良好的回位性	OK
14	外部照明灯功能正常	OK
15	路试时确认转速表、里程表、油量表、水温表的性能正常	OK
16	制动踏板的自由行程符合要求	OK
17	制动踏板与地板间的间隙符合要求	OK
18	制动踏板无发卡和回位不良的现象	OK
19	在制动时不能有制动软或硬的现象	OK
20	各车轮的制动力和阻滞力符合要求	OK
21	制动时无异响、甩尾现象	OK
22	制动泵工作正常、无异响	OK
23	驻车制动操作灵活自如，操作过程无异常	OK
24	驻车制动的制动性能符合要求	OK
25	路试底盘和车身无异响	OK
26	空档滑行距离符合要求	OK
27	巡航工作正常	OK
28	空调制冷正常、无异味	OK
29	汽车喇叭操作和声音正常	OK
30	敞篷车车顶开合正常	无此配置

内饰检测：

内饰检测内容见表 6-11。

表 6-11 内饰检测内容

序 号	检 测 内 容	检 测 评 价
1	仪表台表面无破损、褪色	OK

（续）

序　　号	检 测 内 容	检 测 评 价
2	仪表台各指示针功能正常	OK
3	总里程表和 AB 里程表显示正常	OK
4	仪表台各指示灯和故障灯均能按要求点亮或熄灭	OK
5	仪表台的背光调节功能正常	OK
6	仪表各组成件无松动且外观符合要求	OK
7	转向灯开关功能正常且在仪表上闪亮	OK
8	前照灯开关变光功能正常且在仪表上闪亮	OK
9	雾灯功能正常	OK
10	刮水器功能正常	OK
11	空调功能正常	OK
12	影音系统及导航工作正常	OK
13	电子钟的调节和工作正常	OK
14	倒车雷达及提示声音正常	OK
15	点烟器工作正常无丢失	OK
16	杂物箱、烟灰缸功能正常	OK
17	座椅安装牢固无松动	OK
18	加热座椅功能正常	OK
19	座椅面料无破裂、老化和油污	OK
20	座椅的调节功能正常	OK
21	座椅头枕无松动且能正常调节	OK
22	安全带安装牢固，回位和锁定正常	OK
23	中央门锁功能正常	OK
24	后视镜功能正常	OK
25	锁舌、锁扣功能正常	OK
26	安全带无开裂、打折和损坏	OK
27	车门饰板无松动和破损	OK
28	车门灯工作正常	OK
29	车载电话功能正常	无此配置
30	车载冰箱功能正常	无此配置
31	车载蓝牙功能正常	OK
32	天窗工作正常	OK
33	天窗密封条无起皱、无变形、无渗水，内饰周围无发霉	OK
34	天窗遮阳板无松动和开关工作正常	OK
35	车窗玻璃升降正常、无异音和振动	OK
36	车窗玻璃密封条无破损	OK
37	变速杆防尘罩安装牢固	OK

（续）

序号	检测内容	检测评价
38	后风窗玻璃加热功能正常	OK
39	扶手和小杂物箱开关功能正常	OK
40	左右遮阳板固定且功能正常	OK
41	化妆镜无破损、丢失	OK
42	中央扶手无破损、丢失	OK
43	眼镜盒和阅读灯功能正常	OK
44	车顶灯无松动且门控功能正常	OK
45	车顶拉手无松动和损坏	OK
46	内门把手无松旷、损坏	OK
47	前后地板无松动、破损、腐烂	OK
48	后窗台饰件无松动变形和破损	OK
49	左右扬声器无松动且声音正常	OK
50	A 柱无松动，与周边零件间隙符合要求	OK
51	B 柱无松动，与周边零件间隙符合要求	OK
52	C 柱饰件无松动、破裂且小灯功能正常	OK
53	压板无松动和破损，无电线外露和夹住电线的现象	OK
54	发动机盖拉柄支座无松动且工作正常，无回位不良	OK
55	加油盖和行李箱盖组合拉柄无松动且功能正常	OK
56	安全气囊无拆卸和更换	OK
57	车门密封条无破损	OK
58	行李箱密封条无破损	OK

车身外观及骨架检测：

车身外观及骨架检测内容见表6-12。

表6-12 车身外观及骨架检测内容

序号	检测内容	检测评价
1	左前车门无钣金变形和油漆缺陷	OK
2	车门和锁开关功能正常、无异音	OK
3	车门导槽装饰件和保护条无松动和损坏	OK
4	车门锁固定开关畅顺，无碰锁和异响	OK
5	左前 A 柱无变形修复痕迹	OK
6	后视镜无破损、无油漆缺陷	OK
7	左前翼子板无钣金变形和油漆缺陷	OK
8	轮毂、轮罩无破损、缺失、擦痕、变形、掉漆、锈蚀	OK
9	前保险杠无松动、脱漆和损坏	OK
10	前栅格无松动且车标无缺件和损坏	OK

（续）

序　号	检 测 内 容	检 测 评 价
11	前雾灯无松动、损坏且间隙正常	OK
12	保险杠本身及与车身无明显色差	OK
13	前照灯无破损、渗水	OK
14	机舱盖无钣金变形和油漆缺陷	OK
15	各支撑杆工作正常	OK
16	发动机盖与周围零件的间隙和不平	OK
17	前翼子板内衬无变形钣金修复痕迹	OK
18	前保险杠支撑架无变形钣金修复痕迹	OK
19	水箱框架无变形钣金修复痕迹，无更换痕迹	OK
20	前纵梁无变形钣金修复痕迹	OK
21	前围板无变形钣金修复痕迹	OK
22	右前翼子板无钣金变形和油漆缺陷	OK
23	右前车门无钣金变形和油漆缺陷	OK
24	右前 A 柱无变形钣金修复痕迹	OK
25	右侧下边梁无变形钣金修复痕迹	OK
26	右侧 B 柱无变形钣金修复痕迹	OK
27	右后车门无钣金变形和油漆缺陷	OK
28	右后 C 柱无变形钣金修复痕迹	OK
29	右后翼子板无钣金变形和油漆缺陷	OK
30	油箱盖无油漆缺陷	OK
31	后保险杠无松动脱漆和损坏	OK
32	倒车雷达探头无丢失、破损	OK
33	行李箱盖无变形钣金修复痕迹、无油漆缺陷、密封良好	OK
34	后尾灯无破损、渗水痕迹	OK
35	后翼子板内衬无变形钣金修复痕迹	OK
36	后窗台板无变形钣金修复痕迹	OK
37	后尾板无变形钣金修复痕迹	OK
38	后底板无变形钣金修复痕迹	OK
39	后纵梁无变形钣金修复痕迹	OK
40	后保险杠支撑架无变形钣金修复痕迹	OK
41	左后翼子板无钣金变形和油漆缺陷	OK
42	左侧下边梁无变形钣金修复痕迹	OK
43	左后车门无钣金变形和油漆缺陷	OK
44	左后 C 柱无变形钣金修复痕迹	OK
45	左侧 B 柱无变形钣金修复痕迹	OK
46	车顶无钣金修复痕迹和油漆缺陷	OK
47	软顶敞篷车车顶无破损、老化、褪色的现象	无此配置
48	车窗玻璃无破损、划伤和更换	OK

发动机舱检测：

发动机舱检测内容见表 6-13。

表 6-13 发动机舱检测内容

序号	检测内容	检测评价
1	车架号和发动机号与《机动车行驶证》相符	OK
2	铭牌前挡玻璃左下角与车身钢印号相符	OK
3	发动机盖隔音板无松动和损坏	OK
4	刮水器洗涤液符合要求	OK
5	发动机运转声音正常	OK
6	发动机各连接位置无漏油	OK
7	发动机无漏水	OK
8	发动机的机油量和油质符合要求	OK
9	发动机各支承件固定	OK
10	发电机无松动和异响	OK
11	发电机传动带磨损和张紧状态符合要求	OK
12	助力泵传动带磨损和张紧状态符合要求	OK
13	助力油油质和油量正常	OK
14	转向系统各油管配管的连接和漏油	OK
15	助力泵固定牢固	OK
16	制动液液位和油质符合要求	OK
17	分电器安装紧固无漏油	无此配置
18	分电器盖无裂纹和漏电	无此配置
19	高压线插入部位无松动和生锈	OK
20	蓄电池无损坏和漏液	OK
21	电池检查孔显示绿色	OK
22	蓄电池正负极接柱连接无松动和锈蚀	OK
23	发动机舱内各电气配线连接无松动和损坏	OK
24	制动总泵、ABS 防抱死制动系统，各油路无渗漏、破损	OK
25	线束固定布置不能过紧或过松	OK
26	线束没有相互摩擦和与运转件接触	OK
27	水管连接处应有卡箍固定且无松动和漏水	OK
28	水箱和副水箱的冷却水的水质和水量符合要求	OK
29	水箱无松动和漏水	OK
30	冷车风扇固定和运转正常	OK
31	强制通风 PCV 阀的动作声音正常	OK
32	装置的配管连接牢固且无损坏	OK
33	燃油蒸发装置的配管连接牢固且无损坏	OK
34	活性炭罐无松动、堵塞和破裂	OK

底盘检测：

底盘检测内容见表 6-14。

表 6-14　底盘检测内容

序　　号	检 测 内 容	检 测 评 价
1	转向机构无松动	OK
2	转向机无损坏和漏油	OK
3	横拉杆无变形和松动	OK
4	助力油管安装牢固且没有与其他零件相碰	OK
5	连杆和悬架的防尘罩无裂纹和损坏	OK
6	转向拉杆球头无松动、破损、漏润滑脂	OK
7	球头固定螺母和销固定牢固	OK
8	底部挡泥板无松动和损坏	OK
9	左右轮拱挡泥板无松动和损坏	OK
10	换档位线与变速器连接牢固且无破损	OK
11	发动机前后横梁与纵梁连接牢固且无变形弯曲	OK
12	横梁与各连接臂连接无松动且缓冲橡胶件无损坏	OK
13	油底壳无变形和漏油	OK
14	正时盖底部无油滴	OK
15	缸体上的所有堵塞螺钉均无渗漏现象	OK
16	机油滤清器无漏油	OK
17	变速器各壳体间无漏油	OK
18	变速器的电磁阀和油管无损坏和漏油	OK
19	变速器支架与车体连接牢固	OK
20	元宝梁无更换、变形、修理	OK
21	轮毂轴承无异常松动	OK
22	悬架件无松动和损坏	OK
23	减振器无损坏和漏油	OK
24	悬架连杆无松动、严重变形且橡胶件无磨损	OK
25	减振器与车体和悬架连接无松动	OK
26	辅助制动器拉线与车身的密封套无损坏且安装牢固	OK
27	拉线无损坏、生锈且牢固安装在车体上	OK
28	半轴连接部无松动	OK
29	半轴防尘套无裂纹及损坏痕迹	OK
30	半轴无明显弯曲	OK
31	半轴上的内外球笼无松动	OK
32	半轴油封无漏油	OK
33	制动管没有相互接触和碰车身	OK
34	制动管无扭曲老化和开裂	OK
35	制动管牢固安装在车体上	OK
36	连接助力器的真实管无损坏和漏气	OK

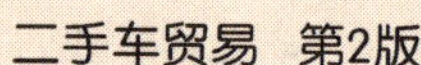

（续）

序　　号	检测内容	检测评价
37	制动管无漏油	OK
38	制动管无打折和裂纹	OK
39	排气管消声器无松动和损坏	OK
40	排气管消声器与车身的间隙正常	OK
41	消声器工作正常	OK
42	三元催化器内的物质无松动和异响	OK
43	车底的密封塞无脱落、损坏和固定不良	OK
44	车体钢板无严重生锈、变形和腐烂	OK
45	左边油管托架连接牢固，无损坏和脱落	OK
46	油箱和加油管无漏油和损坏	OK
47	燃油回油管无松动、打折和被夹住	OK
48	油箱无变形、破损	OK
49	油箱安装牢固	OK
50	后桥无明显弯曲	OK
51	制动片厚度不低于30%	正常磨损
52	轮胎无异响、磨损和偏磨，花纹深度不小于1.6mm	正常磨损
53	车轮固定螺母无松动	OK
54	轮胎内侧无严重磨损	正常磨损
55	轮胎无变形、开裂和漏气	OK
56	备胎框无变形和破损	OK

车辆附件检测：

车辆附件检测内容见表6-15。

表6-15　车辆附件检测内容

序　　号	检测内容	检测评价
1	备胎	OK
2	千斤顶	OK
3	灭火器	无
4	三角警示牌	OK
5	轮胎拆卸工具	OK
6	急救包	无

其他信息：

其他信息见表6-16。

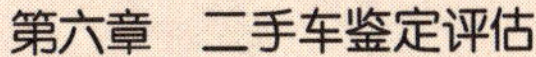

表 6-16　其他信息

认证结果	通过
详情	路试由整备完成，经确认无误后方可通过，多处漆面曾喷漆修复

思　考　题

1. 二手车有哪几种计价形式？

2. 解释下列名词：二手车的原值、二手车的净值、二手车的残值、二手车的重置完全价值、二手车评估价值。

3. 简述二手车评估的方法及原理。

4. 二手车的静态检测主要包括哪些内容？

5. 分析建立我国规范的二手车评估体系的必要性。

6. 模仿本章中的实例，举出一个评估的实例，并填写相关表格。

第七章

二手车交易

二手车交易不是指简单的二手车买卖，而是包含寻找客户、接近客户、了解客户、二手车展示、异议处理、与客户达成交易、售后服务等二手车营销活动的全过程。

第一节 二手车交易概述

一、二手车交易的基本概念

二手车交易是指在国家规定的二手车交易市场或其他经合法审批的交易市场中，经销企业、拍卖企业、经纪机构和鉴定评估机构等以二手车为交易对象，实现商品的交换和产权的交易。二手车交易具备商品交易的共性，即买卖双方都是自由的、商品交换是合适的，前者是交易发生的基础，后者是交易成立的原则。

二、二手车交易的基本要素

二手车交易的基本要素包括交易双方、交易物品、交易价值、交易条件、交易时间、交易地点、交易合同等。

（1）交易双方 交易双方一般是指买方和卖方，包含企业与企业、企业与个人、个人与个人。根据《二手车流通管理办法》的规定，允许二手车买卖双方直接进行交易，但必须在二手车交易市场内进行，否则不能办理过户手续。

（2）交易物品 交易双方至少一方有二手车，随着汽车置换方式的出现，交易双方可以实现“以车换车”的交易形式。

（3）交易价值 交易双方提供的物品必须具有交易价值，同时提供的物品必须具有使用价值，凡不符合国家规定的流通车辆，如走私车或报废车，纵使具有使用价值，也不能作为交易物品进行交易。

（4）交易条件 交易条件包括交易手续、交易流程、价格评估等程序必须清晰、透明、公平、公正，不得伪造欺诈，以保证二手车交易市场的健康发展。

（5）交易合同 《二手车流通管理办法》中明确规定，二手车交易必须签订交易合同。二手车交易极易引发各种经济纠纷或者出现交易信息的不确定以及一方的刻意欺瞒等不良现象，交易合同是规范二手车交易市场，保护交易双方权益的地方性细节法规，具有法律效力。

三、二手车交易的基本特征

二手车交易不同于其他商品交易，有它的特殊性。

1. 产权特征

二手车交易与一手货（含新车）交易是不同的。一手货是商品，由生产厂商转移到最终用户手里的交易，属商品销售。二手车是产权品，它是在最终用户之间转移交易，属产权交割。

2. 动产特征

二手车交易与二手货交易也不同，二手车交易后有产权的证照办理手续，二手货交易只要一手交钱，一手交货就行。二手车交易与二手房交易也不尽相同，二手车是动产，二手房是不动产，二手车在移动过程中产生难以预料的因素很多，易于构成共同安全隐患，交易中需要公安车管部门进行验查和审核，二手房固定在一个地方，对公共安全影响较小。

3. 审视特征

由于二手车在使用情况、磨损程度、老化程度等方面有所不同，故在交易中需要直观审视。

鉴于上述特殊因素，二手车交易过程中监管环节多、手续多、单证多、直观性强等特点也就不难理解。这也决定了二手车应集中展示，有利于监管部门集中管理，有利于交易过程中对二手车的直观评定，也有利于规范交易行为。

四、二手车交易的基本原则

《中华人民共和国反不正当竞争法》（以下简称《反不正当竞争法》）第二条第一款规定，“经营者在市场交易中，应当遵循自愿、平等、公平、诚实信用的原则，遵守公认的商业道德”。这是对各种交易基本原则的规定，是所有交易活动所必须遵守的根本性准则。二手车交易由于其特殊性更应该严格遵守以上基本原则。

1. 自愿原则

自愿原则是指交易双方在法律允许的范围内，可以自主地从事交易活动，即根据自己的意愿，决定确立、变更或终止交易。自愿原则的主要内容有：①交易双方有权自主决定是否参加交易活动，不受任何人的非法干涉；②交易双方有权自主决定交易的对象、交易的内容和交易的方式；③交易双方之间交易关系的确立、变更或终止，均以双方真实自主的意思表示为基础。

2. 平等原则

平等原则是指交易双方在法律规定的范围内从事交易活动，都具有平等的法律地位，享有平等的权利。平等原则的主要内容有：①交易双方无论经济实力强弱，所有制或地区等属性如何，在交易中，都具有平等的法律地位；②交易双方在交易活动中相互间权利、义务的设定，都应是双方自愿协商，意思表示一致的结果；③交易双方在交易活动中必须尊重对方的独立地位，一方不能迫使另一方服从自己的意志。

3. 公平原则

公平原则是指交易双方在交易活动中均应受到公正的对待。其主要内容有：①在交易关系中，交易双方在享有权利和承担义务上不能显失公平，更不能一方只享有权利，另一方只承担义务。②消费者和经营者作为交易的两个主体都享有公平交易的权利，但由于在交易活动中，消费者往往处于弱者的地位，更需要突出强调享有公平交易的权利，以便从法律上给予保护。因此，《中华人民共和国消费者权益保护法》第二章第十条规定，“消费者享有公平交易的权利”，明确规定消费者的第四大权利是“公平交易权”。消费者有权获得质量保障、价格合理、计量正确等公平交易条件。③所有经营者在交易手段的利用和交易机会的获得等方面，都应享有同等的权利。④经营者的正常经营活动和其他合法权益不受任何不正当的妨害。

4. 诚实信用原则

诚实信用原则是指经营者在交易中应保持善意、不得欺诈，并恪守诺言，信守合同。其主要内容有：①经营者不得采取欺骗手段从事交易活动，谋取非法利益，侵害其他经营者的合法权益；②经营者应该恪守诺言，严格履行合同义务。

5. 遵守公认的商业道德原则

《反不正当竞争法》在规定自愿、平等、公平、诚实信用四项基本原则的同时，还规定经营者在交易中应遵守公认的商业道德。我们也应该把它理解为交易的一项基本原则。公认的商业道德除了自愿、平等、公平、诚实信用等法律化的商业道德，还包括行业协会制定的行业自律各项规定和行业经营者所公认和普遍遵守的、具有积极社会意义的行为准则。

第二节 二手车交易实务

一、二手车交易类型

二手车交易是一种产权交易，是实现二手车所有权从卖方到买方转移的过程，一般分为直接交易、中介经营、二手车销售三种类型。

1. 直接交易

二手车直接交易是指二手车所有人不通过经销企业、拍卖企业和经纪机构将车辆直接出售给买方的交易行为，如人人车网上的二手车交易。

2. 中介经营

中介经营是指二手车买卖双方通过中介的帮助实现交易并向中介支付一定佣金的一种交易行为。

（1）二手车经纪 二手车经纪即二手车经纪机构以收取佣金为目的，为促成他人交易二手车而从事居间、行纪或者代理等经营活动。

（2）二手车拍卖 二手车拍卖即二手车拍卖企业以公开竞价的形式将二手车转让给最高应价者的经营活动。

3. 二手车销售

二手车销售是指二手车销售企业收购、销售二手车的经营活动。

（1）二手车收购 二手车收购即二手车经销企业与卖方达成车辆收购意向，签订收购合同，并按收购合同向卖方支付车款，从而获得车辆处置权的一种交易行为。

（2）二手车销售 二手车销售即二手车经销企业与买方达成车辆销售意向，签订销

售合同，按销售合同收取车款，并将所有权转移给买方的一种交易行为。

二、二手车交易流程

科学合理的“一条龙”作业方式，使二手车交易在规范有序的流程内进行，减少了购销双方的来回奔波，体现了便民、可监控和有序的交易环境。同时可杜绝盗抢车、走私车、拼装车和报废车的面市，切实维护消费者的合法权益。二手车交易流程一般包括查证检测、鉴定评估、办证审核、交易、商定价格、买家支付定金、签订交易合同、过户或转籍、买家支付余款及交易完成九个环节，如图 7-1 所示。

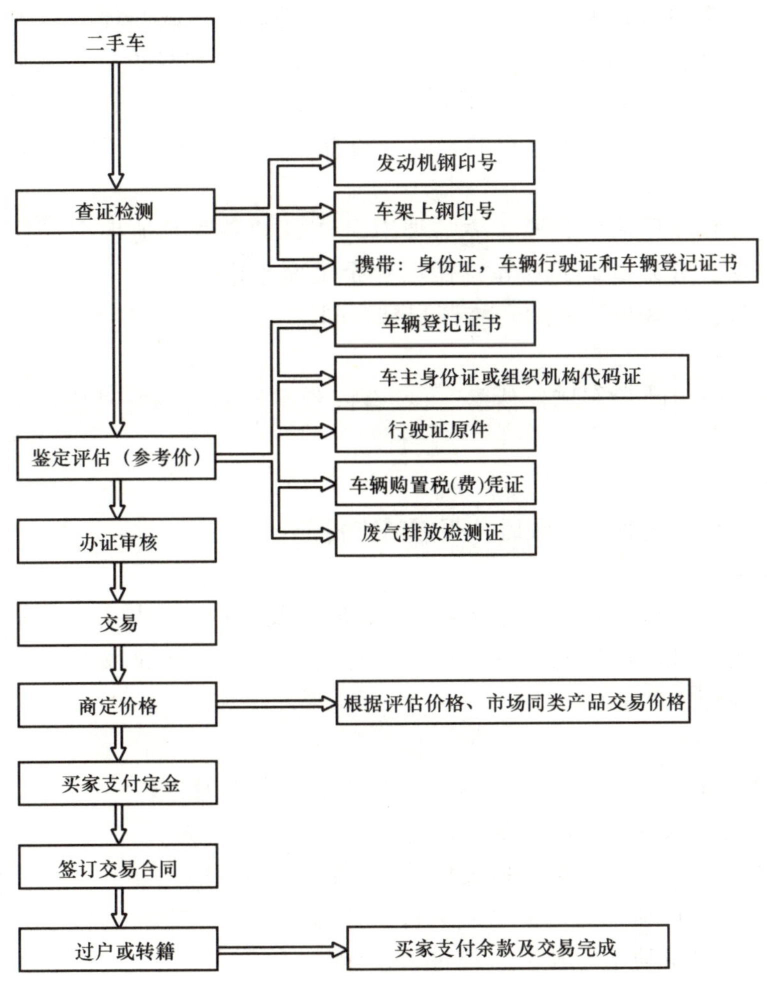

图 7-1　二手车交易基本流程

1. 查证检测

由交易市场委派经过验车培训的工作人员对车辆的合法性进行检验。检查车辆是否在年检有效期内，发动机号、车架号的钢印是否有凿改，车主姓名、车辆颜色、车辆名称、排气量、车辆类型等是否与《机动车行驶证》一致。同时按交易类别对车辆的主要行驶性能进行检测，确保交易车辆的安全性能。如果一切正常，则在《机动车登记业务流程

记录单》上盖章，并在发动机号、车架号的拓印上加盖骑缝章。

2. 鉴定评估（参考价）

由专业车辆评估人员根据车辆的使用年限（已使用年限）、行驶公里数、总体车况和事故记录等进行系统的查勘和评估，折算车辆的成新率，再按照同款车辆的市场销售状况等，提出基本参考价格，通过计算机运算，打印“车辆评估书”，并由评估机构的评估师签章后方可生效，以此作为车辆交易的参考和依法纳税的依据之一。

3. 办证审核

主要查验车辆手续和机动车所有人的身份证明，即能够满足机动车上路行驶所需要的各种手续，主要包括国家有关法律法规以及地方法规要求应该办理的各项有效证件和应该交纳的税、费凭证，如车辆的《机动车登记证书》、车主身份证或组织机构代码证、《机动车行驶证》、车辆购置税（费）凭证、废气排放检测证等。其目的是检验买卖双方所提供的所有手续是否具备办理过户的条件，检查有无缺失以及不符合规定的手续。

4. 交易

二手车经过查验和评估后，原车主需要对其车辆的一些其他事宜（使用年限、行驶公里数、安全隐患、有无违章记录等）做出一个书面承诺。经营（经纪）公司方可对该车进行出售或寄售，与客户谈妥后，签订交易合同。

5. 商定价格

根据评估机构给出的“车辆评估书”，结合同款车辆的市场交易价格，买卖双方商定最终交易价格。

6. 买家支付定金

买卖双方就交易价格达成一致后，买方需支付部分定金。

7. 签订交易合同

买卖双方就所属交易商品、交易价格、交易时间及地点、交易方式达成一致后，由经营（经纪）公司开具相应的发票，签订经营（经纪）合同，并收取办理过户或转籍所需的证件和材料，办理相关手续。

8. 过户或转籍

1）二手车所有权由个人转移给个人，需准备如下手续及证件：

① 买卖双方的个人身份证原件及复印件。

② 车辆原始购置发票或上次交易过户发票原件及复印件。

③ 过户车辆的《机动车登记证书》原件及复印件。

④ 过户车辆的《机动车行驶证》原件及复印件。

⑤ 二手车买卖合同。

⑥ 外埠人员需持暂住证。

⑦ 过户车辆到场。

2）二手车所有权由个人转移给单位，需准备如下手续及证件：

① 卖方个人身份证原件及复印件。

② 买方单位法人代码证原件及复印件。

③ 车辆原始购置发票或上次交易过户发票原件及复印件。

④ 过户车辆的《机动车登记证书》原件及复印件。
⑤ 过户车辆的《机动车行驶证》原件及复印件。
⑥ 二手车买卖合同。
⑦ 过户车辆到场。

3）二手车所有权由单位转移给个人，需准备如下手续及证件：
① 卖方单位法人代码证原件及复印件。
② 买方个人身份证原件及复印件。
③ 车辆原始购置发票或上次交易过户发票原件及复印件。
④ 卖方单位须按实际成交价格给买方个人开具成交发票，且提供复印件。
⑤ 过户车辆的《机动车登记证书》原件及复印件。
⑥ 过户车辆的《机动车行驶证》原件及复印件。
⑦ 二手车买卖合同。
⑧ 过户车辆到场。

4）二手车所有权由单位转移给单位，需准备如下手续及证件：
① 卖方单位法人代码证原件及复印件。
② 买方单位法人代码证原件及复印件。
③ 车辆原始购置发票或上次交易过户发票原件及复印件。
④ 卖方单位须按实际成交价格给买方个人开具成交发票，且提供复印件。
⑤ 过户车辆的《机动车登记证书》原件及复印件。
⑥ 过户车辆的《机动车行驶证》原件及复印件。
⑦ 二手车买卖合同。
⑧ 过户车辆到场。

9. 买家支付余款及交易完成

最后，买方支付余款，宣告交易完成。

三、二手车交易的工作程序

1. 直接交易、中介交易类工作程序

直接交易、中介交易类二手车交易的工作程序如图 7-2 所示。

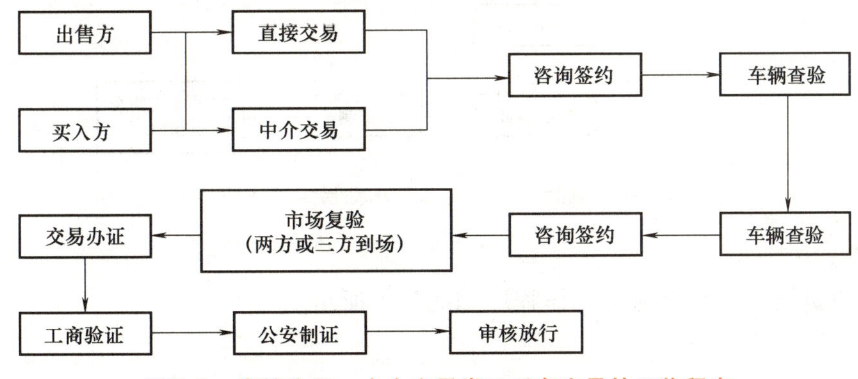

图 7-2 直接交易、中介交易类二手车交易的工作程序

2. 经销类的工作程序

经销类二手车交易的工作程序如图 7-3 所示。

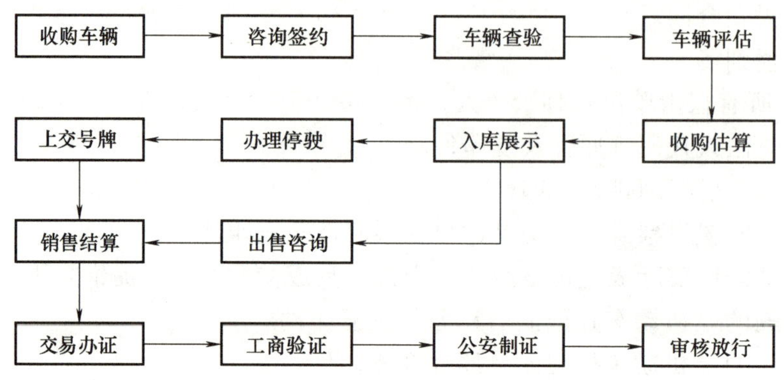

图 7-3 经销类二手车交易的工作程序

3. 退牌、上牌类的工作程序

退牌、上牌类二手车交易的工作程序如图 7-4 所示。

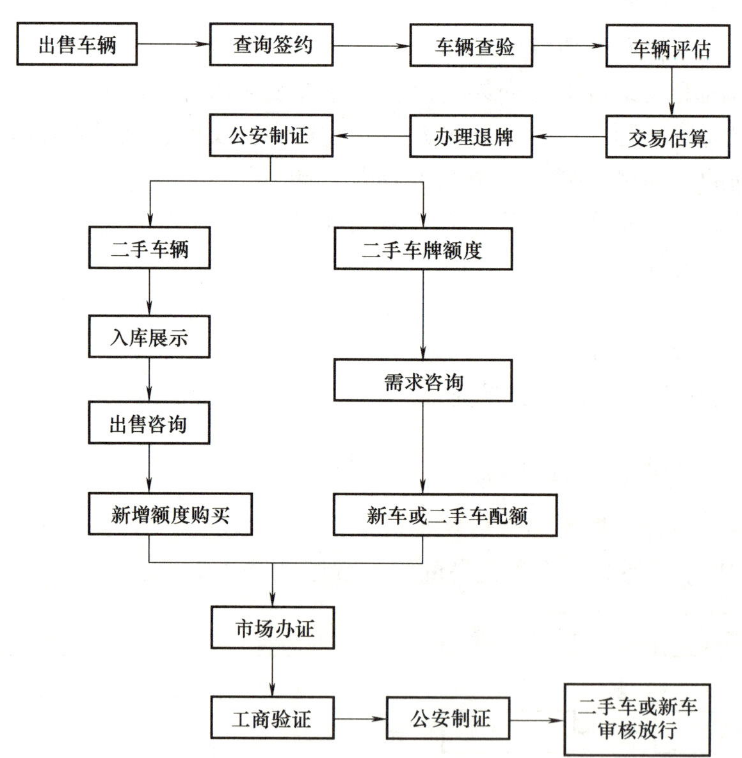

图 7-4 退牌、上牌类二手车交易的工作程序

4. 寄卖或拍卖类工作程序

寄卖或拍卖类二手车交易的工作程序如图 7-5 所示。

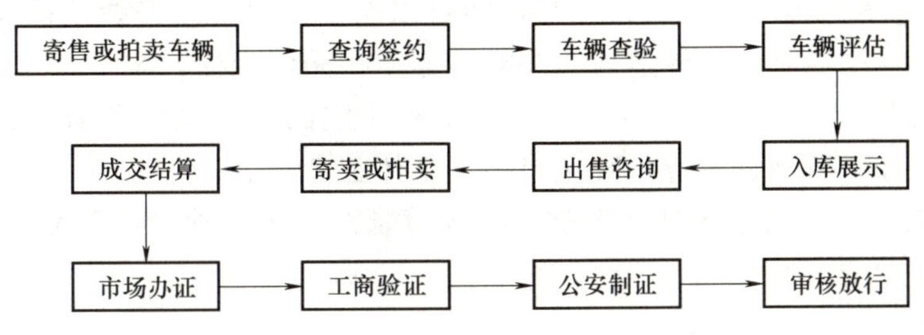

图 7-5　寄卖或拍卖类二手车交易的工作程序

四、二手车交易合同

根据《二手车流通管理办法》的规定：二手车交易双方应该签订交易合同，要在合同当中对二手车的状况、来源的合法性、费用负担以及出现问题的解决方法等各方面进行约定，以便分清各自的责任和义务。

1. 订立二手车交易合同的基本准则

二手车交易合同是指二手车经营公司、经纪公司与法人、其他组织和自然人相互之间为实现二手车交易的目的、明确相互权利义务关系、保护双方权益而订立的协议。订立交易合同应遵循以下基本原则：

（1）合法原则　订立二手车交易合同，必须以法律和行政法规为准则，合同的内容及订立合同的程序、形式必须严格遵循法律法规的规定，只有得到国家的认可，才会具有法律效力，才能保护当事人的合法权益。任何单位和个人都不得利用经济合同进行违法活动，扰乱市场秩序，损害国家利益和社会利益并以此牟取非法收入。

（2）平等互利、协商一致原则　订立合同的当事人法律地位一律平等，任何一方不得以大欺小、以强凌弱，把自己的意志强加给对方，双方都必须在完全平等的地位上签订二手车交易合同。二手车交易合同应当在当事人之间充分协商、达成一致的基础上订立，不得胁迫、乘人之危、非法干预、欺瞒诈骗、违背当事人真实意志等，否则视为无效合同。

2. 二手车交易合同的主体

二手车交易合同的主体是指为了实现二手车交易目的，以自己名义签订交易合同，享有合同权利、承担合同义务的组织或个人。根据《中华人民共和国合同法》的规定，我国合同当事人根据其法律地位的不同，一般可分为以下几种：

（1）法人　法人是指具有民事权利能力和民事行为能力，依法独立享有民事权利和承担民事义务的组织。它必须具备以下条件：

1）依法成立。法人不能自然产生，它的产生必须经过法定的程序。法人的设立目的和方式必须符合法律的规定，设立法人必须经过政府主管机关的批准或者核准登记。

2）有必要的财产或经费。有必要的财产或经费是法人进行民事活动的物质基础，它要求法人的财产或经费必须与法人的经营范围或设立目的相适应，否则不能被批准设立或者核准登记。

3）有自己的名称、场所和组织机构。

4）能够独立承担民事责任。法人必须能够以自己的财产或经费承担在民事活动中的债务，在民事活动中给其他主体造成损失时能够承担赔偿责任。

（2）其他组织 其他组织是指合法成立、有一定的组织机构和财产，但又不具备法人资格的组织，如私营独资企业、合伙组织、个体工商户。

（3）自然人 自然人是指具有完全民事行为能力，可以独立进行民事活动的人。

3. 二手车交易合同的内容

（1）主要条款。

1）标的。标的是指合同当事人双方权利义务共同指向的对象。标的可以是物，也可以是行为。二手车交易合同的标的即为被交易的二手车。

2）数量。

3）质量。质量是标的内在因素和外观形态优劣的标志，是标的满足人们一定需要的具体特征。

4）履行期限、地点及方式。

5）违约责任。

6）根据法律规定的或按合同性质必须具备的条款及当事人一方要求必须规定的条款。

（2）其他条款 其他条款包括合同的包装要求、某种特定的行业规则、当事人之间交易的惯有规则等。

4. 二手车交易合同的种类

二手车交易合同按当事人在合同中处于出让、受让或居间的不同情况可分为二手车居间合同、二手车买卖合同两类。

（1）二手车居间合同（一般有第三方当事人）。

1）出让人（出售方）：有意向出让二手车合法产权的法人或其他组织、自然人。

2）受让人（购车方）：有意向受让二手车合法产权的法人或其他组织、自然人。

3）中介人（居间方）：合法拥有二手车中介交易资质的二手车经纪公司。

（2）二手车买卖合同（没有第三方当事人）。

1）出让人（出售方）：有意向出让二手车合法产权的法人或其他组织、自然人。

2）受让人（收购方）：有意向受让二手车合法产权的法人或其他组织、自然人。

5. 二手车交易合同的变更和解除

（1）二手车交易合同的变更 交易合同的变更通常是指依法成立的交易合同在尚未履行或未完全履行之前，当事人就其内容进行修改和补充而达成的协议。

交易合同的变更必须以有效成立的合同为对象，凡未成立或无效的合同，不存在变更问题。交易合同的变更是在原合同的基础上，达成一个或几个新的合同作为修订，以新协议代替原协议。所以，变更作为一种法律行为，使原合同的权利义务关系消灭，新权利义务关系产生。

（2）交易合同的解除 交易合同的解除是指交易合同订立后，没有履行或没有完全履行以前，当事人依法提前终止合同。

（3）交易合同变更和解除的条件 我国《合同法》规定，凡发生下列情况之一，允

许变更或解除合同。

1）当事人双方经协商同意，并且不因此损害国家利益和社会公共利益。

2）由于不可抗力致使合同的全部义务不能履行。

3）由于另一方在合同约定的期限内没有履行合同。

6. 违约责任

违约责任是指交易合同一方或双方当事人由于自己的过错造成合同不能履行或不能完全履行，依照法律或合同约定必须承受的法律制裁。

（1）违约责任的性质。

1）等价补偿。凡是已给对方当事人造成财产损失的，就应当承担补偿责任。

2）违约惩罚。合同当事人违反合同的，无论这种违约是否已经给对方当事人造成财产损失，都要依据法律规定或合同约定，承担相应的违约责任。

（2）承担违约责任的条件。

1）要有违约行为。要追究违约责任，必须有合同当事人不履行或不完全履行的违约行为。它可分为作为违约和不作为违约。

2）行为人要有过错。过错是指当事人违约行为主观上出于故意或过失。故意是指当事人应当预见自己的行为会产生一定的不良后果，但仍用积极的不作为或者消极的不作为希望或放任这种后果的发生。过失是指当事人对自己行为的不良后果应当预见或能够预见到，但由于疏忽大意而没有预见到或虽已预见但轻信可以避免，以致产生不良后果。

（3）承担违约责任的方式。

1）违约金。违约金是指合同当事人因过错不履行或不适当履行合同，依据法律规定或合同约定，支付给对方一定数额的货币。根据《合同法》及有关条例或实施细则的规定，违约金分为法定违约金和约定违约金。

2）赔偿金。赔偿金是指合同当事人一方过错违约，给另一方当事人造成损失超过违约金数额时，由违约方当事人支付给对方当事人一定数额的补偿货币。

3）继续履行。继续履行是指合同违约方支付违约金、赔偿金后，应对方的要求，在对方指定或双方约定的期限内，继续完成没有履行的那部分合同义务。违约方在支付了违约金、赔偿金后，合同关系尚未终止，违约方有义务继续按约履行，最终实现合同目的。

7. 合同纠纷处理方式

合同纠纷是指合同当事人之间因对合同的履行状况及不履行的后果所发生的争议。根据《合同法》及有关条例的规定，我国合同纠纷一般有以下几种解决方式：

（1）协商解决 协商解决是指合同当事人之间直接磋商，自行解决彼此间发生的合同纠纷。这是合同当事人在自愿、互谅互让基础上，按照法律、法规的规定和合同的约定，解决合同纠纷的一种方式。

（2）调解解决 调解解决是指由合同当事人以外的第三人（交易市场管理部门或二手车交易管理协会）出面调解，使争议双方在互谅互让基础上自愿达成解决纠纷的协议。

（3）仲裁 仲裁是指合同当事人将合同纠纷提交国家规定的仲裁机关，由仲裁机关对合同纠纷做出裁决的一种活动。

（4）诉讼 诉讼是指合同当事人之间发生争议而合同中未规定仲裁条款或发生争议后也未达成仲裁协议的情况下，由当事人一方将争议提交至有管辖权的法院，并按诉讼程序审理，做出判决的活动。

8. 二手车交易合同样张

二手车交易合同样张如图 7-6 所示。

二手车交易合同

甲方（出售方）： 身份证号：

乙方（购买方）： 身份证号：

甲方现有一辆______色______车，车主　　　，车牌号　　　　，发动机号________________车架号码________________，登记日期__________，乙方已现场核对一致，于____年____月____日____时有偿转让给乙方，依据《中华人民共和国合同法》及有关法规的规定，经双方自愿协商一致，签订本合同：

一、本车价款为人民币______________元（大写：______________元）成交。

二、付款方式：一次性支付。在还贷期间，车辆所规定的保险由乙方负责，不得延期或不交。

三、本车使用性质　　　　，随车交付证件（产权证书、附加费，购置税（费）证，行驶证正、副本，身份证复印件，路费收据，机动车辆登记证书）。由乙方现场过目清点确认后交接。

四、甲方需对以上所有证件费用的真实性、合法有效性负全部责任，如因来历不明或被抵押、查封等其他甲方因素而给乙方带来的直接经济损失，由甲方全额承担。

五、本车甲方不做任何质量保证，由乙方现场鉴定认可购买，成交后双方不得有异议。

六、签字成交前与此车有关的一切事宜（含交通违章、事故、债务纠纷等）由甲方负责，签字成交后一切事宜（含交通违章、事故、债务纠纷等）由乙方负责，与甲方无关。

七、本车由甲方车贷全部付清后，协助乙方于____工作日内（过户、转籍）完毕，甲无偿提供（过户、转籍）所需证件，在办理（过户、转籍）过程中，出现车辆违章、欠费、罚款等无法办理的业务，由甲方自行承担由此造成的全部费用。

八、本协议一式两份，甲乙双方各执一份，自签字之时起生效即成。

甲方签字： 乙方签字：

日期：　　年　月　日 日期：　　年　月　日

图 7-6 二手车交易合同样张

五、二手车交易税费

二手车交易使用的交易票据是指由二手车交易市场、经销企业、拍卖企业所开具的（经税务部门批准，按规定的格式印制的），供二手车交易市场办证审核、公安鉴证、工

商验证用的票据。

1. 票据的开具要求

根据《关于二手车经销企业发票使用有关问题的公告》，凡符合以下要求的二手车可开具二手车交易票据：

1）拍卖公司在二手车交易完成时，根据实际成交价格，可向买方开具二手车发票。

2）二手车经销企业从事二手车交易业务，在销售完成收取款项时，根据实际成交价格，按规定向买方开具二手车发票；二手车经销企业从事二手车代购代销业务，属于二手车经纪业务，应当由二手车交易市场经营者按规定向买方开具二手车发票。

3）二手车经纪机构和消费者个人之间的二手车交易，由二手车交易市场根据实际成交价格，统一代开二手车发票，同时，卖方按照当地国税机关要求，准备代开二手车发票所需资料。

4）二手车交易市场或二手车拍卖公司应按照车辆实际交易价格，如实规范开具二手车发票，开票价格中不得包括二手车交易市场收取的过户手续费、佣金和评估费等杂费。

2. 票据的种类

目前，二手车交易过程中供二手车交易市场办证审核、公安鉴证使用的票据有以下两种：

（1）二手车服务发票　二手车服务发票是指二手车经营、经纪公司在二手车交易过程中，为买卖双方提供中介服务，收取中介服务费所使用的二手车服务发票。该发票金额为交易服务费，只能作为二手车交易服务费报销凭证，不能作为二手车销售或转让凭证，二手车销售发票应另由原车主（转让方）出具。原车主销售自己使用过的机动车，应提供销售发票，原车主为企业单位的使用工业、商业或服务业发票；原车主为事业单位的，可用收据代替；原车主为个人的，可通过税务部门代开发票。

（2）二手车销售发票　二手车销售发票是指二手车经营公司通过收购后出售的经税务局批准统一印制的二手车销售发票。该发票成交金额表示该二手车销售价格并可作二手车销售凭证。

3. 票据的格式内容

票据的格式由二手车市场统一设计，经税务部门批准后，由各公司向所注册的税务部门申印。票据的内容根据公安鉴证及二手车交易信息登录需要，比一般的票据增加了二手车登记证号、号牌号码、带入地车辆管理所名称、经营（拍卖）单位信息等内容。

4. 票据的管理

计算机票据一式五联：第一联为发票联，第二联为转移登记联，第三联为入库联，第四联为记账联，第五联为存根联。除记账联、入库联和存根联由开票方留存之外，发票联、转移登记联由购车方记账和交公安交管部门办理过户手续。票据的申印、保管、存档按税务部门票据管理办法执行，并接受税务部门检查。

5. 二手车交易的税费管理

目前，二手车交易涉及的流转税种为增值税。

二手车经营单位销售二手车、摩托车，按照4%的征收率减半征收增值税，即二手车商户按照2%的征收率征收增值税。其计算公式为：应缴增值税 = 二手车销售价格/(1 + 2%) ×

2%。例如，买卖双方约定的交易总价是10.2万元，则增值税＝10.2万元/(1＋2%)×2%＝0.2万元。

各二手车经营公司对销售二手车缴纳增值税均按所属税务部门的要求单独申报纳税。

纳税人销售自己使用过的属于应征消费税的机动车、摩托车，售价超过原值的，按照征收率减半的原则征收增值税；售价未超过原值的，免征增值税（纳税人应为转让方，即原车主，由纳税人自行向所在税务部门申报纳税）。

6. 二手车交易过程中发生的费用

（1）市场收费。

1）交易手续费。根据各地区物价局的规定，市场交易手续费按成交额的一定比例收取。

2）办证服务费。成交车辆的办证服务费按每辆200元收取。

3）退牌、上牌服务费：上牌或退牌的车辆按每辆50元收取服务费。

（2）车辆评估费 根据各地区物价局的规定，二手车评估费按5‰收取。上门评估按实际情况酌情加价，但基本控制在6‰以内。

（3）车辆检测费 二手车交易过程中的车辆检测业务是委托地区公安局车辆管理所规定的由车管所直接指定的检测站进行的，收费标准按地区财政部门核定的标准执行，如车辆检测费为汽车30元/辆，摩托车30元/辆等。

（4）经营手续费 目前由各二手车经营公司、经纪公司、拍卖行收取的交易服务费（或经营手续费），原则上由各公司依据工商管理部门的规定，在成交金额的一定比例范围内自行制定，并在二手车交易管理协会的监督下，通过自律行为，规范交易收费。

六、二手车质量担保

二手车的质量担保就是在二手车销售的同时，由销售商承诺对车辆进行有条件、有范围、有限期的质量担保，并切实履行承诺的责任和义务。随着国内汽车保有量和置换人群的迅速增加，我国的二手车市场规模不断扩大，但诚信问题仍是困扰行业健康发展的重要因素。由于二手车市场的信息严重不对称，消费者很难获取购置二手车所必需的信息，如车辆的维修信息、车辆的合法性信息等，并且由于不少商家对二手车担保服务标准不统一，导致消费者难以判断优劣。

1. 二手车质量担保的意义

（1）保护消费者权益 长期以来，二手车交易存在车辆信息不透明、买卖双方信息不对称的问题，消费者时刻面临着质量欺诈、价格欺诈和购买非法车辆等风险。消费者购买二手车，最困扰的问题不是价格，不是渠道，而是车辆原来的使用状况和技术状况。尤其是车辆买到手后，各种故障便在短时间内连连发生，使消费者对二手车的质量和可靠性心存疑虑，因此普遍希望二手车销售商能提供质量保证。为二手车消费者提供质量担保，是销售商保护消费者权益的具体体现，同时也是一种社会责任。

（2）促进二手车行业的健康发展 很长时间里，二手车交易成功后，经销商的责任即告结束，对所出售的车辆出现的各种故障及安全隐患概不负责。不仅消费者应有的权益得不到保障，而且不法经销商以此牟利，坑蒙拐骗。

消费者对二手车普遍缺乏足够的认识，由于不了解二手车，在购买时往往都会请懂车的亲戚或朋友来帮忙，依赖他人对二手车的意见来判断是否购买。要是没有懂车的亲戚朋友，就不敢去购买二手车了，因为二手车品质问题的新闻一直屡见不鲜，严重扭曲了二手车在人们心中的印象，极大地阻碍了二手车市场的健康发展。推广二手车质量担保服务是推动二手车行业健康发展的一个重要内涵，也是当前我国二手车市场所面临的考验。

（3）有利于提升企业品牌效应　二手车交易的核心问题是"诚信"，企业所提供的质量担保不仅如实地展示和介绍了车辆当前的客观现状、存在的隐患、鉴定的价格等基本信息，让消费者买得明白、买得放心，同时，企业与消费者建立的"诚信"关系，可提升企业的品牌美誉度及社会地位。二手车经营企业实行二手车质量担保，将服务延伸到售后，切实履行保护消费者利益的责任，对自己出售的二手车隐瞒质量故障而造成购车者利益损害的销售商应给予其经济赔偿。

（4）有利于开辟新的交易方式　随着"互联网+"时代的到来，二手车交易也从原来有形市场的现场看车逐步向电子商务平台转换。无论选择哪种交易模式，最重要的是经营企业诚信体系的建立、二手车质量担保的承诺以及社会和消费者对此承诺的认同度。例如，汽车之家、人人网、平安好车等电子商务平台都是依托于其能提供给消费者的质量保障。电子商务平台的建立，将二手车交易由质变引起量变，即提高了交易能力，又活跃了交易方式，进而推动整个行业蓬勃发展。

（5）有利于二手车消费信贷　2015年下半年，平安好车推出的"中国二手车保障计划"，对其旗下二手车交易车辆提供328项标准化专业检测、1年2万km全国联保，并结合后台数据库，对车辆维修、保险记录等信息做出客观的评估，打通了二手车交易中的闭塞环节，为二手车交易保驾护航。

2. 推广质量担保服务的措施建议

正规、有序的二手车市场环境，离不开政府部门的牵头组织、行业协会的严格监管、经营者的认真执行以及消费者的监督和建议。二手车质量担保服务的推广应从法规、人员、设备、环境4个方面展开。

（1）建立二手车相关法律法规　基于目前消费者对二手车市场的较差评价，不仅需要建立一套从二手车评估、销售到售后服务全过程的交易法律法规，帮助消费者重树信心，更需要分别细化二手车评估、二手车置换、二手车销售、二手车质量担保等各个主要交易环节的具体执行办法。首先，各大汽车生产厂家要认真落实和执行二手车法规条例，鼓励业务开展得较好的厂家，惩罚违章违规厂家，积极形成以厂家为主的良好交易风气。然后通过厂家的正规交易操作方法，影响和带动各地大型二手车经营单位逐步完善自身交易行为，形成一股学习和竞争的风气。最后二手车经营个体也只好学习正规厂家的操作方法，否则就会被市场淘汰。政府要出台政策，引导消费者到各大品牌授权的二手车经营机构或单位进行二手车交易，这样慢慢地扭转当前二手车市场的混乱现象，杜绝坑、蒙、拐、骗等不道德的行为，树立二手车品质有保证的良好形象。

首先，建立一套二手车经营资质申领审核办法，并严格落实与执行。详细列出管理考核办法和职业行为准则，对下放的二手车经营证照定时跟踪管理与考核，对欺骗、隐瞒

车辆质量问题、手续不全等违章行为，间接或直接造成较大经济损失、生命安全的，一律取消经营资质，情节严重的可予以拘留。

其次，政府需牵头制定一套适用于各品牌车辆的鉴定评估标准，组织成立具有公信力的专业鉴定评估机构。在二手车行业中推行统一标准的鉴定评估内容及项目，确保交易的车辆不会出现故障问题。同时，确保用户享有较低的成本便可得到专业鉴定评估机构所出具的精准鉴定评估报告。

最后，政府还需组建一个二手车价格指导查询网站，用户通过支付较低的成本便可查询到待售车辆的状况信息、维修履历以及历史成交价格等。同时，开通让消费者可以直接与监管部门沟通的渠道，监管部门一旦接到消费者的有关反映，需尽快给出解决办法，责任到人。

（2）专业化培育从业人员 首先，应加大国家二手车监管部门人员队伍建设，通过学习成熟的二手车市场经营监管知识和方法，培养二手车技术尖端人才，通过培训或到二手车市场一线开展宣传、检查、监督、指导等工作，加大对二手车经营者的培训指导，加强沟通与协调，积极听取消费者的建议和意见，不断改善二手车监管工作，致力服务于广大二手车消费者。

其次，应加大二手车从业经营的门槛高度，通过法规要求从事二手车经营的单位和个人必须取得相关证照，从业人员必须通过正规培训和考核，获取从业等级证书，并接受政府机构、厂家或行业协会的相关管理与考核。

（3）二手车检测整备 鉴于目前市场上流通的二手车质量参差不齐，二手车检测整备可分阶段实行。首先，由政府部门牵头，鼓励厂家在各地建立不同规模的二手车检测整备中心，检测整备中心必须配备专业的仪器设备，并由政府或行业协会核查认可。具体检测整备内容项目和整备时效均可由汽车生产厂家与政府或行业协会商定，汽车生产厂家负责二手车检测整备的技术培训，政府或行业协会负责相关监管工作。其次，在进行二手车销售展示时，必须同时展示经核定的二手车检测整备中心出具的检测整备证明，过户交易也必须出具此证明，才能按政府批准的收费标准完成过户交易。对于不能提供经核定的二手车检测整备中心出具的检测整备证明的二手车，过户收费的标准可按一定比例调高执行，但收费的标准须在政府的核定价格范围内，此调高的收费部分可以用于鼓励各汽车生产厂家推广二手车质量担保服务的奖励。

（4）鼓励推广二手车质量担保服务 政府应出台政策鼓励汽车生产厂家积极开展二手车认证业务，为顾客提供质量担保服务。具有厂家认证证明的二手车在过户交易时的过户费用给予一定的优惠，如缴交80%，其余的20%由政府承担。政府可设定一个认证比例，并于每季度统计各品牌二手车销售量，季度达到所设定认证比例时，可对汽车生产厂家给予一定的奖励。汽车生产厂家按一定的比例再奖励达成认证考核目标的经销商，以再次鼓励经销商努力为顾客提供二手车质量担保服务，营造出一片开展二手车认证的积极氛围和让更多的消费者有信心购买、有愉悦的心情使用二手车的和谐环境。

3. 待售二手车基本技术条件

二手车普遍存在故障突发性与高频性、零件易耗性等特点，这给二手车质量担保工作带来了很大的困难。消费者在选车时要根据车辆的外观、安全性、环保性、配置的完整性等方面综合考虑，必要时可以采取现场试乘试驾的方式进行挑选。一般待售的二手车需要具备以下基本技术条件，这是二手车销售和质量担保的前提条件。

（1）车辆清洁。

1）车辆外表无油渍、无泥土。

2）发动机室内无污垢，水箱、冷凝器外表无积土。发动机各部件达到“铁见黑，铜见黄，铝见白”。

3）车架号和发动机号清晰可辨。

4）驾驶室、行李箱内清洁无杂物。

（2）车身。

1）车身饰条饰板齐全，门窗防水防尘橡胶条齐全有效。

2）前后保险杠、前后车牌、轮盖、消声器等安装牢固、不松旷。

3）车门启闭自如、无刮碰，门锁、行李箱锁、油箱盖锁、门销齐全有效。

4）车身玻璃、后视镜完整、清晰、不耀眼，风窗玻璃升降平顺无卡滞。

5）车（客车）身外表无大于$100cm^2$（货车为$200cm^2$）的凹陷变形，烂穿面积总和不大于$50cm^2$（货车为$100cm^2$）。

6）轿车车身面漆无明显色差，露底划痕总长不大于50cm，面漆脱落或起泡面积总和不大于$100cm^2$。

7）车体周正，对称高度差小于4cm。前纵梁无明显的弯曲、折皱、变形。

（3）发动机系统。

1）发动机各种罩、盖、传动带、管件等附件齐全有效，机脚安装牢固。

2）发动机无点滴状漏油、漏水及漏电、漏气（俗称四漏）。

3）发动机能在三次内依靠起动马达顺利起动。各缸均能正常工作，不得缺缸。

4）各缸气缸压力不小于原厂标准的75%。

5）发动机在各种状况下无明显异响。

6）加速时无放炮或回火，怠速运转平稳，转速差不高于原厂标准的15%。

7）润滑油、冷却液（冬天为防冻液）液面达到规定限度。

8）废气排放符合要求，汽油车$\varphi_{CO} \leqslant 4.5\%$，轻型车$\varphi_{HC} \leqslant 900 \times 10^{-6}$，重型车$\varphi_{HC} \leqslant 1200 \times 10^{-6}$，柴油车自由加速烟度小于等于4.5FSN。

（4）转向系统。

1）转向盘的自由转动量在15°，转动时无卡阻现象。

2）横、直拉杆球销无裂纹、无明显松旷，连接牢固，锁止有效。

3）转向助力泵运转正常、无异响，助力泵无点滴状漏油，液面高度符合要求。

4）路试中，各速度段无转向摆振及明显跑偏。

（5）制动系统。

1）制动总泵、分泵以及管接头连接处无明显漏液，制动液面正常。严禁采用不同牌号的制动液添加补充。

2）真空助力泵工作正常，真空管连接良好、不漏气。

3）制动蹄片间隙符合原厂要求，回位迅速，无明显胀鼓夹盘现象。

4）路试方法检验制动减速度和制动稳定性时，符合 GB 7258—1997《机动车运行安全技术条件》的要求。

5）驻车制动的最大效能产生在全行程的 3/4 以内。车辆空载时，在 20% 的坡道上采用驻车制动时 5min 内车辆不溜坡，或在发生最大驻车制动效能时，车辆挂二档不能起步。

（6）传动系统。

1）离合器结合平稳、分离彻底，起步时无异响、抖动和打滑现象。离合器踏板的自由行程和工作高度符合要求。

2）离合器总泵、分泵以及管路连接处无点滴状漏油，液面高度符合要求。

3）手动变速器档位清晰，路试时应无异响、不跳档、不乱档。

4）自动变速器档位显示准确，无明显漏油现象，液面高度符合要求。车辆挂档后应有起步蠕动感。路试时换档平顺，无明显冲击。

5）传动轴连接牢固，十字节无明显松旷。路试中，左右转动转向盘转至最大时，球笼无异响。

（7）行驶系统。

1）轮胎螺钉紧固，轮胎气压符合要求。

2）轮胎花纹深度：轿车大于等于 1.6mm，其他车前轮大于等于 3.2mm，轮胎上不得有 25mm 以上的割伤，帘布层不外露。

3）两前轮配置同品牌、同型号、同花纹、花纹深度相近的轮胎。

4）轮胎无异常偏磨，前束符合原厂要求。

（8）悬架系统。

1）减振器无明显松旷、漏油，减振弹簧或钢板完好。

2）托架及球销等连接牢固、不松旷。

3）两边前后轴距离差小于等于 5mm。

（9）电力系统、仪表。

1）各种灯光器具完好，能正常工作，并安装牢固。

2）刮水器、喇叭工作正常。

3）车速表、里程表、发动机转速表、水温表、汽油表等仪表工作正常。机油灯、充电灯、水温灯等状态指示灯工作正常。ABS（防抱死制动系统）、SRS（安全气囊系统）、发动机故障指示灯等在打开点火开关时显亮，经数秒钟（或发动机起动）自检后自动熄灭。

4）电线不裸露，电路静态漏电量小于 15mA 。

（10）备件。

1）备有完好的备胎、千斤顶和轮胎螺栓扳手。

2）备有有效灭火器。

4. 二手车质量担保的基础工作

为保证待售二手车的质量，一般在二手车交易前需要进行车辆检测、维修、展示介绍。经营企业需要对消费者提供质量担保的实施细则并向有关单位报送统计资料，以保障二手车行业的健康、有序发展。

（1）售前车辆检测　二手车在交易前，经营企业必须按《待售二手车基本技术条件》对待售二手车进行全面、认真、细致的检测，做到知根知底、详细记录，建立单车档案，充分把握车辆现状。售前车辆检测是保证二手车质量担保的一项重要基础工作，是规避潜在风险的有效途径。

（2）先行维修　经营企业在二手车交易前应先行修复制动系统、转向系统、发动机系统、传动系统、灯光系统等中检测出的严重缺陷和故障，以使车辆具备基本的试车条件和安全保障。

（3）客观展示，如实介绍　首先，待售二手车应客观展示，既不能油迹斑斑，灰头垢面，也不能采用外表翻新的手段欺瞒诈骗，使人辨不清其新旧成色。展示证上应标明车辆的详细情况，除了厂牌、车型、初次登记制证日期、使用年限、行驶里程、销售价格、车辆存在的明显或已知的内在缺陷等基本情况外，还应包括企业是否提供质量担保、担保的范围及期限等具体内容。其次，经营企业提供的有关待售二手车的产品说明、广告内容、实物样品以及服务质量状况等内容，应当保证与实际状况相符，对于一些非严重的缺陷和故障，可采用售后提供维修服务的方法给予修复。客观、如实地介绍车辆情况，既有利于提升企业品牌形象，减少二手车交易的质量纠纷，也有利于净化二手车市场的环境。

（4）报送统计资料　企业应配合行业管理，服务于行业发展与规范大计，主动、如实地统计并上报有关二手车质量担保工作的各项数据，为行业管理积累经验。同时，行业也将据此评定和授予企业信用等级。

5. 二手车质量担保的适用范围

二手车的质量担保不同于新车质量担保。就行业的发展情况而言，目前不可能制定出一套适合所有车型的较为全面的整车质量担保标准，我们只能提出有条件、有范围、有限的并且切实可行的基本要求。各企业可结合自身特点、规模、条件、品牌集中度系数等，在基本要求的基础上，进行有选择地扩充担保，以形成企业的经营特色和品牌效应。

（1）适用对象　以5年以内或行驶里程在8万km以内（两项应同时满足）的非营运性车辆为对象。出租车、租赁车、专业货运车辆、特种机械车辆等暂不列入担保范围。

（2）品牌选择　可对交易量大、交易频次高、维修方便、维修成本较低的品牌车型进行担保，如上海大众生产的桑塔纳品牌汽车等。

（3）担保期限　担保期限一般为30天或3000km（两项应同时满足），任一项超出，担保期限即结束。

（4）质量担保的零部件种类。

1）发动机系统中的缸体、曲轴、缸盖、凸轮轴、活塞、连杆、链轮室体、进排气管总成、离合器壳体、电控单元（ECU、ECM）、节流阀、电子汽油泵、冷却液温度传感器、节气门传感器、三元催化转化器、电喷点火线圈、喷油器、油压调节器等电喷系统配件、活塞环、活塞销、机油泵、水泵、汽油泵、分电器、起动机、发电机、点火控制器、普通点火线圈、飞轮组件、配气组织、分火头、分电器盖、节温器、炭罐、正时链轮和链条、油封、硅油离合器、风扇叶。

2）变速器或主动变速器的壳体、轴、轴承、齿轮、同步器、换档组织、油泵、摩擦片、电磁阀。

3）主传动轴和差速器。

4）制动系统中的制动鼓、制动盘、制动总泵、后制动分泵、制动真空助力泵、制动管路、手制动器、ABS泵等。

5）空调系统中的压缩机总成、冷凝器、储液罐、空调管路、蒸发器总成、热水开关、暖风水箱总成、压缩机支架、空调带轮、空调电磁阀、怠速提升器等。

6）转向系统中的转向盘、转向轴及管柱、转向拉杆、齿轮、齿条、转向助力泵等。

汽车系统中各零部件工作状况的好坏是以能否使系统正常工作为衡量标准。如果由于某一零部件损坏而致使该系统无法正常工作，则必须及时修复或更换。

（5）不属于质量担保的零部件 与新车质量担保中的非保件相同，有些零部件因在使用中存在突变性，不能列入质保范围，如以下三种类型：

1）易磨损件，如制动片、离合器片等。

2）易爆件，如轮胎、灯泡、玻璃等。

3）电化学件，如蓄电池等。

（6）二手车质量担保的免责情况。

1）由于使用不当、维护不当或不规范操作引起的零部件损坏。

2）隐匿了实际使用里程的车辆。

3）缺油少水（润滑油、制动液、冷却水）引起的零部件损坏或故障。

4）质量担保期内用于营运、教练等用途的车辆。

5）肇事、冰冻、浸水车辆所涉及的零部件损坏。

6）在质量担保期内已经其他修理厂或自行修理过的零部件及系统。

6. 二手车质量担保的体系建立

二手车质量担保是一项严肃而细致的工作，必须建立完整的质量体系，依靠组织保障，才能顺利实施。

（1）建立质量担保的文本体系。

1）制定企业规章制度。明确职责，有完整的工作流程。

2）制定合同文本。注明车辆基本信息（如型号、车牌号等）、车主基本信息（如车主名称、地址等）、车辆技术状况、质量担保条件、质量担保范围、质量担保责任、质量担保方式及免责条款等内容。

3）印制质量记录表，包括待售二手车基本技术条件检查表、车辆整修记录表、维修车辆记录表、统计报表等。

（2）配备专业从业人员 为了摸清待售车辆的基本技术状况，使待售二手车满足基本技术条件以及对维修车辆进行故障鉴定，企业需配备必要的专业从业人员。

1）从业人员的工作规则如下：

① 从业人员应严格遵守国家的有关法律、法规，坚持独立、客观、公正的原则。

② 从业人员在工作中不应该受其他任何单位和个人的干预和影响，不以牺牲一方利益为条件而使另一方受益。

③ 从业人员不得允许他人用本人的名义签字，也不得用本人的名义为他人代签印章。

④ 从业人员不应以主观好恶或个人偏见行事，不得利用工作之便谋取私利。

2）从业人员技能要求如下：

① 应经过行业经纪人培训，取得经纪人执业证书，且持有效证书上岗。

② 应具备相应车辆的准驾证照，且有三年以上的驾驶经历。

③ 应具有汽车维修中级工以上等级证书，且有三年以上维修经历。

（3）配备设备、设施　为了认真做好二手车的售前检测和方便购车者查验看车，二手车经营企业应配备一些必要的设备、设施。

1）应配备检查车辆所需的汽车举升机或地沟。

2）应配备专用试车道路，直线长度大于等于100m。

3）应配备必要的工具、量具、仪器，如气缸压力表、轮胎气压表、万用表、发动机故障诊断仪等。

4）应配备清洗机、空压机等车辆保洁、维护必需设备。

二手车经营企业也可委托具有相应资质和设备能力的第三方综合性能检测站介入，对待售二手车进行综合性能检测，但应与其签订委托检测合同并保管好综合性能检测报告。

（4）维修车辆的处理　为了体现诚信，履行承诺，一旦质保车辆出现故障，二手车经营企业应及时接待、认真鉴定、负责修理、落实续保，并做好以下工作：

1）维修车辆的故障应由具备资质的专业人员检查确认。

2）对符合担保期限、在质保范围内的维修车辆，应及时修理。

3）杜绝使用假冒伪劣配件。

4）故障修复后，对于所涉及的修理部位应给予相应的质量担保延长期限。

5）做好维修车辆登记和统计工作。

（5）落实汽车维修企业　汽车维修企业实行许可证制度，开业必须具备规定的技术条件。二手车质量担保的实质就是要求二手车经营企业对购车者所反映的属于质量担保范围内的车辆故障给予及时修理。因此，确定维修企业也是二手车质量担保工作的重要组成部分。一般可按以下情况来实施：

1）企业如具备汽车维修资质，对有能力自行维护、修理的车辆，企业可自行修理。这是综合性大企业的发展方向。

2）交易量比重较大的品牌汽车，可委托社会汽车维修企业，如特约维修站等。但企业应与之签订委托维修合同，明确委托权限、合作方式、工作程序、续保责任、责任免除等内容，并保管好维修凭证。这种方式的优点在于方便用户，维修专业，企业诚信度得到认可，但企业对委托合作对象的管理难度较大。

以互联网为背景的二手车交易平台也是二手车质保需要监管的地方，不同于有形市场的质保，交易平台的质保监管需从以下几个方面进行：

（1）事前（车辆进入平台之前）。

1）制定交易规范，详细规定平台、消费者、入驻商家三方的权利和义务，维权渠道与方法，买卖双方交易电子合同等信息。

2）提高准入门槛。

① 卖方实名注册验证，根据所经销车辆的数目、评估价格，卖方需提供一定比例的保证金作为风险防范，该保证金将会冻结在卖方账户内。买方也需实名验证，对于品牌经销商，其入驻时需具备一定的资金实力；对于经纪人、经纪公司，需要有代理权权限证明；以个人名义卖车时，需提供车源合法性渠道证明。

② 进入平台的车辆必须公布车辆质量鉴定评估报告，一旦发现车况与检测报告存在严重不实，予以惩罚。

③ 入驻商家需提供一定期限的售后质量保证以及售后服务义务。保修期内出现质保范围内的质量问题时，消费者可以到平台指定的附近维修站维修，并出具维修费用证明，平台与商家沟通后从商家入驻押金里扣除。平台商家则需确保车辆在一定期限内能够卖掉，否则，平台将出钱买过来。

3）成立或者外包一家专业车辆鉴定评估机构，严格把控车辆鉴定评估报告的质量。推广车辆认证制度。卖方可以向平台鉴定机构申请对车辆进行认证。鉴定机构对车辆的基本情况及重要零部件进行鉴定。鉴定之后，在车辆信息一栏张贴认证标志。

4）建立数据信息平台。建立一套包括汽车购买注册、使用维修、出卖过户、停用报废等一系列信息的录入、查询数据库，方便买卖双方进行查询。

5）车辆历史信息上传。车辆进入平台之初，要求经销商提供二手车车辆的维修、事故信息；与全国一些汽车4S店、维修商合作，鼓励将车辆维修等信息上传至平台，或者鼓励消费者将维修记录上传。平台数据库则可以将搜集来的数据进行整理分析，进而出售。同时可以向政府交通管理部门申请交通事故车辆数据公开。

6）不定期抽检。平台会不定期地组织鉴定人员对平台中展示的车辆进行抽检。对质量不合格、与描述严重不符的，予以平台公布、曝光，或罚款并严格监督其纠正，或没收其平台滞留金，取消平台入驻资格等。

（2）事中（交易开始——车辆到达买方手中——货款到卖家账户）。

1）延保服务（保险制度），即延长质保期限，消费者购买二手车的同时自愿购买额外保修服务。经过平台认证的车辆，平台将给予除卖方给予的保险范围或保质期之外的更广范围或更长时期的质量保证。

2）车辆信息、文件传输与交接：买家下单后，发票和相关凭证将随车辆一块交接。平台帮双方处理过户等文件工作，并安排专门的运输车辆将二手车送至买家手中，以确保交易工程中、运输途中等阶段的车辆质量。

3）检验。买方需当场测试交易车辆是否能正常使用。

4）货款延期到账制度。消费者购车之后，将货款支付到平台APP后，只有当消费者确认收货、货物无质损时，平台才会将货款转到卖方账户。

5）鉴定退款/补偿制度。当消费者发现所买车辆与描述严重不符，或车辆出现质损时，需立即联系客服，并向平台申请，由平台派遣鉴定人员到现场进行鉴定。若情况属实，则平台推动退货退款服务开展；如属卖方责任，依据买卖双方协商结果，做出补偿。若属运输公司责任，则由平台先行赔付后向运输公司追偿。

（3）事后（交易结束后）。

1）平台首问负责制度。当产品质量出现问题时，平台必须先行赔付，事后再去追溯商户责任。平台应当保全交易数据的完整性与真实性，不得造假。对于售假贩私行为，平台要建立起前置约束机制，在过程中杜绝假冒。

2）投诉机制、定期回访制度。让客户参与到服务创新、品牌建设中去，设立专门的人员接收买卖双方的投诉、建议；定期回访，与客户互动，了解消费者、平台入驻商家的心理感受与期望，征求改进措施与建议。

3）顾客之间的交流平台创建。平台系统开发时，可以开发一个专供客户之间交流的模块，增强平台的互动性、透明性，增强客户的存在感与心理归属感，也可以供买卖双方就车辆信息进行沟通，以满足双方个性化的需求。

7. 二手车质量担保的费用

企业可以收取适当的质量担保费用作为开展质量担保工作的经济基础。企业可以算出质保成本后，用明码标价的形式公布给消费者，供其选购，但不可强行搭售或捆绑销售。购车者在购车的同时，自愿支付质保费用，享受的是质保服务，是一种双方情愿、合情合理的服务交易。

8. 产生纠纷的解决途径

消费者若因车辆质量担保而与经营企业产生纠纷，可以通过下列途径解决：

1）购车者与经营企业协商并以书面形式达成一致意见。

2）向地区二手车行业管理协会投诉。

3）向地区消费者权益保护协会投诉。

4）向地区仲裁委员会申请仲裁。

5）向地区人民法院提起诉讼。

第三节　二手车交易管理

一、政府与行业协会管理

1. 政府管理

政府有关职能部门负责对各地二手车交易市场的规划和规范进行协调、指导和管理，主要行使下列职责：

1）拟订本地区二手车交易的法规。

2）制定本地区交易市场的设点规划。

3）审批本地区交易市场的设立。

4）协调二手车交易活动中有关管理部门的相互关系。

各地的公安与工商行政管理等部门按照各自的法定职责，负责二手车交易的有关监督管理工作。

2. 行业协会管理

（1）行业协会的概念　行业协会是指由中国公民自愿组成，为实现会员共同意愿，按照其章程开展活动的非营利性社会组织。

（2）行业协会的职能。

1）代表。代表本行业全体企业的共同利益。

2）沟通。作为政府与企业之间的桥梁，向政府传达企业的共同要求，同时协助政府制定和实施行业发展规划、产业政策、行政法规和有关法律。

3）协调。制定并执行行规、行约和各类标准，协调本行业企业之间的经营行为。

4）监督。对本行业产品和服务质量、竞争手段、经营作风进行严格监督，维护行业信誉，鼓励公平竞争，打击违法、违规行为。

5）公正。受政府委托，进行资格审查、签发证照，如市场准入资格认证，发放产地证、质量检验证、生产许可证和进出口许可证等。

6）统计。对本行业的基本情况进行统计、分析并发布结果。

7）研究。开展对本行业国内外发展情况的基础调查，研究本行业面临的问题，提出建议、出版刊物，供企业和政府参考。

（3）行业协会的特征。

1）自治性。行业协会与其他自治性组织一样，一旦依法成立，就可在法定范围内自主活动，以实现成立该组织的特定目的。行业协会这种自我组织、自我管理的自治权是行业协会能够独立存在所必须享有的权利。自治权主要包括自治事务管理权、组织人事权、经费筹集使用权等，自治性是行业协会的最本质特征。

2）群众性。行业协会的成员可以是公民，也可以是其他社会组织，它涉及面广，业务范围也涉及社会生活的方方面面，具有代表性和权威性。

3）自愿性。结社自由是宪法赋予公民的权利，中国公民及国家机关以外的组织在法律、法规规定的范围内有权依照自己的意愿组成各种协会，任何组织和个人不得对公民和团体的合法结社行为进行非法干预。这种自愿性包括两个方面，即“入会自愿”和“退会自由”。

4）同愿性。任何社会组织的产生都是为了实现特定的社会目标，这一目标就是该社会组织的宗旨或纲领，表明成立该组织的目的，体现组织成员的共同意愿。

5）中介性。行业协会发挥的是国家（政府）与企业（成员）之间的联结和沟通作用，它是“私营部门与公共部门之间达成有效联系”的桥梁。

6）非营利性。非营利性是行业协会最重要的特征，也是行业协会区别于企业、公司等营利性组织的重要特征之一。但这并不意味着行业协会不同外界发生经济联系。行业协会在其存在的过程中，不可避免地要进行一些必要的经济活动，可以通过举办经济实体进行经营活动以筹集资金，关键在于这些经济活动和经营活动应当围绕着行业协会的宗旨开展。行业协会举办的实体必须进行工商登记、依法纳税，所得利润应全部交由行业协会进行分配，包括再分配给经济实体的再发展资金等，剩余部分由行业协会支配，用于发展社会公益事业。

7）社会性。行业协会也是社会的一员，其一切行为都是社会行为的组成部分，都要为社会负责。同时，成立行业协会必须是以促进社会的某一方面事业发展为目的。

（4）行业协会成立的基本条件。

1）成立行业协会应当经过相应的业务主管单位审查同意，并依照《社会团体登记管理条例》的有关规定进行成立登记。这是我国协会成立的基本程序。

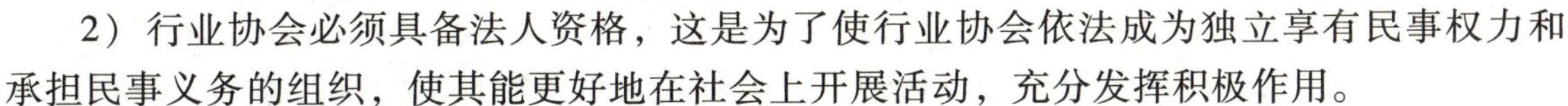

2）行业协会必须具备法人资格，这是为了使行业协会依法成为独立享有民事权力和承担民事义务的组织，使其能更好地在社会上开展活动，充分发挥积极作用。

（5）行业协会的基本工作原则。

1）“双重负责”是指行业协会统一归口由各级民政部门登记管理，并由业务主管单位履行监督管理职责，两个部门在明确各自工作职责的前提下，互相配合，共同对行业协会进行制度管理。这是行业协会管理的核心内容，既符合国际惯例，又符合我国实际需要。它能规范政府对行业协会的管理行为，使行业协会较好地得到政府的信息和政策指导，以促进行业协会发挥其应有的功能。

2）“分级管理”是指全国性协会的活动地域跨省市性。行业协会需统一到国家民政部门进行登记。省市级行业协会统一到省市民政（厅）局进行登记；区县级行业协会统一到区县民政部门进行登记。

（6）行业协会与会员的关系。

1）行业协会是会员的服务机构。要通过服务，增强行业协会的凝聚力，促进行业的发展。

2）行业协会是会员的自律组织结构。通过法律法规、行规行约约束企业的行为，督促企业依法经营。

3）行业协会是会员的代表，有权代表会员提出涉及会员集体利益的意见，健全与政府协调的机制，维护会员的合法权益。

4）行业协会也是行业的协调组织，开展与会员有关的商事和其他事务协调。

（7）行业协会的基本作用　行业协会的地位、性质决定了行业协会在经济、社会生产中的作用。行业协会的主要作用如下：

1）为企业、行业和政府服务，是连接政府和企业的桥梁和纽带。

2）代表企业利益和维护企业合法权益。企业与政府是合作伙伴关系，它们之间是相互联系、相互促进的。

二、市场及经营者的自律管理

1. 市场管理

交易市场的经营管理者主要负责为驻场经营或经纪业者提供服务并对其进行管理，以“公开、公平、公正”为指导原则，组织场内二手车集中交易并承担下列职责：

1）提供良好的交易场所和服务设施。

2）与二手车经营、经纪业者签订进场经营合同，明确双方的权利和义务，建立驻场二手车经营、经纪业者的交易管理档案。

3）制定市场管理规章和制度，定期组织检查实施情况并及时完善管理服务措施。

4）按照本市二手车交易流程，实施评估、查验、展示、办证等过程化服务和管理，维护交易秩序。

5）协调驻场二手车经营或经纪业者间的相互关系。

6）受理投诉，调解交易争议和纠纷，核查并处理违规、违约行为。

2. 经营者职责

按照进场经营合同的约定，各驻场经营、经纪业者可遵循自律管理的原则，在指定地点从事二手车交易等活动，并承担以下职责：

1）遵守国家法律法规、交易管理协会和交易市场的各项管理办法、制度和有关决议。

2）接受政府有关职能部门如交易管理协会和交易市场等的管理。

3）按照工商管理部门核准的经营范围从事经营活动，不得超越经营范围。

4）在营业场所内实行“五公示”，即公示营业执照、公示操作流程、公示交易手续、公示执业证书复印件、公示交易活动收费标准。

5）对所属从业人员在交易市场实行身份证、执业证书、外来人员本市暂住证的备案制度。

6）在二手车交易活动中认真执行交易标的申报制、交易合同制和交易台账制，记录交易标的的来源、数量、成交（委托）价格等。

7）制定自律守则，实行承诺制服务。

三、经纪人管理

二手车经纪人是指在二手车交易中，为促使买卖双方达成交易，在委托双方订立合同时充当订约居间人，为委托方提供订立合同的信息、机会、条件，或者在隐名交易中代表委托方与合同方签订合同，从而获取佣金的依法设立的经纪组织或个人。经纪人是二手车交易中的重要力量，其存在有利于提高二手车市场的组织化程度、市场交易效率以及市场的有序运行和社会资源的优化配置。

1. 经纪活动

经纪活动是指接受委托人委托，为促使买卖双方达成交易而从事居间、行纪或者代理等经纪业务，并以此收取一定佣金的经营行为。

（1）经纪活动的原则 从事经纪活动应当符合法律、法规以及行业管理的规定和要求，遵循平等、自愿、公平、诚实、守信的原则。

（2）经纪活动的特点 经纪活动作为一种社会中介服务，有如下特点：

1）活动范围的广泛性。市场上的商品不仅包括有形商品，还包括各种无形商品，只要有社会需求，就会有经纪活动。千差万别的商品种类为经纪活动提供了广泛的空间。

2）活动内容的服务性。在经纪活动中，经纪主体只提供中介服务，收取佣金而不直接从事经营。经纪人对商品没有所有权、抵押权和使用权，不存在任何买卖行为。经纪公司的自营买卖不属于经纪行为。

3）活动地位的居间性。经纪人为交易双方提供基本交易信息及交易条件的活动行为是经济行为中采用的一种初级形式，一般服务的程度较浅。

4）活动目的的有偿性。经纪活动中经纪人所提供的服务是一种商品，具有使用价值。因此提供服务的经纪人可向享受服务的委托人收取合理的佣金作为报酬。佣金是经纪人应得的劳务收入。

5）活动责任的明确性。经纪人与委托人之间往往通过签订经纪合同，明确各自的权利和义务，不同的经纪方式承担不同的法律责任和义务，在经纪活动中，明确的法律关系是双方诚实守信的基础。

6）活动的隐蔽性和非连续性。在经纪活动进行的过程中，经纪人事先往往不把他的委托人告诉对方，直到合同正式签订时才明确委托人是谁。这些活动往往是针对某一特定业务进行的，大多数经纪人与委托人之间无长期固定的合作关系。因此，使经纪行为趋于规范化、法制化显得尤为重要。

（3）经纪活动的作用　经纪活动是一种中介服务活动，在经济运行中其作用表现为以下几个方面：

1）加快市场信息的传播与交流。经纪人凭借自身的专业优势，通过对某类信息的收集和加工，使一些分散、碎片化、模糊的不为人们所明白的信息变为对委托人有价值的完整、准确的信息，既满足了客户对信息的需求，又推动了信息在市场中的有效传播。

2）加速商品的合理流通。由于经纪人熟悉各专业市场的交易特点和交易规则，可以使“多数人的附带工作，变为少数人的专门工作”，帮助委托人通过正确的途径实现交易，解决供需双方交易经验和交易技巧不足的矛盾。尤其是一些价值高、专业性强、交易难度大的商品，恰当的经纪活动可以兼顾各种因素，以理想的价格、最短的时间实现交易。

3）推动市场规范完善和发展。在各种市场中，由于供需双方人数的不断扩大和交易行为的日趋复杂，每一项新业务在谈判时都必须多次、反复地进行，才能取得较满意的效果。这不仅会使交易成本急剧增加，而且使交易风险变得难以控制。经纪人的参与可以减少市场信息的不对称，使市场行为更为公开、透明，有效地预防各种欺诈行为。经纪活动的存在与发展，是实现市场交易行为公开、公平、公正的重要方式与手段。

4）优化资源配置。市场经济的健康发展依赖于各种社会资源的合理配置。经纪活动可以通过传播商品信息引导社会资源向合理的方向流动。

5）促进经济社会发展。

6）维护委托人的合法权益。

7）保证交易安全。

（4）经纪活动的方式　我国现阶段的经纪活动一般包括居间、行纪和代理三种方式。

1）居间是指经纪人为交易双方提供信息、条件和媒介，以促使双方交易成功的商业行为。这是经纪行为中广泛采用的一种初级形式。其特点是服务对象广泛，但经纪人与委托人之间无法建立长期、固定的合作关系。

2）行纪是指经纪人受委托人的委托，以自己的名义与第三方进行交易，委托人支付其报酬，行纪人承担相应法律责任的商业行为。在形式上经营与自营很相似，但是经纪人并未取得交易商品的所有权，他是为委托方的利益而进行活动，并以此得到委托人给他的佣金。行纪活动的服务内容较深，经纪人拥有的权利和承担的责任也较重。在通常情况下，经纪人与委托人之间有长期、固定的合作关系。

3）代理是指经纪人在受托权限内，以委托人名义与第三方进行交易，并由委托人直接承担相应法律责任的商业行为。经纪活动中的代理，属于一种狭义的商事代理活动。其特点是经纪人与委托人之间有较长期、稳定的合作关系，经纪人只能以委托人的名义开展活动，活动中产生的权利和责任归委托人，经纪人只收取委托人的佣金。

目前我国对经纪活动的定义相对较广泛，但不同的行业有不同的特点，特别是对代理行为的界定，针对不同的情况区别对待。但是，以收取佣金为目的，为促成他人交易而从事中介活动，这一特征却是共同的。经纪人不得向当事人收取佣金以外的酬劳，也是经纪活动与其他商业活动的一项重要区别。

2. 经纪人

（1）经纪人的概念 经纪人包括依法取得经纪执业证书，并在经纪组织中从事经纪活动的执业人员和依法设立具有经纪活动资格的公司、合伙企业、个人独资企业及其他经济组织。

（2）经纪人的分类。

1）按组织形式划分，经纪人可分为个体经纪人、合伙经纪人、个人独资经纪企业、经纪公司和其他监管经纪业务的经济组织。这五种不同的组织形式，由于承担的法律责任和内部章程的不同，各有利弊。

法规规定个体经纪人或由个人合伙成立的经纪人事务所，应以个人或家庭的财产担保承担责任，这就要求他们在经营中必须小心谨慎，诚实守信。这类企业适合于从事小型多样的经纪活动，在数量上应占经纪组织中的绝大多数。经纪公司由于人多、信息灵、实力强等特点，可依靠其规模优势，承接一些大型且复杂的经纪活动。在某些特殊行业，经纪公司占垄断地位。

2）按经纪的商品划分，经纪人可分为一般商品经纪人、证券经纪人、保险经纪人、期货经纪人、技术经纪人、劳动力经纪人、文化经纪人、汽车经纪人、文体经纪人和房地产经纪人等。每一大类经纪人又可分为不同的小类，如文体经纪人就可分为文化经纪人和体育经纪人，而文化经纪人又可细分为演出经纪人、版权经纪人、艺术品经纪人等。经纪人的知识结构和对相关市场的了解程度，是决定其行业划分的根本因素。某些特殊行业的经纪人，只有经过专项审批才可经营。

（3）经纪收入 佣金是经纪收入的唯一来源，它是劳动收入、经营收入和风险收入的综合体，它是对经纪人开展经纪活动时付出的劳动、花费的资金和承担的风险所给予的综合回报。国家保护经纪人从事合法经纪活动并取得佣金的权利。

1）佣金的种类。佣金可分为法定佣金和自由佣金。法定佣金是指经纪人从事特定经纪业务时按照国家对特定经纪业务规定的佣金标准获得的佣金。法定佣金具有强制效力，当事人各方都必须接受，不得高于或低于法定佣金。自由佣金是指经纪人与委托人协商确定的佣金，自由佣金一经确定并写入合同后也具有同样的法律效力，违约者必须承担违约责任。

2）佣金的支付。佣金的支付时间由经纪人与委托人自行约定，可以在经纪成功后支付，也可提前支付。经纪人在签订经纪合同时，应将佣金的数量、支付方式、支付期限及中介不成功时的中介费用负担等明确写入合同。经纪人收取佣金时应开具发票，并依法缴纳税收和行政管理费。经纪人为了防止佣金被“甩”，可以在签订合同时预收部分佣金或费用，也可与委托人签订“专有经纪合同”。

3）佣金和回扣。佣金和回扣有很多相似之处，也有所不同。它们都是商品经济发展的产物，都能起到促进商品流通，加剧市场竞争的作用。但作为企业的促销手段，给经纪人付佣金和给对方采购员一定的回扣，两者之间有本质的差别。佣金是经纪人开展经纪业务所得到的合理合法收入，它是由经营收入、劳动收入和风险收入构成的综合体。而回扣既不是风险收入，也不是劳动收入和经营收入，而是由卖方给买方的一部分让利，暗中收受回扣属于违法犯罪行为。

4）佣金和信息费。在多数情况下，佣金和信息费都是用户为获取某种信息而支付的费用，是收集、加工信息所耗费的人力、物力的补偿，也是提供信息一方扩大再生产时所必要的资金积累，但两者有明显区别。首先，两者的性质不同。信息费是出卖信息、商品的销售收入，无论信息以何种介质为载体，也无论信息有何用途，只要将信息售出，即可收取，它从属于信息咨询业。而佣金则是一种劳务收入，这种劳务是经纪人为满足委托人的某种商业需要而付出的，经纪人与委托人之间是一种雇与佣的关系，提供信息往往只是经纪活动中的部分内容，它从属于各种经纪业。此外，两者作用的效果不同。支付信息费满足了买方的信息需求，卖方只要保证信息准确、及时即可达到加速信息有效传播的效果。而支付佣金则是为了实现买方的某一具体目的，只有当目的实现了，一项经纪业务才算最终完成，它作用的效果是有利于各种资源的合理配置，而不是仅仅提供信息。

（4）经纪人的权利和义务。

1）经纪人的权利。经纪人在经纪活动中具有如下权利：

① 在法律法规允许的范围内开展经纪活动，行使其各项合法权利。

② 依照合同的约定获取合法佣金。

③ 按照合同要求，当事人支付在经纪活动中开支的合理费用，包括差旅费、电话费、保管费、商品检验费等，但是佣金和各项成本费用应在经纪合同中事先约定，事先没有约定的不得收取。

④ 当委托人故意隐瞒事实真相或明知其有欺诈行为时，可拒绝为其提供服务。

⑤ 当发现委托人不具有履约能力时，可立即终止经纪活动。

2）经纪人的义务。经纪人在经纪活动中应履行以下义务：

① 如实介绍。经纪人应当按照委托人的要求全面、准确、及时地提供有关信息，以利于委托人做出正确的决定。对于无履约能力的当事人，可拒绝为其提供经纪服务。由于经纪人提供虚假信息或未尽到事先约定的职责而使当事人受到损害的，经纪人要承担赔偿责任。

② 保守机密。如果委托人要求对其商号、姓名及商业事务等保守秘密，经纪人应当遵守。但是，经纪人在与其他方签订合同时必须以自己的名义承担履约的责任。

③ 保管样品。经纪人为当事人保管各种样品时，不得丢失、损坏和调换，直至交易结束。

④ 制作文书。经纪人在经纪活动中要及时、准确地制定与当事人之间商定的相关事项文书，交当事人各方签字后存证以确保其真实有效。如有一方不接受文书或不愿在文书上签字，经纪人有义务立即通知另一方当事人。

⑤ 不接受额外费用。只要没有特别约定，经纪人不得接受当事人支付的除佣金以外的其他不合理费用。除非事先有特别约定，经纪人无权买卖当事人的财产和劳务。

⑥ 不从事违禁商品的经纪活动。经纪人应当遵守国家的有关规定，在核准经营范围内

进行经纪活动。凡国家禁止流通或限制自由买卖的商品和服务，经纪人不得进行经纪活动。

⑦ 依法纳税并接受行政监督。在从事经纪活动时，经纪人要自觉接受工商行政管理部门和政府其他有关部门的监督，并依法缴纳税收和行政管理费。

（5）经纪从业人员的素质。

1）合理的知识结构。经纪人必须掌握以下四个方面的知识结构：

① 基础知识。作为经纪人，首先要具备一定的科学文化基础知识，能正确地收集、处理各类信息，并及时发现其中的经济价值和使用价值。

② 市场营销知识。经纪人既要懂得经济学知识和商贸知识，也需要掌握市场营销知识，知道如何细分市场，选定目标，实施市场营销的组合策略。

③ 法律知识。经纪人要熟悉本地区、本行业的各种法律法规及政府的政策和规章，了解政府各有关部门的主要职责，恰当地运用法律武器维护委托人和自己的各项权益。

④ 辅助知识。把握社会发展和市场变化的趋势，不断在知识结构上做出调整，在中介服务领域及时开创出新的服务项目。

2）良好的身心素质。经纪人作为中介服务者，除了需要具备较高的知识素养外，良好的身心素质也是取得成功的必要保障。经纪活动的特点要求从业人员要有开朗坦率的性格，对人亲切、真诚、豁达、大度，在与当事人的交往中有敏锐的洞察能力，在各种复杂的场合能保持稳定的情绪，在社会信息处理中能保持正确的判断能力，在困难和挫折面前有顽强的意志和良好的心理承受能力。良好的身心素质是经纪从业人员取得成功的必备条件。

3）较强的信息意识和公关协调能力。收集和处理各种社会信息是开展经纪活动必不可少的环节，经纪人对信息的保有量、信息的实效性以及信息对当事人的相关性、可靠性、准确性都是经纪人能否占领市场的关键。一个成功的经纪人应该建立自己的信息库和信息网络，利用现代化手段及时收集、储存、掌握和运用各种有效信息。

在现代社会中公共关系的好坏直接影响着企业经营目标的实现。良好的社会评价和人际关系是经纪人赢得当事人信任、好感与合作的基础。作为一名成功的经纪人，不仅要广结善缘，全心全意地为委托人服务，还应具备端庄大方的仪表、机智幽默的语言和在复杂环境下随机应变的能力。

4）诚实守信。经纪活动的特点决定了信誉对经纪人至关重要。信誉是经纪人最重要的无形资产，是经纪人事业发展的源泉和开展活动的立身之本。经纪人必须忠实于委托人的利益，实事求是地向当事人介绍各种相关事项，不隐瞒、不夸张、不偏向，时刻注意保持自己的中介地位，公平公正地对待当事人各方。经纪人不得参与哄抬物价和欺行霸市、贩“假”营“私”等违法活动，这是对经纪人最基本的要求。

案例

汽车销售顾问的销售话术

每辆汽车在销售过程中，销售顾问总会遇到各种各样的问题，汽车销售话术在很多时候成了能否交易成功的主导因素。

汽车销售话术可以体现一个人的应变及销售能力，因此汽车销售人员首先要练好自己的销售话术，并根据不同的情景灵活处理。

销售情景1：能不能便宜点

当客户关心价格的时候，销售人员应当因势利导，让客户关注车辆的使用价值，把客户关心“贵不贵”改变为“值不值”。

如果客户问“能不能便宜点?”，销售人员可以说：先生，买车不能只考虑便宜问题。您以前有没有使用过我们品牌的车辆？便宜的商品可能用段时间就会出现质量问题，比如自行车，便宜的自行车骑两三个月就开始生锈，链条经常掉，脚踏板也经常掉，骑起来很费力，除了铃不响，上下哪儿都响。但是要是买一辆好的自行车比如捷安特，骑两年都不用操任何心，骑起来又轻松。其实我们的东西和自行车一样，都是一分价钱一分货。买东西我觉得耐用性和安全性才是最重要的，您说呢?”

如果客户觉得价格太贵，销售人员可以说：“您如果觉得这款车的价格不合适，我给您介绍另一款性价比更好的……”

销售情景2：这车多少钱

这是一个很直接的问题，但是销售顾问绝对不能简单回答一句多少钱就完事。

销售顾问最好的回答应该是：“先生/小姐您好，我们这款车的价格定位比较人性化，都是根据客户的实际情况来配套配置的，所以价格也就会有所不同。”

然后根据客户情况给出不同配置的报价，切忌一开始就给客户报最低的价格。因为你报出低的价格之后即使配置再好，客户也不愿意再出高的价格。

销售情景3：能优惠多少

遇到这个问题，销售人员千万不能一下子把公司给你的优惠底价全亮出来，汽车销售技巧之一就是和客户磨。销售顾问可以跟客户说：“我们这个价格是非常优惠的，并且这个价格还有许多的礼品赠送。”

销售价格直接关系到公司和个人的收益，不到万不得已宁可赠送礼品都不要轻易给客户一降再降。

销售情景4：还有什么东西送

汽车销售人员都明白，公司准备了很多礼品赠送给客户，但也不能随便送。在能说服客户的情况下尽量不要给客户额外赠送礼品，因为礼品也需要成本，赠送礼品就等于在减少自己的佣金。

若客户问“还有什么东西送?”，销售人员可以说：“我们已经赠送您很多礼品了，在这个价格上再送的话我们会亏损，很难向公司交代。”遇到坚持要送东西的客户时，一定要跟客户说“我帮您向上级申请”，让客户感觉到这个礼品确实有价值并且你在尽力帮他。

销售情景5：怎么比网上的价格贵这么多

这个问题在汽车销售中是很好回答的，汽车销售人员在回答时首先要肯定客户的话，可以说：“嗯，我们的价格确实比网上略高了一点，但您也知道，网上的东西都比较虚拟，您也不敢直接就在网上买辆汽车对吧？况且我们这个价格的配置和服务在网上也是没有的，所以这个价格对于这样的配置和售后服务是不高的。”

销售情景6：痛快点，最低多少钱卖

客户说到这个份上说明他是真的想买这辆车，汽车销售人员应该和客户周旋，说明这个价格的优势，如果客户坚决要他定的某个价格才肯买，则可以减少赠送的礼品和售后服务。

销售情景7：什么时候车能降价

这时的客户处于观望阶段，也就是说，他很想要这辆车，但又觉得价格不合适。销售人员一定不能随便回复客户时间或者表示不知道，而应该抓住客户想要这辆车的优势与客户周旋。在汽车销售实践中，遇到这个问题，销售人员可以说：“这款车在市场上很受欢迎，近期都很难有降价的空间，况且在这个价格的基础上我们有礼品赠送，这也等于降价了很多。”

销售情景8：那我回去考虑一下

聪明的汽车销售顾问都明白这是客户在暗示销售顾问他想要这辆车，销售顾问千万不能就这样让客户走，可以说：“请问您是不是还有哪些方面的顾虑呢？有什么疑问我可以帮您解答。”站在客户的角度帮客户分析，把他所有的顾虑打消。

一笔交易是否成功是汽车销售话术质量高低最直接的证据，优秀汽车销售顾问的销售话术总是时时围绕着客户，为客户解答所有的疑问，并且把客户的需求最大化。

要想成为一名成功的汽车销售顾问，首先，要成为汽车专家，真正了解自己所售汽车的特性及相关知识。其次，要了解并满足客户的需求，包括物质上、精神上和心理上的。最后，要发掘客户的潜在需求。

思 考 题

1. 简述二手车交易的基本要素和基本特征。
2. 简述二手车交易的基本原则。
3. 二手车交易有哪些类型？
4. 简述二手车交易的流程。
5. 二手车交易合同的内容有哪些？
6. 推行二手车质量担保有什么意义？
7. 简述经纪活动的特点与作用。

第八章

二手车置换

近些年，中国汽车市场完成了从卖方市场到买方市场的根本转变，已基本形成了生产能力大于销售能力，而销售能力又大于现实市场需求的态势。与此相应的是，各大汽车厂商彼此之间的竞争趋于白热化。据统计，2015 年，全国共交易二手车 941.71 万辆，相比 2014 年同比增长 2.32%，交易额为 5535.4 亿元，二手车交易依旧是以基本型乘用车为主，占比为 59.91%。从数据不难看出国内二手车市场的增长空间巨大，市场前景广阔。同时，随着中国汽车保有量的提升，市场正由新车销售向后市场销售转化，二手车交易正在成为后市场交易的核心增长点。于是，二手车的置换业务便应运而生。开展二手车置换业务不仅能够减轻消费者购买新车的负担，有利于新车的销售，增加经销商的盈利，还可以加快经济发达地区的车辆更新速度，同时刺激内地市场对车辆的需求，满足特定消费市场，从而进一步提高市场占有率。

第一节　二手车置换概述

一、二手车置换的概念

二手车置换，从狭义上说，就是用手中的二手车来置换新车或不同款型的二手车，经销商通过二手车的收购与新车的对等销售获取收益。

广义的二手车置换，则是指在以旧换新业务的基础上，还兼容二手车整修翻新、跟踪服务、二手车再销售乃至折抵分期付款等项目的一系列业务组合。

通过“以旧换新”来开展二手车贸易，可以使车辆更新程序简化，并使二手车市场和新车市场互相带动，共同发展。

品牌专卖店可用“以旧换新”的方式促进新车的销售。二手车置换在国外很普遍，经营模式已相当成熟。以美国为例，很多汽车品牌专卖店都会有经营二手车的业务。抽样调查结果显示，美国置换购车的比例已达到 1/3。随着汽车普及率的提高以及更新周期的逐渐缩短，未来置换购车必将呈上升态势。

二、二手车置换的优势与特点

由于参加置换的厂商拥有良好的信誉和优质的服务，其品牌经销商也能够给参与置换业务的消费者带来信任感和更加透明、安全、便利的服务，因此越来越多的人青睐于二手车置换业务。二手车置换业务的优势主要体现在以下几点：

1. 周期短、时间快

通常的流程是车主只需将二手车开到正规的汽车4S店（以下简称“4S店”），现场评估师对车辆进行相应的检测和评估，大约20min后给出评估价格，车主选择好心仪车辆后，只需要缴纳新车和旧车的差价便完成了置换手续，剩下的手续便由4S店代为办理，并且可以免除代办费，一周左右便可完成新旧车的置换。

2. 正规4S店的二手车置换风险小、品质有保障

以前在卖二手车买新车的过程中，通常手续烦琐，需要经过二手车谈价、二手车过户、收钱、与汽车经销商商谈新车价格、交钱购车等一系列的复杂程序。而现在只需在品牌二手车经销商处评估自己的二手车，通过专业的评估人员为客户进行专业、透明的车辆评估以及报价服务，所有的手续都由经销商代办，二手车的车价抵扣新车的车价，然后客户将差价补齐后便可将新车提走。这样既为消费者节省了时间，同时也促进了汽车产品和资金的流通。

对客户而言，因为4S店里的车是汽车厂商直供销售的，没有任何中间商，因此对车况和车质比较放心和满意，也可以消除一些不懂车的客户对如何挑选汽车的疑虑。

3. 有利于净化汽车行业市场、增强市场的竞争力

4S店因为其正规性、透明性得到了很多客户的信任，这也让很多违规操作的组织或个人在这个行业无利可图。以汽车厂商为主导的品牌二手车置换模式也将打破原先二手车市场自由涣散的陋习，重新构建我国的二手车贸易规则。

4. 汽车厂商推出多项促销活动，客户从中受益

随着汽车国产化技术的成熟以及多个城市推出限购政策，很多汽车厂商把二手车置换变成了主战场，并且配合政府出台的一些补助政策，纷纷降价的同时还推出了“原价”置换等一系列活动，同时送出高额的补贴或者礼品以及举办免费活动等，这也成为很多车主置换新车的动力。

5. 4S店利用电子商务平台进行精准、有效的推广

随着信息技术的发展，互联网变为当前信息传导最快、最有效、性价比最高的新媒体，所以很多汽车厂商看到商机，及时地将互联网作为推广产品的主发布地，这不但给客户带来了很多的汽车信息资源，同时也给汽车厂商自身带来了高转化率的投资回报。

三、二手车置换的作用

二手车置换作为二手车贸易中必不可少的一部分，是汽车产业链的重要一环，它的开展、发展和完善，对于我国整体汽车贸易的发展非常重要。二手车置换主要有以下重要作用：

1. 二手车置换能促进汽车新车贸易发展

一方面，在我国，汽车新车和二手车的购买者是两个有部分重叠的、购买力水平不同的群体，因而，二手车贸易的发展并不会取代新车市场而影响新车市场的发展。另一方面，汽车二手车贸易由于能加快我国汽车的更新周期，因而能带动我国汽车新车市场的发展。

2. 二手车置换能提高汽车价值链的增值点

二手车置换的发展能带动汽车整修翻新、二手车残值鉴定、二手车评估、二手车修复等多个相关业务，提高汽车价值链的增值点，创造汽车流通领域的新价值。

3. 二手车置换能平衡我国各地汽车市场发展

我国汽车市场的地区发展不平衡，特别是沿海地区与内地的发展不平衡。二手车置换的开展，正好可以促进我国各地区之间二手车的流动，推进我国整体范围内的二手车互通贸易，从而平衡我国各地汽车市场的发展。

4. 二手车置换能推动我国汽车行业发展

二手车置换的开展是开展全方位、全过程汽车贸易的重要内容之一，同时，二手车贸易的发展还是形成我国汽车流通体系、形成完整汽车产业链的关键之一。因而发展二手车置换是发展我国汽车行业的必经之路，是推动我国汽车行业整体发展的重要手段。

四、二手车置换的程序

1. 二手车置换流程

二手车置换流程如图 8-1 所示。

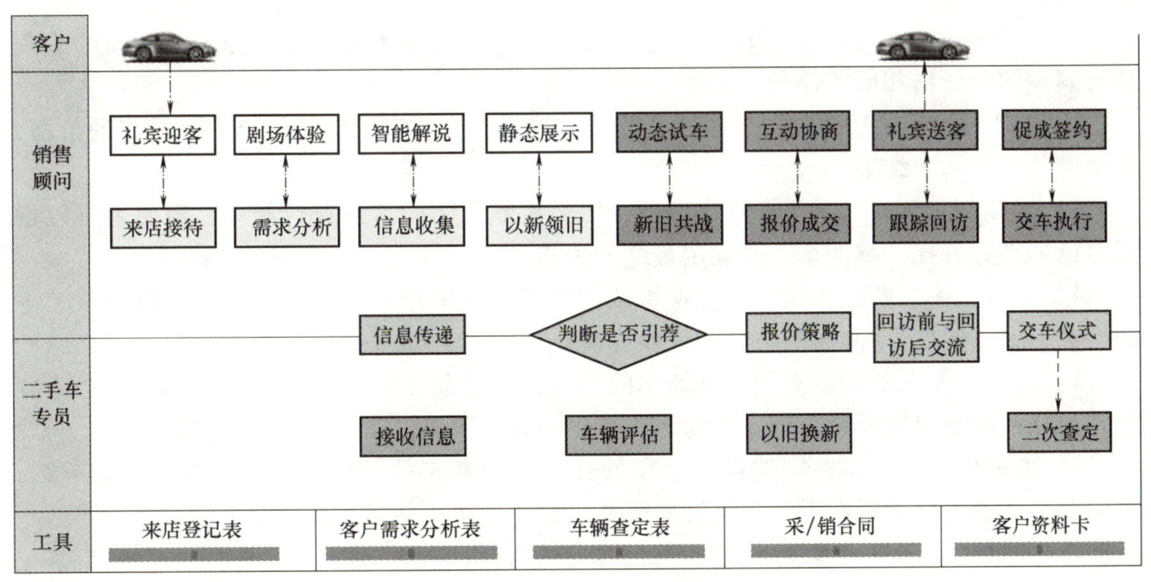

图 8-1　二手车置换流程

二手车置换主要由以下几个环节构成：

1）车主首先需要准备好各类必备手续、材料和工具。可以通过打电话或直接到汽车 4S 店进行咨询，也可以登录相关网站进行置换登记。

2）然后带着所有的必备手续，开始对二手车进行评估定价。评估方法没有统一的标准，通常情况下是按以下 7 个步骤执行：

① 外观检查。此处的外观并不仅仅指车辆外表面，它还包括了汽车的内饰、底盘等所有暴露在视线中的部位，鉴定评估师会通过观察汽车外观的各个细节来判断车辆是否

出过事故，观察发动机机舱部位、车漆表面的新旧程度、螺钉的使用程度来判断车辆是否有过补漆、钣金等维修记录。其中最重要的是观察发动机下方的大梁，看其是否有过维修痕迹，若有，则说明车辆肯定出现过较为严重的事故，通常该类车辆4S店是拒绝回收的。

② 日常维护。该方面主要是根据维护清单来证明车辆是否定期进行车辆维护，这也同样提醒车主，维护完汽车后应尽量保存好车辆的维护凭证，以便日后在进行二手车置换时提供相应的帮助。另外，鉴定评估师也会根据车辆内部的清洁状况及细节来判断车主在日常生活中是否对汽车爱护，然后给出一个综合的评分。

③ 品牌知名度。通常鉴定评估师会根据车辆在市场中的保有量、品牌的知名度等给出综合评分（该环节通常将车辆分为进口、合资、自主品牌三种类型）。

④ 工作状况。该方面主要将车辆分为家用车、公务车、运营车三种，根据不同的类型给出不同的分值。在一般情况下，家用车的分值会相对高一些，公务车和运营车由于使用的频率和强度相对于家用车会比较高，所以它们的分值会低一些。

⑤ 工作条件。工作条件即车辆的使用环境，如上下班代步，城市路况就会居多，或者经常跑长途的车辆走的高速道路或国道居多，评估师会根据车辆的使用环境给出相应的评分。

⑥ 试车检查。完成以上工作后由鉴定评估师进行驾车体验，从车辆各个方面的表现结合驾驶体验给出相应的评分。

⑦ 最终出价。最后通过对各项的评分及其表现，由鉴定评估师给出一个最终的价格，整个评估环节基本结束。

3）选购新车型。二手车评估完以后，由销售顾问陪同客户选订新车，消费者可以根据自己的喜好选择一款新车，并确定最终的价格。

4）签订二手车购销协议以及置换协议。二手车评估结束，新车也选择完以后，车主便会和4S店签订二手车购销协议和置换协议。

5）置换二手车的钱款直接冲抵新车的车款，补足新车差价后，办理提车手续，或在指定的经销商处提取所订车辆，并为客户提供一条龙服务。

6）如需贷款购新车，则置换二手车的钱款作为新车的首付款，办理购车贷款手续，提供因汽车消费信贷所产生的资信管理服务，并建立个人资信数据库。

7）办理二手车过户手续，提供必要的协助和材料。

8）提供全程后续服务。

2. 二手车置换的证件要求

办理二手车置换业务需要提交下列证件：

1）个人用车需要带车主本人身份证，单位用车还需要提供组织机构代码证原件及复印件（加盖公章）以及介绍信等证件。

2）《机动车登记证书》。

3）《机动车行驶证》。

4）原始购车发票或前次过户发票。

5）购置附加税缴纳凭证。

6）委托他人办理置换的，须持原车主身份证和具有法律效力的委托书。

五、二手车置换的方式

二手车置换有以下三种方式：

1）用本厂二手车置换新车（即以旧换新）。如车主可将旧捷达车折价卖给一汽大众的零售店，再买一辆新宝来。

2）用本品牌二手车置换新车。如拥有一辆品牌为“大众”的旧捷达车的车主看上了帕萨特，那么他可以在任何一家“大众”的零售店里置换到一辆他喜欢的帕萨特。

3）只要购买同一汽车厂商或同一经销商的新车，置换的二手车不限品牌。

但是，近几年随着信息技术的迅速发展，“二手车 + 互联网”的电子商务模式日趋流行，这也改变着传统二手车置换模式，真正实现了二手车跨品牌、跨区域的置换。

第二节　二手车置换实务

一、二手车置换的咨询服务

1. 二手车置换的法规咨询

（1）二手车交易有关法规。

1）二手车交易应遵循诚实、守信、公平、公开的原则，严禁欺行霸市、强买强卖、弄虚作假、恶意串通、敲诈勒索等违法行为。

2）二手车交易市场经营者和二手车经营主体应按下列项目确认卖方的身份及车辆的合法性：

① 卖方身份证明或者组织机构代码证原件合法有效。

② 车辆号牌、《机动车登记证书》《机动车行驶证》、机动车安全技术检验合格标志真实、合法、有效。

③ 交易车辆不属于《二手车流通管理办法》第二十三条规定禁止交易的车辆。

3）二手车交易应当签订合同，明确相应的责任和义务。交易合同包括收购合同、销售合同、买卖合同、委托购买合同、委托出售合同、委托拍卖合同等。

（2）禁止经销、买卖、拍卖的车辆。

1）已报废或者达到国家强制报废标准的车辆。

2）在抵押期间或者未经海关批准交易的海关监管车辆。

3）在人民法院、人民检察院、行政执法部门依法查封、扣押期间的车辆。

4）通过盗窃、抢劫、诈骗等违法犯罪手段获得的车辆。

5）发动机号、车辆识别号码或者车架号与登记号码不相符，或者有凿改迹象的车辆。

6）走私、非法拼（组）装的车辆。

7）不具有《二手车流通管理办法》第二十二条所列证明、凭证的车辆。

8）在本行政辖区以外的公安机关交通管理部门注册登记的车辆。

9）国家法律、行政法规禁止经营的车辆。

2. 二手车置换的技术咨询

鉴定评估师还应是汽车技术方面的行家，应具备以下能力：

1）汽车的使用性能参数和主要技术性能指标的咨询。

2）车辆识别号码和进口汽车标牌的解读。

3）汽车的基本构造及各总成、部件的结构、原理、功能。尤其要能解答新结构、新技术、新材料、新工艺、新功能方面的咨询。

4）汽车管理、运用、维护、修理、改造和改装常识的说明。

5）汽车故障的类型、特点、现象、征兆、原因、部位、后果以及预防、诊断、排除的经验介绍。

6）汽车技术状况、技术等级的测定项目、方法、程序、规定、标准等解答。

3. 二手车置换的价格咨询

鉴定评估师还应随时了解行情，包括以下内容：

1）新车价格。

2）二手车交易价格。

3）维修价格。

4）维修工时定额及其工时价格。

5）配件价格。

6）价格变动指数。

7）通货膨胀率。

8）银行储蓄、借贷利率。

9）各种税种和税率。

10）各种险种和费用。

11）交易费用。

12）二手车交易的验证费、转籍过户费、牌证费、管理费等。

13）鉴定评估费。

二、填写二手车置换申请文件

不同类型的二手车置换需提交不同的申请文件。

1. 私车置换

私车置换：二手车车主与置换新车车主必须是同一人或直系亲属（即包括父子、母子、父女、母女、夫妻、爷孙/孙女等法律规定的直系关系）；旁系亲属（亲兄弟、亲姐妹）为置换双方的，要提供户口簿或当地派出所（警署）出示的证明原件。

私车置换需要提交以下申请文件：

1）车辆置换表。

2）33 项鉴定评估表。

3）置换车主的身份证或户口簿。

4）如直系亲属或亲兄弟、亲姐妹间置换，应提供相应法律证明文件。

5）置换新车购车发票或新车的《机动车登记证》、原《机动车登记证书》或《机动车行驶证》。

6）二手车过户证明。过户证明指的是过户后的新的《机动车登记证书》、《机动车行驶证》、当地二手车市场提供证明的过户发票（任选其一）；若是转籍车辆，则指的是当地车辆管理所提供的二手车转籍更新单和二手车过户发票。

2. 公车置换

（1）一般公车置换　二手车车主与置换后新车车主必须是同一单位（子公司和母公司、分公司和总公司，若所在单位在法律上具有不同的法定代表人，不能置换）。

公车置换需提交以下申请文件：

1）车辆置换表。

2）33 项鉴定评估表。

3）置换车辆的公司的营业执照或组织机构代码证。

4）如置换车辆公司已更名，应提供官方的合法证明文件。

5）置换新车购车发票或新车的《机动车登记证书》。

6）原《机动车登记证书》或《机动车行驶证》。

7）二手车过户证明。

（2）汽车租赁企业与集团客户置换　汽车租赁企业与集团客户置换流程，按当地车辆管理所的有关规定进行。

（3）私人和单位　若置换双方为私人和单位（国有或民营），则私人必须是该单位（国有或民营）的法定代表人。

私人和单位之间进行车辆置换需提交以下申请文件：

1）车辆置换表。

2）33 项鉴定评估表。

3）置换一方的营业执照或组织机构代码证等。

4）置换一方的身份证或户口簿。

5）置换新车购车发票或新车登记证。

6）原机动车登记证或《机动车行驶证》。

7）二手车过户证明。

车辆置换表的标准样式见表 8-1。

3. 二手车收购价与二手车鉴定评估价的区别

（1）主体不同　二手车收购行为的当事人是收购者与卖方双方，二手车收购价的估算可以洽谈、讨价还价、自由定价。而二手车鉴定估价的当事人是车主与客户双方，二手车鉴定评估机构是第三方，其鉴定估价是公正、客观和科学的，不能随意变动的。

（2）目的不同　二手车收购价的确定，最终以收购者的经营效益为目的。而二手车鉴定估价的确定是为了给二手车买卖双方的交易提供价值依据，它以服务为目的。

表 8-1 车辆置换表

客户、公司名		
联系地址		
邮政编码		
联系电话		
客户身份证号，公司代码		
车辆品牌		
车辆型号，配置号		
车辆号牌号码		
VIN		
发动机编号		
发动机排量		
变速器	手/自动	手/自动
行驶里程数		
颜色		
车辆出厂日期		
初次购车日期		
新车销售、二手车过户发票号码		
新车销售、二手车收购价格		
付款方式	□ 二手车款折价加余款全部用现钞支付	
	□ 二手车款作为首付其余分期付款支付	
	□ 其他支付方式	

二手车卖主签字/日期： 新车买主签字/日期：
经销商代码：
经销商二手车经理签字： 申请日期：

(3) 标准和方法不同 二手车收购虽然参照了评估标准和方法，但具有灵活性。而二手车鉴定估价必须严格遵守国家颁布的有关评估法规，按特定的目的，选择与之相应的评估标准和方法进行估价，具有约束性。

(4) 估价的价值概念不同 二手车收购价虽也具有市场价值和交易价值概念，但更倾向于交易价值，为了使二手车能快速销售，其价格往往大大低于市场价格。而二手车鉴定估价则充分体现了市场价值和交易价值概念。

三、二手车鉴定评估

二手车鉴定评估的步骤和注意事项已在本书第六章进行了详细阐述，在此就不再赘述了。在此特附某汽车品牌的查定表，见表 8-2 以供读者阅读和参考鉴定各项。

表 8-2　×××汽车查定表

序号：

车辆信息				车主信息	
车牌号码		厂牌		车主姓名	
出厂日期	年 月	车型			
登记日期	年 月	排量		证件号码	
颜色		传力	□2WD　□4WD		
里程数	km	车门	□2 门 □4 门 □5 门	电话号码	
发动机号		变速器	□AT □MT □A/MT		
车架号				备注	

车辆资料信息			车辆评级信息	
□《机动车行驶证》正本、副本	备注		车体评价	内室评价
□《机动车登记证书》	备注		级	级
□ 购置税本	备注			
□ 车辆交强险　年　月　日	备注			
□ 商业险　年　月　日	备注		车体评价标准	内饰评价标准
□ 年审合格至　年　月	备注		A：轻微划痕	A：内饰轻微污损
□ 一组 □ 二组车辆钥匙	备注		B：车身严重凹陷或深度划痕	B：内饰褪色，严重脏污
内饰颜色（　）色	备注		C：车身骨架有受损	C：内饰皮椅外表面破裂

车辆配置：□√　（数字）配置数量			机能件状况：	
SRS □（　）	倒车影像□	智能钥匙□（　）	发动机系统	
一键起动□	电动窗□（　）	液晶荧屏 □	底盘系统	
座椅电加热□（　）	电动座椅□（　）	天窗□（　）	传动系统	
车载电视□　（　）	恒温空调□	皮椅□（　）	电器系统	
铝合金钢圈□（　）	卫星导航□		空调及冷却系统	

漆面及外部钣金

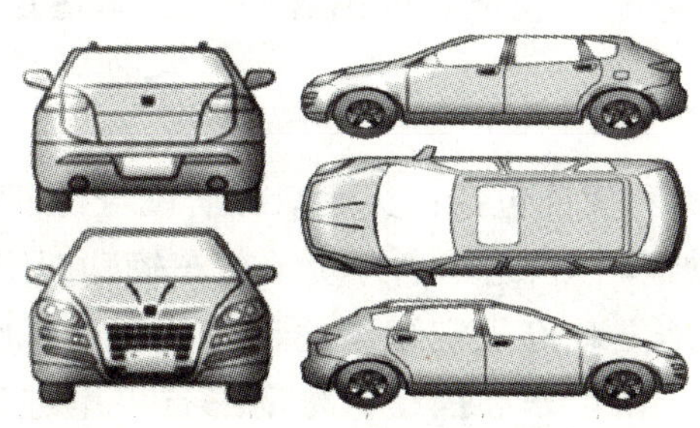

车身骨架

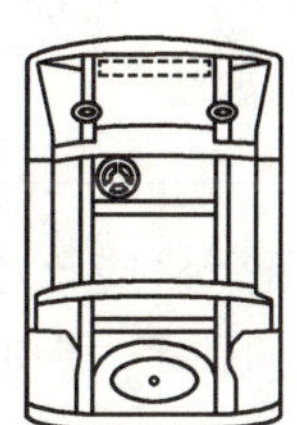

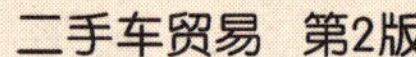

（续）

损坏项目代号：P 划痕 B 凹陷 T 脱漆 H 裂痕 F 缺件 S 生锈 X 曾修复 R 需修理 Y 更换配件 损坏程度代号：1. 轻微（可不做） 2. 中度（整修） 3. 严重（更换）						
新车价：	元	评估价：	元	查定时间：	年　月　日	
成交价：	元	整备费：	元	预估总成本：		元
总经理签名：		评估师签名：		成交时间：	年　月　日	
水平负责人：		区域负责人：		财务：		

四、二手车收购合同的签订

二手车置换中的二手车收购，是双方在经过二手车鉴定估价、确定了二手车收购价后，由双方签订二手车买卖合同来实现的。同时车主可以直接将二手车交给 4S 店，消费者同 4S 店签订车辆转让合同即可，后续的手续由 4S 店全部代办。

第三节　二手车交易中的手续办理

一、二手车交易的证件和证件检查

1. 二手车交易的手续

二手车交易的手续是指机动车上路行驶，按照国家法规和地方法规应该办理的各项有效证件和应该缴纳的各项税费凭证。二手车属特殊商品，只有手续齐全，才能发挥机动车辆的实际效用，才能构成车辆的全价值。根据公安局车辆管理所对“二手车出让承诺书”的要求，从 2003 年 6 月 1 日起，二手车交易时必须提供“二手车出让承诺书”，否则不予受理。以上海市为例，“二手车出让承诺书”见表 8-2。

2. 二手车鉴定评估的证件

在二手车鉴定过程中，需要检查各类凭证，主要包括车辆有效证件，税、费缴齐缴讫证等。其中，车辆有效证件包括车辆来历凭证、《机动车行驶证》、机动车号牌、道路运输证、准运证及其他证件；税、费缴齐缴讫证包括车辆购置附加税、燃油附加费、机动车保险费、车船税和客货运附加费等缴纳凭证。该内容在二手车鉴定模块有详细论述，此处不做赘述。

3. 二手车交易的证件检查

一般二手车交易应该检查的证件和凭证包括：买卖双方居民身份证或其他有效身份证明，购车发票复印件，《机动车行驶证》，营运车辆外卖单，车辆购置附加费、车辆保险、车船使用税、客运和货运附加费及地方政府规定缴纳的税费凭证。有些地方对小汽车进行控限的，还应检查小汽车定编证。由广东、福建、海南三省口岸进口运出三省，以及三省从其他口岸进口需销往外省市的进口二手车，还应检查准运证。检查基本内容如下：

二手车出让承诺书

No.　0294600

一、事由

承诺人（出让方）＿＿＿＿＿＿＿＿＿＿＿＿＿＿＿＿＿自愿将壹辆号牌为＿＿＿＿＿＿的机动车有偿出让给（受让方）＿＿＿＿＿＿＿＿＿＿。

二、出让方基本情况

1. 组织机构代码证号：□□□□□□□□□－□

单位地址：＿＿＿＿＿＿＿＿＿＿＿＿＿＿＿＿＿＿＿＿＿＿＿

经办人：＿＿＿＿＿＿＿＿＿　联系电话：＿＿＿＿＿＿＿＿＿

经办人身份证号码：□□□□□□□□□□□□□□□□□□

2. 个人身份证号码：□□□□□□□□□□□□□□□□□□

现常住地址：＿＿＿＿＿＿＿＿＿＿＿＿＿＿＿＿＿＿＿＿＿＿

经办人：＿＿＿＿＿＿＿＿＿　联系电话：＿＿＿＿＿＿＿＿＿

第一联　交易市场留存

三、出让车辆基本情况

1. 厂牌型号：＿＿＿＿＿初次登记时间：＿＿＿＿＿行驶里程：＿＿＿＿＿公里

发动机号：＿＿＿＿＿＿＿＿车架号：＿＿＿＿＿＿＿＿＿＿。

2. 允许使用年限至＿＿＿＿＿＿年＿＿＿＿月止。
3. 车辆没有隐瞒导致安全隐患的缺陷。
4. 车辆出让时不存在任何权属上的法律问题和各类尚未处理完毕的交通违章记录；所提供的证件均真实有效。
5. 如上述数据和材料与实际不相符合，愿承担由此而产生的一切经济和法律责任。

四、声明

本人/单位委托＿＿＿＿＿＿＿＿＿＿＿＿公司，办理车辆交易手续，该委托代理行为是本人/单位真实意愿的表达。

承诺人（出让方）：＿＿＿＿＿＿＿＿（签章）

日期：＿＿＿＿＿年＿＿＿月＿＿＿日

该业务经本公司委托成交，本公司已对上述承诺进行核实，确认无误。并愿为由此导致的后果，承担先行赔偿责任，同时保留向承诺人（出让方）追索的权利。

转让业务受理方（经营或经纪公司）：＿＿＿＿＿＿＿＿＿＿（盖章）

经办人＿＿＿＿＿＿＿（签字）

受理日期：＿＿＿＿＿年＿＿＿月＿＿＿日

上海市二手车交易管理协会监制

1）核实委托评估的车辆产权。上述证件分别是一车一证，一套证件其车主的单位名称或个人姓名、发动机号、车架号等均应一致。

2）检查车辆原始发票或二手车交易凭证，了解购置日期和账面原值，是否经工商行政管理机关验证盖章。

3）交易车辆是否到公安车辆管理机关临时检验，查看《机动车行驶证》副页检验栏是否盖有检验专用章，填注检验有效时间是否失效。

4）查看机动车行驶证上的号牌、发动机号、车架号码与车辆实物是否一致，如发现不一致或有改动、有凿痕、有挫痕、重新打刻、垫支金属块等人为改变或毁坏，应及时向公安机关报告，扣车审查。

5）车辆购置附加费是否真实有效。

6）是否缴纳当年的车船使用税。

7）是否按国家规定购买第三者责任险。

8）检查营运车辆外卖单。外卖单是营运车辆转籍过户时向运输管理机构及相关部门办理的一套手续，该手续涉及车主各项规费的缴纳以及是否违法经营等综合管理方面的问题。所以，一般由营运单位或个人自己办理这一手续后，再行交易。

9）检查各种证件的真伪。

4. 二手车交易中的证件识伪

机动车是高价商品，一方面不法分子总是试图在这里寻找突破口，从中获取暴利；另一方面，用户利益一旦受到损失，不仅金额巨大，而且往往带来许多难以解决的后续问题。因此，提醒大家要防止假冒欺骗行为。

二手车交易的手续证件和税费凭证，不法分子都可能伪造，他们伪造的主要目的有三个：①将非法车辆挂上伪造号牌，携带伪造《机动车行驶证》非法上路行驶，以应对公安交通管理部门的检查；②伪造各种税费凭证，企图拖、欠、漏、逃应缴纳的各种规费；③在交易中以伪造证件蒙骗用户，从中获取暴利。常见的伪造证件和凭证有机动车号牌、《机动车行驶证》、车辆购置附加费凭证、准运证。

（1）机动车号牌的识伪 不法分子常以非法加工、偷牌拼装等手段伪造机动车号牌。国家规定，机动车号牌生产实行准产管理制度，凡生产号牌的企业，必须申请号牌准产证，经省级公安交通管理部门综合评审，对符合条件的企业发给《机动车号牌准产证》，其号牌质量必须达到公安行业标准。号牌上加有防伪合格标记。因此，机动车号牌的识伪方法为：①看号牌的识伪标记；②看号牌底漆颜色深浅；③看白底色或白字体是否涂以反光材料；④查看号牌是否按规格冲压边框，字体是否模糊等。

（2）《机动车行驶证》的识伪 国家对《机动车行驶证》的制作也有统一规定，为了防止伪造《机动车行驶证》，《机动车行驶证》塑封套上有用紫光灯可识别的不规则的与《机动车行驶证》卡片上图形相同的暗记，并且《机动车行驶证》上按要求粘贴车辆彩色照片，因此《机动车行驶证》最好的识伪方法，首先就是查看识伪标记；其次，可查看车辆彩照与实物是否相符；再次，将被查《机动车行驶证》上的印刷字体、字号、纸质、印刷质量与车辆管理机关核发的《机动车行驶证》式样进行对比认定。一般来说，伪造《机动车行驶证》纸质差，印刷模糊。

（3）车辆购置附加费凭证的识伪 车辆购置附加费单位价值大，曾经有一段时间，有些单位和个人千方百计地逃避车辆购置附加费的征收，造成漏征现象；有些地方少数不法分子伪造、倒卖车辆购置附加费凭证。他们对那些漏征或来历不明的车辆在交易市场上以伪造凭证蒙骗用户，从中获取暴利。车辆购置附加费凭证真伪的识别有两个方法：①以对比法进行认定；②到征收机关查验。

（4）准运证的识伪 一段时期以来，伪造“准运证”的现象十分突出，有时假证还能在检查中蒙混过关。因此，购买汽车时要注意准运证的真伪和有效性。准运证的识伪方法有：①请当地市以上的工商行政管理机关、内贸管理部门或公安车辆管理部门帮助认定；②自己寻找现行的由国家内贸部门会同有关部门下发的“准运证”式样进行对比认定。国家内贸部门发放的“准运证”式样是不定期更换的，要注意“准运证”的时效性。

二、二手车交易转籍、过户的办理程序

二手车进行交易前，应通过车辆管理部门安全排放检测，并经二手车交易中心业务人员质量检测，做出检测记录，符合条件者，可准许交易。进行二手车交易，售车方须向二手车交易中心出具单位介绍信或证明信（属于个人卖车的须持居民身份证）、机动车行驶证、原始购车发票、成交发票、购置附加费凭证等。购车方须出具个人身份证。工商行政管理部门凭二手车交易中心或有二手车经营权企业的交易凭证予以验证，车管部门凭此办理转籍过户手续。已经办理报废手续的各类机动车；虽未办理报废手续，但已达到报废标准或在 1 年时间内（含 1 年）即将报废的各类机动车；未经安全检测和质量检测的各类二手车；没有办理必备证件和手续，或者证件手续不齐全的各类二手车；各种盗窃车、走私车；各种非法拼装、组装车；国产、进口和进口件组装的各类新机动车；右转向盘的二手车；国家法律、法规禁止进入经营的其他各种机动车，禁止交易。具体流程如图 8-2 所示。

《公安部关于修改〈机动车登记规定〉的决定》（公安部令第 124 号）于 2012 年 8 月 21 日公安部部长办公会议通过，自 2013 年 1 月 1 日起施行。该条例重新规范了二手车交易过户、转籍登记、注销登记、抵押登记等行为，全国车辆管理机关在执行这一法定程序时，由于各地区情况不一，在执行时根据实际情况略有变化。下面以上海市为例，介绍其二手车转籍、过户登记办理程序。

1. 二手车转移登记

（1）办理二手车转移登记须提供的材料　根据《公安部关于修改〈机动车登记规定〉的决定》的规定，从 2013 年 1 月 1 日起，申请转移登记的，现机动车所有人应当填写申请表，交验机动车，并提交以下证明、凭证：

1）现机动车所有人的身份证明。

2）机动车所有权转移的证明、凭证。

3）《机动车登记证书》。

4）《机动车行驶证》。

5）属于海关监管的机动车，还应当提交《中华人民共和国海关监管车辆解除监管证明书》或者海关批准的转让证明。

6）属于超过检验有效期的机动车，还应当提交机动车安全技术检验合格证明和机动车交通事故责任强制保险凭证。

现机动车所有人住所在车辆管理所管辖区域内的，车辆管理所应当自受理申请之日起一日内，确认机动车，核对车辆识别号码拓印膜，审查提交的证明、凭证，收回号牌、《机动车行驶证》，确定新的机动车号牌号码，在《机动车登记证书》上签注转移事项，

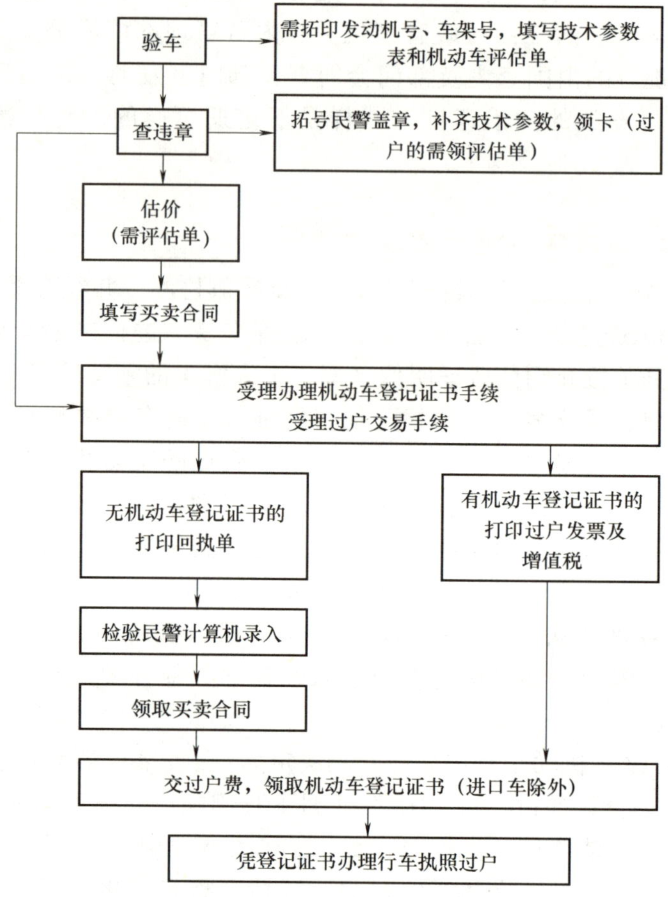

图 8-2 二手车辆交易流程

重新核发号牌、《机动车行驶证》和检验合格标志。

（2）办理二手车转籍手续须提供的材料

1）单位—单位间转籍的需提供以下材料：

①《机动车过户、转出、转入登记申请表》。

②《机动车登记业务流程记录单》。

③《机动车注册/转入登记申请表》。

④《机动车注册登记申请表》。

⑤ 双方单位营业执照或代码证复印件（验原件）。

⑥《机动车行驶证》原件。

⑦ 交易证明书。

⑧ 代理人身份证复印件（验原件）。

2）单位—个人（或个人—单位）间转籍的需提供以下材料：

①《机动车过户、转出、转入登记申请表》。

②《机动车登记业务流程记录单》。

③《机动车注册/转入登记申请表》。

④《机动车注册登记申请表》。

⑤ 单位营业执照或组织机构代码证复印件（验原件）。

⑥ 新车主个人身份证复印件（验原件）。

⑦ 代理人身份证复印件（验原件）。

⑧《机动车行驶证》原件。

⑨ 交易证明书。

3）个人—个人间转籍的需提供以下材料：

①《机动车过户、转出、转入登记申请表》。

②《机动车登记业务流程记录单》。

③《机动车注册/转入登记申请表》。

④《机动车注册登记申请表》。

⑤ 双方车主身份证复印件，验原件，原车主本人办理。

⑥《机动车行驶证》原件。

⑦ 交易证明书。

（3）车辆不得转籍的情况

1）机动车与该车档案记载内容不一致的。

2）属于海关监管的机动车，海关未解除监管或者批准转让的。

3）机动车在抵押登记、质押备案期间的。

4）机动车所有人提交的证明、凭证无效的。

5）机动车来历证明被涂改或者机动车来历证明记载的机动车所有人与身份证明不符的。

6）机动车达到国家规定的强制报废标准的。

7）机动车被人民法院、人民检察院、行政执法部门依法查封、扣押的。

8）机动车属于被盗抢的。

（4）办理时限　国产车一个工作日完成；进口车经审核、审批，三个工作日完成。

（5）车辆转籍的申办手续

1）填写《机动车过户、转出、转入登记申请表》，见表 8-3。

2）到车管部门领取《机动车登记表（副表）》。

3）现机动车所有人身份证明，代理人来办理的还需带代理人身份证明。

4）二手车交易发票（法院裁决的带法院裁决书和协助执行通知书）。

5）《机动车登记证书》《机动车行驶证》、车辆号牌（如有遗失，先办补牌、补证手续）。

6）填写《机动车过户、转入、转出登记申请表》。

7）拓印三副发动机号和车架号。

（6）二手车交易市场转籍交易流程　以上海二手车交易市场转籍交易为例，流程如图 8-3 所示。

表 8-3 机动车过户、转出、转入登记申请表

<table>
<tr><td colspan="2">机动车登记证书编号</td><td colspan="3"></td><td>号牌号码</td><td colspan="2"></td></tr>
<tr><td>申请事项</td><td colspan="7">□过户 □转出 □转入</td></tr>
<tr><td rowspan="4">现机动车所有人</td><td>姓名/名称</td><td colspan="3"></td><td>联系电话</td><td colspan="2"></td></tr>
<tr><td>住所地址</td><td colspan="3"></td><td>邮政编码</td><td colspan="2"></td></tr>
<tr><td>暂住地址</td><td colspan="3"></td><td>邮政编码</td><td colspan="2"></td></tr>
<tr><td>身份证明名称</td><td></td><td>号码</td><td></td><td colspan="3">□常住人口 □暂住人口</td></tr>
<tr><td rowspan="5">机动车</td><td>机动车使用性质</td><td colspan="6">□公路客运 □公交客运 □出租客运 □旅游客运 □租赁 □货运
□非营运 □警用 □消防 □救护 □工程抢险 □</td></tr>
<tr><td>机动车获得方式</td><td colspan="6">□购买 □法院调解、裁定、判决 □仲裁裁决 □继承 □赠予 □协议抵偿债务
□资产重组 □资产整体买卖 □调拨</td></tr>
<tr><td>机动车厂牌型号</td><td colspan="6"></td></tr>
<tr><td>车辆识别代号/车架号</td><td colspan="6"></td></tr>
<tr><td>发动机号码</td><td colspan="6"></td></tr>
<tr><td rowspan="2">相关资料</td><td>来历凭证</td><td colspan="6">□销售/交易发票 □《调解书》 □《裁定书》 □《判决书》 □《仲裁裁决书》
□相关文书 □批准文件 □调拨证明</td></tr>
<tr><td>其他</td><td colspan="4">□《中华人民共和国海关监管车辆解除监管证明书》
□《协助执行通知书》 □《机动车档案》 □《公证书》
□身份证明 □行驶证</td><td colspan="2" rowspan="3">现机动车所有人：

（个人签字/单位盖章）
年 月 日</td></tr>
<tr><td>事项明细</td><td>转入地名称</td><td colspan="4">省（区） 地（市） 县（市）</td></tr>
<tr><td>申请方式</td><td colspan="5">□由现机动车所有人申请

□现机动车所有人委托________________代理申请</td></tr>
<tr><td rowspan="7">代理人</td><td colspan="2">姓名/名称</td><td colspan="3"></td><td>联系电话</td><td></td></tr>
<tr><td colspan="2">住所地址</td><td colspan="5"></td></tr>
<tr><td colspan="2">身份证明名称</td><td></td><td>号码</td><td></td><td colspan="2" rowspan="5">代理人：

（个人签字/单位盖章）
年 月 日</td></tr>
<tr><td rowspan="4">经办人</td><td>姓　名</td><td colspan="3"></td></tr>
<tr><td>身份证明名称</td><td></td><td>号码</td><td></td></tr>
<tr><td>住所地址</td><td colspan="3"></td></tr>
<tr><td>签　字</td><td colspan="3">年 月 日</td></tr>
</table>

填表说明：

1）填写时使用黑色、蓝色墨水笔，字体工整。

2）标注有“□”符号的选择项目，选择后在“□”中划“√”。

3）机动车所有人的住所地址栏，属于个人的，填写身份证明上签注的地址，机动车所有人为我国内地居民且经常居住地与户籍地不在同一车辆管理所管辖区域的，除按照《居民身份证》填写联系地址栏外，还要按照《暂住证》填写暂住地址栏；属于单位的，填写组织机构代码证上签注的地址。

4）机动车栏的“机动车厂牌型号”“车辆识别号码/车架号”“发动机号”项目，按照车辆的技术说明书、合格证等资料标注的内容与车辆核对后填写。

5）申请方式栏，属于由机动车所有人委托代理单位或代理人代为申请的，除在“□”内划“√”外，还应当在下画线处填写代理单位或者代理人的全称。

6）机动车所有人的签字/盖章栏，属于个人的，由机动车所有人签字，属于单位的，加盖单位公章。

7）代理人栏，属于个人代理的，填写代理人的姓名、住所地址、身份证明名称及号码，在代理人栏内签名，不必填写经办人姓名等项目；属于单位代理的，应填写代理人栏的所有内容，代理单位应盖单位公章，经办人应签字。

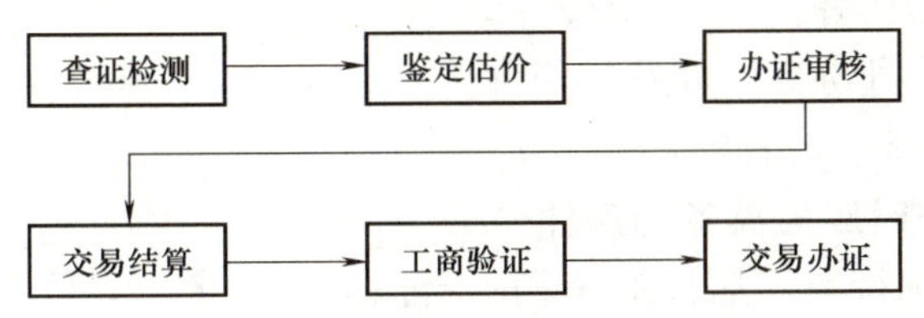

图 8-3　二手车交易市场转籍交易流程

1）查证检测。由经营公司填写《机动车盗抢查询表》，交市场车辆检测站核对车辆发动机和车架号，并对车辆性能和排放状况进行检测，由驻场警员签名盖章。

2）鉴定。估价由经营公司填写《鉴定估价委托书》，交驻场车辆鉴定估价站对车辆进行鉴定估价，开具《鉴定估价结论书》。

3）办证审核。由市场办证部对《鉴定估价结论书》第三页、《车辆检测表》第四联（私人摩托车除外）及《二手车出售合同》、经营公司开具的交易发票等所需材料进行全面审核，开具《二手车交易市场流转证明单》，并按统一的表格进行登记。

4）交易结算。由经营公司统一向市场收费处进行结算。

5）工商验证。由驻场工商人员对交易所须提供的材料进行验证，并盖工商验证章。

6）交易办证。由市场办证部人员统一向公安车管所档案室办理车档转籍手续及所需购置费档案。

（7）办理程序　先进本市场二手车交易市场进行交易，再由车辆管理所档案科受理。初审合格，发临时号牌并开具转出通知单，送车辆管理所综合科审核、盖章。

（8）收费标准及依据　办理本审批项目暂不收费，办理依据为《中华人民共和国机动车登记办法》。

2. 二手车过户、变更

（1）办理二手车过户、变更手续需提供的材料

1）办理二手车过户手续的客户应提供以下材料：

①《机动车登记证书》。

②《机动车行驶证》。

③《机动车过户、转入、转出登记申请表》。

④ 现机动车所有人身份证明原件和复印件，现机动车所有人为本市居民，且由代理人来办理过户手续的须提交现机动车所有人的《居民户口簿》。

⑤《机动车注册/转入登记表》（副表）。

⑥ 二手车交易发票，并经工商行政管理部门验证。

⑦ 交易流转单。

⑧ 照片。

⑨ 过入方为机关事业单位的，需提供《编制证》。

2）办理二手车变更手续的客户需提供以下材料：

①《机动车登记证书》。

②《机动车行驶证》及号牌。

③《机动车注册/转入登记表》(副表)。

④ 现机动车所有人身份证原件及复印件。

⑤《机动车退牌更新申请表》。

(2) 特殊车辆过户时应另具备的条件

1) 香港、澳门特别行政区居民的车辆，台湾居民“Z”字号牌车辆和外国人车辆以及领事馆号牌车辆，过户时还需提供《中华人民共和国海关监管车辆解除监管证明书》。

2) 香港、澳门特别行政区居民的车辆，台湾居民的“Z”字号牌车辆和外国人的外籍号牌及领事馆号牌车辆过户，过入方需提供上牌额度以及车主本人护照复印件。

3) 公务车自初次登记之日起满三年方可办理过户；未满三年办理过户的需由过入方提供上牌额度，计算日期按《机动车行驶证》初次登记日期计算。

4) 留学回国人员和特批的自备车、摩托车，自初次登记之日起满五年方可办理过户；未满五年过户的，需由过入方提供上牌额度。

5) 单位车辆自初次登记之日起满两年方可过户给个人，未满两年过户给个人的，需由过入方提供上牌额度，计算日期按《机动车行驶证》初次登记之日起算。

(3) 下列情况不得过户登记

1) 机动车与该车的档案记载事项不一致。

2) 机动车未解除海关监管。

3) 机动车办理了抵债登记。

4) 机动车或机动车档案被人民法院、人民检察院、行政执法部门依法查封、扣押。

5) 达到报废期限前1个月的车辆。

6) 其他规定不予过户的车辆。

(4) 办理时限 若机动车手续齐备，则一个工作日即可办妥过户手续。

(5) 申办对象资格

1) 凡领有正式牌证的机动车，在本市范围内变动财产所有权的，应在指定的二手车辆交易市场开具发票和交易流转单。

2) 车主改用新名称，并非变动财产所有权，或因改变隶属关系、单位拆并等必须改动车主名称的，应出具上级主管部门批准文件或工商行政管理部门的更名文件。

3) 凡属地址变动的，需提供变更地址的身份证明。

4) 变更发动机或车身车架的，需提供发动机或车架的来历证明和修理厂证明或本单位证明。

5) 过户的车辆必须在定期检验有效期内。

(6) 申办手续

1) 办理过户手续的填写《机动车过户、转出、转入登记申请表》，办理变更手续的填写《机动车变更登记申请表》。

2) 单位车辆盖公章，私车车主必须签名。

3) 提供《机动车登记证书》；未获得《机动车登记证书》，属过户的，应提供原机动车所有人身份证明原件及复印件。

4) 提供机动车所有人身份证明原件（若是公务车，则提供组织机构代码证及IC卡，私家车则提供车主身份证）及复印件（变更发动机、车身车架）、变更后的机动车标准照片（变更颜色）。

5）提供《机动车行驶证》《机动车登记表（副表）》、车辆照片。

案例

以旧换新——二手车置换案例分析

工作人员就应该站在客户的角度去考虑，尽量满足客户的需求，尽最大的努力为他们提供便利的服务，把客户的事情当自己的事情负责到底。通过真诚服务为客户解决后顾之忧，赢得客户的信任，和客户建立深厚的友谊。

案例描述：

陈先生2008年花19.8万元买了一辆手自一体的马自达5的豪华版，车身是银色的。买了四年，一直觉得挺实用的，运行里程总共大概是88725km了。但因为主要是家用，孩子越长越大，每次假期一大家子外出总觉得挤了点，不太舒服，所以2012年想把这车卖了，另外买一辆更实用、乘坐空间更大的车，这样家人坐车也会更舒服。虽然陈先生去了几次二手车交易市场，但他们给出的价格有7.2万元、7.3万元，最高的也只肯出7.5万元，想想完好无损的马自达5，近20万的买价，如今才七万多，只有1/3，当然心有不甘，所以拒绝了“黄牛党”的“忽悠”，待有更好的机会再出手。前一阵，在某汽车网站浏览时，无意中看到了一则有关“价格您说了算”二手车全国拍卖盛会的信息，于是点进去一看，才知道原来是某4S店开展的二手车置换活动。

到店后，销售顾问了解到陈先生有意向进行二手车置换，由公司专门负责二手车置换的二手车部经理向他详细地介绍了他们公司新开展的这个二手车业务情况，随后用一套精密的仪器将陈先生的车进行了检测评估。经理带陈先生看了他们在某二手车拍卖操作平台并讲述了他们成功的拍卖案例后，最终陈先生同意让他们帮忙在网上代理拍卖自己的马自达5。趁着还有时间，在经理的指引下看了他们正在热卖的新夏朗并且试驾体验了一把。不管是乘坐空间还是驾驶性能，都觉得挺不错的，并且还得知如果参加他们公司的二手车置换活动，在他们新夏朗32.8万元的优惠价基础上还可以再享受3万元的优惠，也就是说，陈先生可以以29.8万元的价格将新夏朗收入囊中。想了想，觉得不到30万元的价格就可以买辆进口七座车挺吸引人的，而且大众车口碑也挺好，2.0T的动力也是足够的，自己也是时候换辆车了，就这样，陈先生很高兴地签下了单。

就在第二天，经理通知陈先生，他的马自达5在网上已经有人出了10万元的价格，这比之前“黄牛党”的价格整整多了两三万元，同时比陈先生个人预期的价格也多了一万多了，所以陈先生决定成交。当然这10万元并不全是陈先生的，其中还要减去1.5万元的代理服务费，还算满意。陈先生很快办理了二手车置换的整个流程，并且很快提了新车。

案例分析：二手车置换是消费者用二手车的评估价值加上另行支付的车款从品牌经销商处购买新车的业务。由于参加置换的厂商拥有良好的信誉和优质的服务，其品牌经销商也能够给参与置换业务的消费者带来信任感和更加透明、安全、便利的服务，所以现在越来越多想换新车的消费者希望尝试这一新兴的业务。

案例提示：对不同的客户、不同的情况采取不同的解决方式，尽量满足客户的需求，通过真诚的服务为客户解决后顾之忧，赢得客户的信任。

案例结果：二手车的价格之所以相对较高，一方面是因为减少了交易的中间环节，在将陈先生车的图片、检测信息放到某网站后，直接有全国各地的二手车经销商上去竞拍，完全不用经过其他的代理机构，也就减少了中间环节的手续费；另一方面，正因为是全国各地的二手车经销商去公平竞拍，当看到车辆维护得比较好时，大家都争相竞拍，最后是“价高者得”，拍出了10万元的价格。

思考题

1. 二手车置换有哪些重要作用？
2. 二手车置换包括哪些主要程序？
3. 二手车交易必需的证件包括哪些？
4. 如何填写《机动车过户、转出、转入登记申请表》？

第九章

二手车租赁

第一节　二手车租赁概述

二手车租赁行业是汽车业的重要组成部分，也是全球性的一个独立行业。虽然我国二手车租赁起步较晚，但由于其广泛的市场适应能力，已表现出巨大的发展潜力和良好的发展前景。它对于汽车工业、汽车销售业、二手车销售业、运输业、旅游业以及其他相关行业的发展起着十分重要的促进作用。

一、二手车租赁业务的定义与分类

1. 二手车租赁的定义

租赁是指将资产使用权从所有权中分开，出租人拥有资产所有权，承租人拥有资产使用权，承租人与出租人双方订立租赁合同，以交换使用权利的一种交易形式。

二手车租赁是指在约定时间内，租赁经营人将租赁汽车交付承租人使用，但是不提供驾驶劳务的经营方式。二手车租赁的实质是将汽车的产权与使用权分开，通过出租汽车的使用权而获取收益的一种经营行为。其出租标的除了实物汽车以外，还包含保证该车辆正常、合法上路行驶的所有手续与相关服务，与一般汽车出租业务不同的是，在租赁期间，承租人自行承担驾驶职责。

二手车租赁业的核心思想是资源共享、服务社会。二手车租赁作为一种全新、高效的消费形式，从进入我国起，就经历了一个迅猛的发展历程。二手车租赁业在我国的发展证明，作为一种全新的消费方式，它已经日益被广大消费者接受，随着消费者消费理念的日益转变以及汽车市场的日趋成熟，二手车租赁业在我国存在着巨大的发展空间。

2. 二手车租赁的分类

（1）按经营目的分类　按经营目的，二手车租赁可以分为二手车融资租赁（Finance Lease）和二手车经营租赁（Operating Lease）。

二手车融资租赁是指承租人以取得该二手车的所有权为目的的租赁行为。经营者以租赁的形式实现标的物所有权的转移，其实质是一种具有“边租边卖”性质的销售业务，在一定程度上带有融资服务的特点。

二手车经营租赁是指二手车消费者通过与二手车经营者之间签订各种形式的付费合同，来取得约定时间内该二手车的使用权，经营者则通过提供二手车功能、税费、保险、维修、配件等服务，来实现投资增值的一种实物租赁形式。

（2）按租赁期的长短分类　按租赁期的长短分，二手车租赁可以分为长期租赁和短期租赁。

二手车长期租赁是指二手车租赁企业与用户签订长期（一般以年计算）租赁合同，按长期租赁期间发生的费用（通常包括车辆价格、维修维护费、各种税费开支、保险费及利息等）扣除预计剩存价值后，按合同月数平均收取二手车租赁费用，并提供二手车功能、税费、保险、维修及配件等综合服务的租赁形式。

二手车短期租赁是指二手车租赁企业根据用户要求签订合同，为用户提供短期内（一般以小时、日、月计算）的用车服务，收取短期租赁费，解决用户在二手车租赁期间的各项服务要求的租赁形式。在实际经营中，一般认为15天以下为短期租赁，15～90天为中期租赁，90天以上为长期租赁。

（3）按租用方式分类 按租用方式分，二手车租赁可以分为自驾租车和代驾租车（也成为陪驾租车）。

自驾租车是一种租赁公司提供车辆，承租人自己驾车行驶的租车方式。一般可以提供自驾的车型都是在7万～25万元之间的车，租赁价格在200～600元/天之间，自驾手续非常简单，凭身份证、驾驶证、信用卡即可租到自己喜欢的车型。但是还车时需要交付1000～2000元的电子眼违章押金，一般在一个月内退还。

代驾租车是汽车租赁除自驾租车外的另外一种形式，是指汽车租赁公司提供有配备驾驶员的用车服务。代驾租车实质上是一种客运经营，本质上属于出租汽车业，不属于汽车租赁业范畴，代驾租车业务长期处于灰色地带。严格来说，汽车租赁公司的自驾服务提供的是财产租赁，代驾提供的则是运输服务，为客运经营范畴。在我国，客运服务企业需要特定的行政许可，如出租车公司，汽车租赁公司其实并不具备资质。目前，国内很多汽车租赁企业都在不同程度地经营这项业务。

二、二手车租赁模式

1. 二手车租赁企业与汽车生产厂商密切合作模式

国际知名的二手车租赁企业无不与知名的汽车生产厂商密切合作。当租赁企业的车辆使用到一定时间（一般为8～12个月）后，便由专门部门按标准进行检查，然后由厂家收回、翻新、检验后再投入租赁市场。这在经济上对二手车租赁企业更为有利，在汽车技术运用上也更为合理。而汽车生产厂商与二手车租赁企业密切合作，可通过二手车租赁经营来提高企业的知名度，提高自己的市场占有率。因此，汽车生产厂商和二手车租赁企业的相互协作，可实现双方的共同发展。

2. 特许经营模式

当前在二手车租赁业中通行的经营方式是特许经营方式。特许经营是二手车租赁企业授予某一候选人特许经营权，使其加入租赁企业的服务网络，使用租赁企业的品牌和标志，按照租赁企业的统一规范进行业务运作。租赁企业对特许经营点的经营进行监督和指导，并收取特许经营权使用费。

在特许经营方式中，二手车租赁企业的职责如下：

1）选择特许经营的候选人并签署特许经营协议。

2）与特许经营店保持日常工作的联系和信息沟通。

3）在特许经营店建立国际统一的业务运作流程，监督特许经营店的业务运作和形象标准是否统一、规范。

4）负责对特许经营店的员工进行全方位的培训。不断改进和发展服务网点的服务质量。

5）负责中心账目业务流程并进行监控。

6）代表特许经营店出席各种咨询会议。

特许经营店的职责如下：

1）特许经营店必须加入租赁企业的业务网络，严格按照租赁企业对网络的业务准则和规范运作。

2）特许经营店有责任将客户下一次的租赁信息通过租赁企业的全球联网的业务服务系统传递给其他服务点。

3）特许经营店要及时上报业务统计报表和财务报告，并与公司总部保持经常性的沟通和联系。

4）按时交纳特许经营权使用费。

3. 会员制模式

由二手车租赁企业出面组建俱乐部，广泛吸收客户加入俱乐部成为会员，会员可享受价格优惠和满意的服务，还可以享受由消费累积而给予的奖励，其目的是吸引更多的客户，稳定服务对象，扩大经营业务范围。

4. 多元化经营模式

对于经营性二手车租赁企业，除了开展主营业务外还可同时开展融资租赁、二手车销售、车辆保险等与之相关的多种业务，这可起到相辅相成的链式作用。特别是二手车销售业务的开展，可以消化租赁业淘汰的旧车，从而有效地扩展了车辆更新的空间，加快了其更新速度。

5. 以租代售模式

随着二手车交易的不断成熟，二手车的销售模式也日益增多，近几年二手车以租代售模式异军突起，已经开始被消费者不断了解和接受。以租代售是指将二手车进行出租，并与承租者签订合同，在合同期内购买所租的二手车，以租车时的价格卖给承租者，而承租者在租车期间所交的租费可以抵充部分车款，等到付完该车的全款后，便可获得该车的产权，如果承租者在合同期内不买车，则前期所交的费用作为汽车的租金。

6. 个人私家车租赁模式

随着私家车的普及，车辆闲置是常有的事，这就造成了资源的极大浪费。于是很多私家车车主便想将车出租以便实现资源共享，也可借出租赚取租金，以此降低养车成本。私家车出租的典型代表如一喂拼车，它是由杭州一喂智能科技有限公司创立的，是国内最大的集私家车拼车、出租、代驾于一体的网站。

但是一些车主因为不放心车辆外租，往往会把车辆挂靠到汽车租赁公司，与汽车租赁公司分享租金收益，在借汽车租赁公司寻找客户的同时，保障车辆出租安全。但是这种做法也存在一定的风险。不少车主以为私家车挂靠到租赁公司出租，车辆已经投保过相关保险，即使发生交通事故，也可由保险公司理赔，其实不然。事实上，私家车原先投保的是非营运的

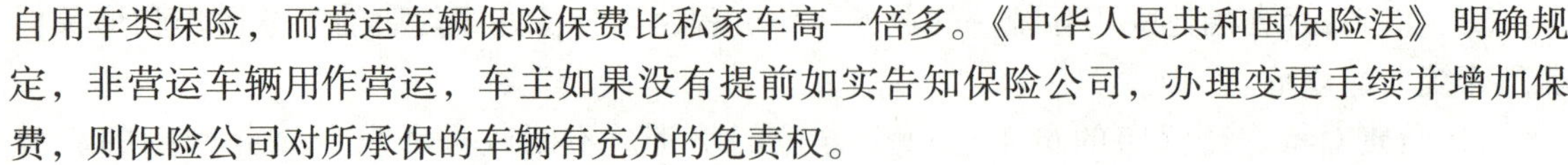

自用车类保险，而营运车辆保险保费比私家车高一倍多。《中华人民共和国保险法》明确规定，非营运车辆用作营运，车主如果没有提前如实告知保险公司，办理变更手续并增加保费，则保险公司对所承保的车辆有充分的免责权。

7. P2P 租车模式

P2P 租车模式（Peer to Peer，简称 P2P）是鼓励私家车车主通过第三方平台将闲置的私家车资源线上出租。租客通过手机上的软件便可以租到其他私家车车主挂在租车平台上的私家车。这些平台上所提供的车辆都属于个人，平台的作用仅仅是促成私人间车辆租赁活动的完成，这对于传统的租车行业在模式上也是一种创新和颠覆。

在 P2P 租车模式下，私家车车主除了能获得租车所得大部分利润，还能得到 P2P 中间平台运营商在推广期返还的佣金。而 P2P 平台的利润主要来源于租车成功以后所提取的佣金，提取比率一般为 10%～30%。

三、国际二手车租赁业务介绍

在西方各主要汽车大国，二手车租赁业已有很长的历史，从 1918 年至今，经过近一个世纪的发展，产生了赫兹（Hertz）、安飞士（AVIS）、巴基特（Budget）、欧洲汽车（Europcar）和福乐斯（Fullers）等国际二手车租赁业巨头。2013 年，我国汽车租赁的市场需求已经达到 25 万辆，全年市场规模将达到 340 亿元，相比于 2005 年租赁汽车 46000 辆，营业额 50 亿元，汽车租赁业增长超过 6 倍。世界主要二手车租赁企业的运营车辆都保持在数十万辆，管理着多达数千个遍布全球的租赁站点。

经过近百年的发展，国际二手车租赁业巨头在其经营业务和覆盖地域不断迅猛扩张的同时，也形成了下述自身发展的特点和极为明显的竞争优势：

1）具有全球联网的二手车租赁服务系统。各二手车租赁企业都拥有完善的二手车租赁服务系统。特许租赁服务网点都要加入这一系统，参与整个公司的业务运作。它可方便、快速地为客户提供租赁服务，使客户在预订、租用、归还结算等各个环节都得到最大的简化和方便。

2）全方位的业务技能培训。公司总部对特许经营店的员工提供从销售、市场开拓、预订及正常业务办理、维修技能到经营管理、融资计划等的全方位培训，并提供整套的业务培训教程，同时派出总部员工和技术人员进行帮助和指导，使之达到总部的要求。

3）广告支持。公司通过广播、报纸、消费手册和航空杂志进行市场开拓和销售支持，对特许经营店所在地区进行广告宣传和促销，也可以通过当地的文化艺术活动进行广告宣传。

4）弹性收费政策。公司总部帮助特许经营店根据当地的实际情况制定一套灵活的“弹性付费”政策，以提高服务业务的竞争力。

5）科学的管理方法、成熟的运营模式。各公司与汽车生产厂商合作紧密，运营的车辆以经济型和小型车辆为主。随着特许经营模式在全球租赁市场的迅速推广，凭借着先进的经营管理和市场营销模式、规范的服务流程以及完备的救援、保险等基本保障体系，二手车租赁业巨头取得了良好的经营业绩。

四、我国的二手车租赁业

1. 国内二手车租赁业的发展现状

中国汽车租赁行业仍处于早期发展阶段，渗透率较低，未来潜力巨大。汽车租赁服务可以根据租赁性质分为融资租赁和经营租赁，其中，经营租赁可以再根据租用时长划分为短租和长租，目前市场上大多数租赁车辆用于短租，短租是最主流的汽车租赁方式。

对中国汽车租赁市场的调研显示，截至 2012 年年底，在中国有着数千家汽车租赁公司，其中一半以上位于北京、上海、深圳等一线城市，在二、三线城市的分布有限。从市场占有率来看，排名前十的租赁公司市场占有率约为 12%，虽然相比 2011 年集中度有所提高，但相比成熟市场仍然较低。从企业数量来看，小规模区域性经营的汽车长租公司数量最多，除极个别大型企业外，租赁企业的平均车队规模仅在 50 辆左右，很难达到规模经济效应；融资租赁公司数量较少，同时每年的车辆租赁量也不高。虽然国内业已形成数十家颇具规模的短租公司，如神州租车、一嗨租车、赢时通等，但整体市场份额相比成熟市场仍然较低。

中国汽车租赁行业仍处于早期发展阶段的另一个明显标志，是市场汽车租赁渗透率（租赁汽车的数量占乘用车总保有量的比例）较欧美成熟市场明显偏低。目前在国内，个人租赁市场基本未开放，即使是公司车队，租赁渗透率也不到 10%，且客户基本为外企；而在德国、法国等成熟市场，每年有近 50% 的公司车辆会以租赁形式出售。

在上海和北京等主要租赁市场，法规仍然对汽车租赁有着名义上的严格限制，例如，上海对企业租赁资质认证和车辆号牌（Y 号牌）有严格限制，但由于市场对汽车租赁有着巨大的需求，存在很多无资质的车辆运营，而政府并没有对之进行打击，使得灰色市场几乎成为当地汽车租赁市场的主流。但从市场需求和目前政府的态度来看，短期内市场法规至少会维持现状，而从长远来看，类似法规限制终将逐步开放。

2. 国内二手车租赁业的发展潜力

放眼未来，中国经济将继续稳步增长，并带动居民收入快速增长。另外，汽车保有量和销量的增长、市场供应链的完善、公司轻资产化管理趋势、汽车租赁公司的快速发展和产品成熟度的提升以及相关政策的出台，都能促进中国汽车租赁业的发展。

在汽车市场增速回归正常、新车销售利润下滑的趋势下，融资租赁可以有效降低消费者的购车门槛，从而促进新车销售，并带来后市场服务，成为新的盈利增长点，而这点也深受企业用户欢迎。经营租赁也可以有效实现批量销售。因此，不仅仅是专业汽车租赁公司，汽车生产厂商和经销商也在积极投身汽车租赁这片“蓝海”中。

值得注意的是，越来越多的中大型企业开始利用自身优势拓展产品线，或扩大经营区域，抢占市场份额。车队规模最大的短租企业开始逐步推出长租业务，由于车队规模效应，可以拿到更低价的车辆，短租企业的长租业务价格明显更具吸引力，结合其资金优势和营销、管理优势，未来势必会挤占小规模传统长租企业的生存空间。

厂商所属租赁公司发展迅猛，显示了整车厂在汽车租赁领域有着很高的期望。大众在 2011 年成立了新动力公司，其主要职责之一就是汽车租赁市场业务的发展，2013 年，大众在北京和上海各收购了一家当地汽车长租公司，目前已经在 4 个城市开展了业务。

经销商下属租赁公司依托自身经销商渠道，发展也非常迅速，车队和业务数量远远超过

了市场上一般规模的租赁公司。

可以预见，在租赁市场逐渐增大的背景下，未来市场的集中度也将明显提升。

随着中国经济的不断发展和人民生活水平的不断提高，汽车已经逐步走进了普通家庭。居民对汽车消费的愿望越来越强烈，二手车租赁业的外部环境也越来越好，这都预示中国的二手车租赁市场有着巨大的发展潜力。

（1）国民经济的稳步增长是二手车租赁市场快速发展的保证 未来我国的经济将保持以年均7%～9%的速度增长，并且相应带来居民储蓄水平和消费能力的逐年提高，这些都为二手车租赁业带来了潜在的消费市场，进而为二手车租赁业的发展提供了一个向上拓展的空间。

（2）交通基础设施的完善是二手车租赁业发展的保障 我国高等级公路里程的迅猛增长，形成了以高速公路为主的高等级干线公路网，为二手车租赁业的发展提供了使用环境；以信用卡消费为特征的金融结算模式变革，为二手车租赁业务的拓展和结算方式的便捷提供了技术和设备上的支持。

（3）二手车租赁比个人拥有汽车具有更大的优势 我国人均GDP已超过1000美元，按照国际惯例已进入了私人消费汽车时代。但由于大中城市人口、交通和停车场地的限制，使政府对私人汽车消费采取限制性措施，居民的汽车需求和苛刻的消费环境之间的矛盾越来越突出，这使二手车租赁的优势得到充分体现：租车相对于私车，使用价值和使用效率更高，费用则更低廉；租车减轻了个人在汽车维护、维修、停放等方面的负担；租车既能满足个人的用车需求，又减轻了城市交通拥挤的压力，并且进一步提升了城市的对外形象。

（4）我国居民的驾驶欲望是二手车租赁市场高速增长的条件 公安部交管局发布统计数据，截至2015年底，全国机动车保有量达2.79亿辆，其中汽车1.72亿辆，新能源汽车58.32万辆，全国私家车保有量已达1.24亿辆，平均每百户家庭拥有31辆。此外，机动车驾驶人已达3.27亿人，其中汽车驾驶员超过2.8亿人。在这样的汽车消费环境下，二手车租赁将是其中绝大多数人的首选。加上我国正在逐步进行公务用车制度改革、三资企业数量激增，这些都为我国二手车租赁业的高速增长提供了广阔的消费市场。二手车租赁业面临着巨大的发展机遇。

第二节 二手车租赁实务

一、二手车租赁的成本构成与效益测算

1. 二手车租赁企业运营成本构成

二手车租赁企业的运营成本是决定二手车租赁企业能否盈利的一个重要因素，它主要是指二手车租赁企业在向顾客提供包括汽车功能、税费、保险、维修及配件等在内的租赁服务过程中，发生的上述项目的损耗和管理费用，具体来说主要包括以下几个方面：

1）车辆折旧。折旧期一般以五年计算。

2）车辆维修、检测费用。

3）员工工资福利。

4）财务成本。

5）各种税费，包括一次性税费和每年固定税费。

① 一次性税费包括车辆购置附加费、号牌费。

② 每年固定税费包括保险费、营业税、燃油附加费、车船税、交通规费等。

6）经营场所场租费用。

7）不可预计的风险准备费用。

8）其他经营管理费用，如办公费、广告宣传费、救援费用等。

2. 二手车租赁企业的效益测算

追求经济效益是企业的基本目标，准确地测算二手车租赁企业的经济效益是企业经营管理的基础工作。

例 9-1　以福克斯二厢 1.6T 自动舒适款汽车为例，来说明二手车租赁企业经济效益的测算方法。

（1）支出项目　车辆（福克斯二厢 1.6T 自动舒适款）价格为 127000 元。

（2）保险费用：

1）车辆损失险（简称车损险）。其计算公式为

$$保额 \times 费率 + 1026\text{元} = 127000\text{元} \times 3.22\% + 1026\text{元} = 5115.4\text{元}$$

2）第三者责任险。保额为 10 万元，每年应缴保险费 2603 元。

3）盗抢险。其计算公式为

$$保额 \times 费率 = 127000\text{元} \times 0.46\% + 100\text{元} = 684.2\text{元}$$

4）不计免赔险。其计算公式为

$$(车损险保费 + 第三者责任险保费) \times 15\% = (5115.4 + 2603)\text{元} \times 15\% = 1157.76\text{元}$$

保险费用　合计 = （5115.4 + 2603 + 684.2 + 1157.76）元 = 9560.36 元

（3）购车时一次性支付的费用：

1）车辆购置税。其计算公式为

$$车价/1.17 \times 10\% = 127000\text{元}/1.17 \times 10\% = 10855\text{元}$$

2）申报号牌费。每辆车的申报号牌费为 500 元（不含号牌本身的价值）。

$$合计 = 10855\text{元} + 500\text{元} = 11355\text{元}$$

（4）营运费用：

1）车船税：360 元/年。

2）增值税。以目前我国的现行制度，增值税费用是采用销项税减去进项税，这两个税费难以确定，且目前我国的增值税基本是由消费者分摊，故在此不将增值税纳入该项中。

（5）其他费用　包括车辆维修及检测费用、不可预计风险费用、经营管理费用等，以每辆车 3 年 20000 元计，则每辆车每年需支出 6667 元。

（6）人员工资　设公司聘用工作人员 4 名，每人平均工资为 3000 元/月，则每年人员工资为

$$3000\text{ 元/月}\times 4\times 12\text{ 月}=144000\text{ 元}$$

（7）收入计算：

1）车日租金。车日租金以300元/日计。

2）承租率。承租率以85%计。

3）租赁营运期。租赁营运期以3年计。

4）租赁业务收入（年收入）。其计算公式为

$$300\text{ 元/日}\times 85\%\times 30\text{ 日/月}\times 12\text{ 月/年}=91800\text{ 元/年}$$

5）车辆残值。以5年计提折旧，3年以后的折旧应为40%，则

车辆残值＝车辆总价×40%＝（12700＋10855＋500）元×40%＝55302元

具体的效益测算表见表9-1和表9-2。

表9-1 单车三年效益测算表（单位：元）

项目		第一年	第二年	第三年
整车价格		127000		
购置成本		11355		
固定成本	保险费	9560	9560	9560
	车船税	360	360	360
变动成本	其他费用	6667	6667	6667
	人员工资	144000	144000	144000
支出小计		298942	160587	160587
收入项	租赁收入	91800	91800	91800
	残值收入			55302
收入小计		91800	91800	147102
净收益		207142	－68787	－13485
合计		－289414		

表9-2 全部车辆效益测算表（单位：元）

项目	按20辆车测算			按50辆车测算		
	第一年	第二年	第三年	第一年	第二年	第三年
车价	2540000			6350000		
一次性费用	227100			567750		
保险费	191200	191200	191200	478000	478000	478000
车船税	7200	7200	7200	18000	18000	18000
其他费用	133340	133340	133340	333350	333350	333350
人员工资	144000	144000	144000	144000	144000	144000
支出小计	3242840	475740	475740	7891100	973350	973350
租赁收入	1836000	1836000	1836000	4590000	4590000	4590000
残值收入			55302			55302
收入小计	1836000	1836000	1891302	4590000	4590000	4645302
净收益	－1406840	1360260	1415562	－3301100	3616650	3671952
净收益合计	1368982			3987502		

3. 确定租赁价格

租赁价格是指在单位时间内（一般以日或月计）二手车租赁经营者向承租人提供包括汽车功能、税费、保险、维修及配件等综合服务所应收取的费用。

二手车租赁价格可分为日租价、月租价、超程价、超时价和协议价。

二手车租赁价格由营运成本、营运利润、国家税金三部分构成。而影响租赁价格的因素有企业管理水平、服务水平、客户消费水平、国家物价政策、相关行业价格水平、社会经济发展水平等。

制定二手车租赁价格时应考虑的具体因素包括：车辆配置标准、车辆售价、车辆折旧程度、车辆技术等级、汽车排量、汽车附件设施、租期长短（租赁率）、服务项目、客户支付能力、国际收费标准、价格浮动（根据季节、节日、区域、时段、特殊服务等浮动）等。

价格计算的基本公式为

$$\text{日租价格}=\frac{\text{每日成本}\times(1+\text{成本利润率})}{1-\text{税率}} \tag{9-1}$$

$$\text{月租价格}=\frac{\text{每月成本}\times(1+\text{成本利润率})}{1-\text{税率}} \tag{9-2}$$

$$\text{超程价格}=\frac{\text{每公里成本}\times(1+\text{成本利润率})}{1-\text{税率}} \tag{9-3}$$

$$\text{超时价格}=\frac{\text{每小时成本}\times(1+\text{成本利润率})}{1-\text{税率}} \tag{9-4}$$

某二手车租赁公司参考价目表见表9-3。

表9-3　二手车租赁价目表

车　型	租赁价/(元/天)								限制里程/(km/天)	超公里加费/(元/km)
	1～3天	4～7天	8～14天	15～29天	30～89天	90～179天	180～269天	270天以上		
凯越	140	135	130	125	120	110	100	90	240	0.80
致炫	180	170	160	155	135	120	110	100	240	0.80
英朗	240	225	220	210	190	180	170	160	240	1.20
花冠	240	225	220	210	190	180	170	160	240	1.20
朗逸	240	220	210	200	180	170	160	155	240	1.20

二、二手车租赁企业的机构设置与业务流程

1. 二手车租赁企业的岗位设置与职责

要保证二手车租赁企业的正常运作，二手车租赁企业必须合理设计其组织结构，明确各部门的分工与职责，同时确保部门间协作的效率。通常二手车租赁企业都设有业务部、车辆管理部、财务部、行政部，一些大型的连锁经营的二手车租赁企业为了开拓加盟连锁市场，还设有网络发展等部门。二手车租赁企业的一般组织结构如图9-1所示。

在实际运作中，工作人员数量和岗位的具体设置可根据站点规模、租赁车辆数目、经

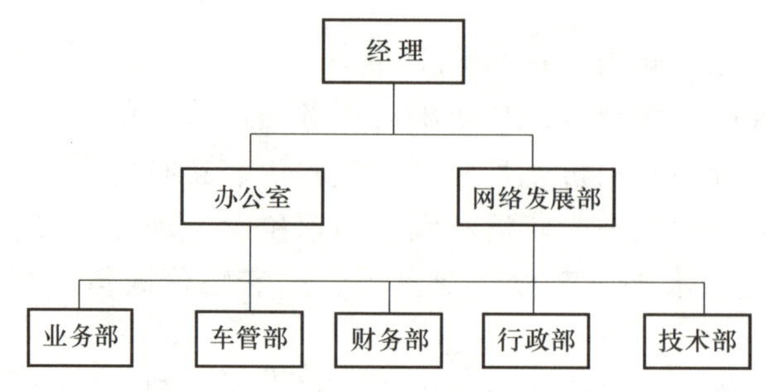

图 9-1 二手车租赁企业的一般组织结构

营状况而定。具体岗位的工作职责大致如下：

（1）经理 统筹规划租赁企业各项事宜，制定企业发展战略，带领员工开拓市场，提高服务质量，规避经营风险，赢得竞争优势和利润。

（2）办公室 在经理的领导下，负责传达、督办、追踪经理签署的各项指令、文件，完成经理交办的各项事务，协调各部门的相关活动，并下达领导指令。

（3）技术部 负责公司网络上使用的各种路由器、交换器、计算机以及其他网络设备的运行、维护和管理，网络线路故障的检测、修复，保证公司网络的正常。

（4）行政部 处理日常内部事务和后勤保障工作，协调各部门运作，制定和实施企业人力资源规划。

（5）业务部 解答咨询，接待客户，洽谈业务，审核客户租车担保手续、承租者资信状况，进行租赁业务的风险控制，进行资信审查，签订二手车租赁合同；制定二手车租赁的价格政策。与财务部、车管部配合，收发租赁车辆，跟踪租赁营运车辆车况及排除隐患，包括与车管部配合，协助救援、安排替换并完成有关交接手续等；为租赁车辆办理保险及事故处理、保险索赔；并对租赁市场状况进行分析和中短期预测，提出业务发展意见。

（6）车管部 车管部的工作包括租赁车辆的整备、维护，易损件更换；租赁车辆收发时的查验；跟踪租赁车辆车况，安排救援及替换车辆；事故车辆维修、送修，配合定损、索赔等；租赁车辆档案建立、健全与管理。

（7）财务部 租赁业务涉及款项（如租金、押金等）收支、结算及出具票据；租赁业务流程中相关单据、票据、存单的保管、整理与归档；本站点租赁状况分析及财务报表提交；协助业务部门对风险规避的措施提出意见。

（8）网络发展部 制定和实施网络发展规划、网络运营的商务政策，组织和实施对新加盟的网络成员进行技术、管理和市场开拓方面的培训。

2. 二手车租赁业务流程

二手车租赁作为一种服务产品，为了提高服务质量、控制运营风险，业务运行中的过程管理十分重要，因此二手车租赁企业应制定和实施合理、严格的业务流程。具体涉及租车、还车和车辆救援三个方面。

（1）租车流程 客户到达二手车租赁站点后，应由业务员负责接洽，简要介绍租赁业务情况，解答客户提出的有关价格、车辆使用限制、信用担保、交还车程序等方面的疑问；根据客户的租车目的、用途、所需车型、所用时间等具体情况为客户制订租赁方案，尽可能地满足客户需求（对有预约的客户可简化接洽程序），具体流程如图9-2所示。

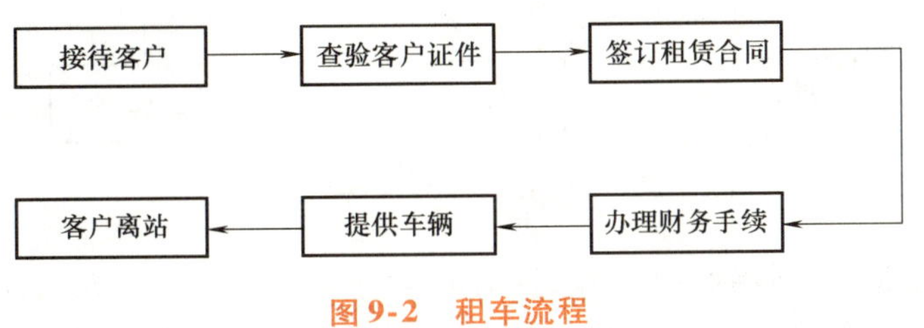

图9-2 租车流程

各流程的具体工作如下：

1）接待客户。主要工作是简要介绍租赁情况，解答客户疑问，详细询问客户租车目的、用途、所需车型、租用时间；查阅备车情况，若无客户所需车辆，则提出建议车型；对预约的客户应简化手续。

2）查验客户证件。业务员应按照公司有关制度仔细查验客户所提供的身份证、驾驶证。经严格确认，留存客户证件复印件，一旦有疑，及时上报领导，协同保安处理。

3）签订租赁合同。详细解释合同内容，明确双方的权利和义务，合同签订后双方各执一份。

4）办理财务手续。业务员应陪同客户到财务部，协助客户办理缴纳押金、预付租金的手续。

5）提供车辆。业务员陪同客户到车辆管理部门试车、验车。并填写交接单，交客户签字确认。

6）客户离站。客户试车满意后，双方共同在租赁车辆交接单上登录验车情况，并签字确认，客户驾车离站。

在上述流程中，业务员应始终具备较强的风险防范意识，一旦出现难以确认的情况或客户提出超出公司控制条件的要求，应及时上报领导，进行慎重的处理。另外，对于长期租赁的客户，业务员应定期与客户保持联系，了解车辆使用状况，提醒客户定期回公司对租赁车辆进行维护，以确保车辆的安全、车况良好以延长车辆使用寿命。

（2）还车流程 当客户到租赁公司交还承租车辆时，业务员应给予客户主动热情的接待，和客户一起迅速查验二手车租赁合同、车辆交接单等相关单据及其租车时所用证件、证明，会同车管部门对照车辆交接单对车主交还的车辆进行现场勘验；验车结果经车管部门和承租方共同确认后，双方签字验收。在验车完毕之后，还要根据合同规定查询该车辆租赁期间是否有违法信息，如果没有违法信息，则退还承租人保证金或者解除信用卡预授权。如果车辆有违法信息，汽车租赁经营者应通知承租人，并在信用卡预授权或者保证金中扣除罚款。然后，由业务员引导客户至财务部进行账务结算（若有车损情况，双方应相互协商，由技术部出具合理赔偿单据，承租方依单据缴纳赔偿金后，方可进行账务结算），财务部出具结算证明，还车手续结束，二手车租赁合同终止。其流程如图9-3所示。

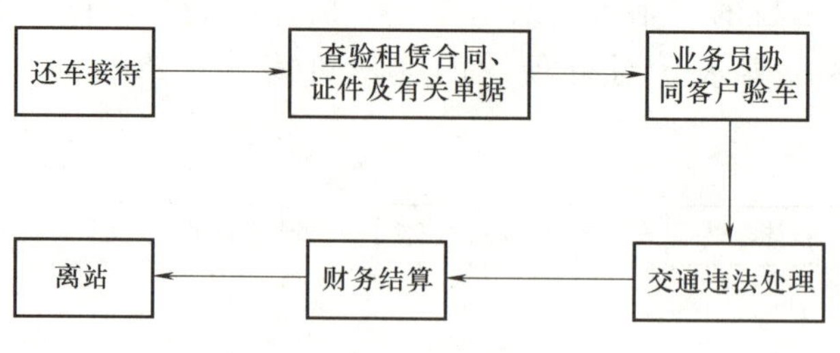

图 9-3 还车流程

(3) 车辆救援流程 收到客户要求救援的信息后，业务员应及时填写救援电话记录，建立与客户的联系，询问客户所在具体地点、联系方式、车辆状况、车损程度、故障部位、是否需要替换车辆等情况。然后通知车管部、技术部安排救援（包括救援车辆、替换车辆的派遣，随车修理工具、通信工具的准备，或准备拖车)，并及时提醒或协助客户向公安交管部门和保险公司报案，并会同本公司的车管人员迅速赶赴现场。到达事故现场后，应仔细进行检查，与客户和公安交管部门一起确认事故原因、责任方及车辆损坏程度，协助保险公司进行定损，双方在救援单据上记录情况并签字确认。然后由工作人员进行维修及必要的车辆替换，并跟踪办理保险理赔手续。其工作流程如图 9-4 所示。

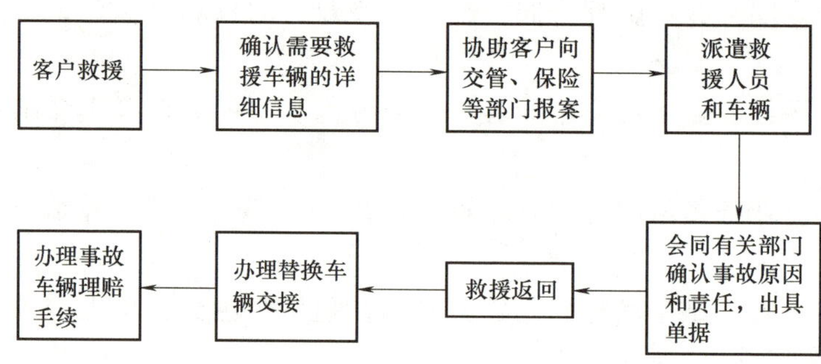

图 9-4 车辆救援流程

3. 主要操作文件

根据二手车租赁业务开展的需要制定的各类操作文件中，二手车租赁合同是最重要的具有依据性的文件之一。合同文本内容应包括：租赁经营人名称，承租人名称，租赁汽车车型、颜色和车辆号牌，《机动车行驶证》号码，《道路运输证》号码，租赁期限、计费办法，付费方式以及租赁双方的权利、义务和违约责任等。此外，二手车租赁日常经营业务与管理中涉及的操作文件还包括：《车辆交接检查项目说明》《汽车租赁业务登记单》《车辆验收交接单》等。

三、二手车租赁业的风险防范

1. 骗租的防范

二手车租赁的风险主要来自“骗租”，骗租给企业带来极大的烦恼、沉重的包袱和巨大的损失，如何避免此类事件的发生及如何采取相应的防范措施是极其重要的一项管理工作。

实际业务中，“骗租”主要有两种手段，一种是持各种伪造证件，骗取租赁企业的信任，待车辆租到手后，即告人车均消失。对此，由于骗租者所使用的证件均是伪造的，租赁企业乃至公安机关往往无从查起。因此，杜绝这种骗租行为，必须从接待客户开始，加强对客户租车资格的审查和认定，主要防范措施如下：

1）对初次租车者和曾有被盗过车记载的租车者，应格外小心留意，严格审核。首先查验租车者是否已列入“骗租者黑名单”。二手车租赁企业或行业协会可自发定期发布“骗租者黑名单”，运用这一手段可以有效地防止骗租者在不同租赁公司连续作案。

2）熟悉证件真伪的识别技巧，必要时请有关颁证机关协助，进行技术鉴定。积极取得公安机关的支持和帮助，辨别户籍册的真假。

3）检查租车者的身份证。现在假身份证制作水平很高，有的也具有防伪标记，对首次租车的客户应通过公安机关进行技术鉴定。

4）检查租车者驾驶证。

5）了解租车者单位。

6）了解担保人及担保单位。

7）请某些客户填写心理问卷，对打分不合格者，婉拒租车。问卷由心理专家和专业人员共同制定，用计算机进行随机抽选，其科学性经实践证明可信度较高。为了避免纠纷，可采用隐蔽真意的问卷抽奖等方式调节、缓和气氛。

8）大力推行会员制管理模式是防范骗租的有效措施。

另一种“骗租”车辆的手段则更为隐蔽，因为骗租者所持证件全部都是真的。骗租者利用合法、正式的证件租车一段时间，租期最少是两天以上，这期间，骗租者有足够的时间和机会私下配备所租车辆的钥匙。然后利用公众聚会等活动或公共停车场寄存，由他人利用配好的钥匙将车偷走，远走高飞，将车进行低价处理。骗租者因为办理了相关的手续，并且可以提供不在场的证据或证人，所以骗租者报案，自己便可全身而退，但车辆损失则由保险公司或停车场赔偿。因骗租者整个设计过程精确周密，很难抓住其破绽。

由于租车人各项手续都很齐全，出租方在审核中一般难以产生怀疑，因此，出租方一般都会很放心地将车租给骗租者。所以，这类骗租的案子是最常见的，防范难度也比较大，破案也需要很长的时间。此类骗租行为方法隐蔽，给防范工作带来了更大的难度，因而也就对工作人员的责任心、工作经验等提出了更高的要求。

此外，一些二手车租赁企业在租车站点的办公室内采用安装摄像设备的办法，当客户在办理租车手续时，摄像设备可将其容貌摄录下来，日后一旦发生纠纷即可作为有力的证据。更为重要的是，这对于前来租车的客户无异于一次心理测试。当然，在具体操作上，一定要结合当地的实际情况和客户的心理感受，避免对有正当租车需求的客户产生伤害。

骗租车辆是多年来困扰二手车租赁企业的一大难题。但只要我们在日常工作中能够坚持认真、严谨、规范的操作；能够不断地总结教训，交流经验；能够不断地加强二手车租赁企业间的合作，加强与公、检、法等机构的配合，充分依靠法律手段；通过合理的保险，就一定能将骗租车辆所造成的损失降到最低限度。

2. 其他经营风险

二手车租赁，由于车辆交与承租人驾驶和使用，租赁企业在租赁期间难以对车辆的使用状况和使用方法进行现场监督，因此其经营活动具有一定的风险。一般来说，二手车租赁企业经营中的风险主要存在于以下几个方面：

(1) 车辆技术状况的非正常损耗 由于承租人对所租赁的车辆的驾驶特点、性能、构造等方面不熟悉，造成操作不当；或者为了减少租车的使用成本，在使用过程中不注重对租用车辆的维修维护，带来车辆技术性能的非正常损耗；或者由于企业自身对租赁车辆的技术管理出现漏洞，没有及时检查和维修，致使租车人在使用过程中造成车辆损坏。这些都将导致车辆的使用寿命缩短、企业的经营成本升高，从而给企业的经营带来风险。

(2) 承租人的道德风险 承租人违反双方议定的租赁合同，在租赁过程中侵占租赁企业合法利益的行为称为承租人的道德风险。常见的有以下两种情况：

1）承租人不按合同规定交付租金。有些客户延长用车时间而不补交租金或延期支付租金，超时使用短则十几天，长则几个月，造成企业的租金不能按时收回，车辆周转受到影响；其次，租赁合同在规定每日基本租赁价格外，还对每日行驶里程、行驶范围做出某些限定，对超出使用里程和范围的部分加收部分租金，部分客户为了少付费，私自拆卸租赁车辆的里程表，使企业蒙受损失。

2）承租人非法侵占租赁车辆的所有权。承租人在租赁期内采取不法手段将租赁的汽车进行抵押、偿债或擅自改变汽车的结构，更换零部件，甚至以租车为名，行盗车之实，将租赁的车辆变卖，直接侵占二手车租赁企业的营运资产。

(3) 租赁车辆交通肇事 承租人驾驶租赁车辆发生交通事故，致使车辆必须进行维修，影响车辆的正常运营，或者承租人驾驶租赁车辆发生交通事故，在案件处理过程中，也可能造成车辆停驶，影响企业的正常运营。

正是由于二手车租赁经营具有上述风险，因此企业必须建立健全的风险管理、控制机制，以保证企业的健康发展，具体说来，可以采取以下措施：

1）提高全体员工的风险防范意识，建立相应的规章、措施，规范操作程序，对风险的防范给予制度上的保证。在企业内部设立风险防范机构，负责对运营的汽车和租车的客户进行风险评估、监测和控制，与银行、保险、公安交管部门建立稳定的合作关系和信息交换体系，控制风险事件的发生，提高事件发生后的处理效率，将企业的风险控制在最低水平。

2）建立车辆详细的技术档案和租赁车辆的维护、检查、维修标准和制度。及时发现故障隐患并及时解决，保证车辆的正常运行；建立车辆定期检查和大修规范，定期评估车辆的技术状况，确保需要维护或修理的车辆获得及时的维修服务，以提高车辆在使用过程中的安全性。

3）建立跟踪服务制度。在租赁期中通过电话回访或其他形式，经常与客户保持联系，掌握租赁车辆的使用情况，避免欠租现象的发生，降低车辆被盗的可能性；同时了解承租人的驾驶习惯和消费偏好，对于那些不熟悉租赁车辆使用条件的客户给予适当的指导。

4）完善租车手续和租赁合同，依法约束租车人的行为，保障企业的合法权益。二手车租赁企业应与客户签订周密的租车合同，详细规定双方的权利、义务和纠纷解决方式，适当提高违约赔偿金额，用法律手段维护企业合法权益。涉及刑事案件的应及时向公安部门报案，提供有用线索，协助破案，制止犯罪。

5）为营运车辆进行保险以分担经营风险。一旦被租的车辆发生交通事故或被盗，企业应及时派人至现场并及时向保险公司及公安交管部门报案，协助有关部门勘查现场，认定责任，及时依照保险条款向保险公司提出索赔，减少经济损失。

四、运营中突发事件的处理

1. 运营车辆发生保险事故的应对措施

运营车辆发生交通保险事故时，必须本着及时、快速、准确的原则妥善处理，以免贻误时机而致使损失继续扩大。接到客户报案后应采取的措施如下：

1）准备好事故车辆索赔需提交的相应单证。

① 没有造成人身伤亡的交通事故，应当提供以下单证：被保险人身份证原件、保险单正本、报案人身份证原件、事故中驾驶员驾驶证、事故车辆的《机动车行驶证》、非被保险人本人报案的应携带委托书和被保险人身份证等。

② 涉及车损和人身伤亡的交通事故，除上述所列单证，还应提供伤者诊断证明（县级及以上医院开具）、残疾者评残法医鉴定证明、家庭情况证明、抢救和治疗费用发票、死亡者工资收入证明、家庭情况证明（死亡者所属派出所盖章）、保险公司针对特殊情况要求的其他必要证明。

③ 代为查勘的还应提供以下单据：代查勘委托书、修车协议、事故照片、保险公司针对特殊情况要求的其他必要证明。

④ 保险车辆发生非交通事故后，应提交以下单证：出险通知书、出险证明（事故发生地所属派出所盖章）、权益转让协议、各种必要的证明和费用发票原件。

2）当车辆发生交通事故后，应及时向事故发生地交通管理部门报案，保护好第一现场，采取合理的施救措施，同时通知车辆所投保的保险公司，协助其保险理赔人员查验车辆并填写《出险通知书》。

3）当车辆发生非道路交通事故后，应及时向事故发生地所属派出所报案，并通知车辆投保的保险公司。

4）车主投保户必须在车辆修复或事故结案后三个月内将索赔需用的各项单证交给保险公司理赔人员，否则保险公司将不予赔偿。

2. 客户投诉处理

二手车租赁等服务性企业必须不断提高企业经营管理水平和服务水平，客户满意度是检验企业经营管理水平和服务水平的重要指标。一旦由于工作失误或其他因素造成客户不满及投诉，应妥善予以处理，客户投诉处理要及时、迅速、得当，权衡利弊得失，切忌因小失大，防止事态扩大。

所以，除了在日常工作中要加强车辆管理、严格按租赁业务各环节的操作程序和规范操作以外，还应设置专门部门及人员，制定投诉受理方式、处理程序，以便及时应对、快速反应。各部门间应紧密配合、相互协作。属于哪个主管部门职责内的，由哪个部门主办，尽快着手调查落实。重大投诉应报告有关领导，听取指示意见，必要时主管领导亲自处理。客户投诉不能以人论事，也不能敷衍应付，应总结教训，提出整改措施，修订规范，举一反三，力求不再发生类似事件。对有争议的投诉，领导应亲自落实解决途径和对策。

一般来讲，正确处理客户投诉，企业需要建立以下几个方面的工作制度：

1）投诉处理依据。

2）投诉的受理范围及受理方式。

3）受理投诉的程序、处理方式。

4）对投诉者因处理结果产生争议的解决途径。

五、二手车租赁企业的客户管理

客户管理是指将现实的和潜在的业务往来者（客户）进行区分归类，记录其相关的基本概况、有关信息及业务往来情况，定期地进行整理、补充、分析，并对相关资料加以充分利用。高水平的客户管理是租赁服务质量的重要体现，是市场营运工作的重要组成部分，规范的客户管理是杜绝骗租、降低风险的有效手段。具体管理方法如下所述：

1. 普通客户管理

（1）初次客户管理。

1）应严格、详细地审查其有关证件，限制从严，必要时应进行多方调查。

2）要填写问卷，进行心理测试。

3）有可能时，联网查询各种信息，加以核实。

4）将有关资料录入计算机存储。

（2）常规客户管理。

1）确认本人身份与计算机档案资料是否相符，本人身份资料是否有变动。

2）查阅以往租车情况，看有无违规记录，确定其资信水平。

3）对信誉较差的客户，应加以必要的限制。

2. 会员制客户管理

俱乐部会员制是一种更高层次的客户管理模式，流行于欧美地区的成熟商业、服务业。我国尚在起步阶段，尤其是在个人信用评估、查询体系有待完善的情况下，会员制模式更具有积极的意义，可以更为有效地杜绝骗租风险。其管理方法如下：

1）入会。

① 自然人或法人团体均可申请入会。

② 申请人须提供详细资料和证明、证件。

③ 担保人提供相关资料和证明、证件，俱乐部会员介绍入会者优先。

④ 填写入会申请书。

⑤ 俱乐部进行审验、核定。

⑥ 缴纳抵押金及会费。

⑦ 颁发会员证（卡）。

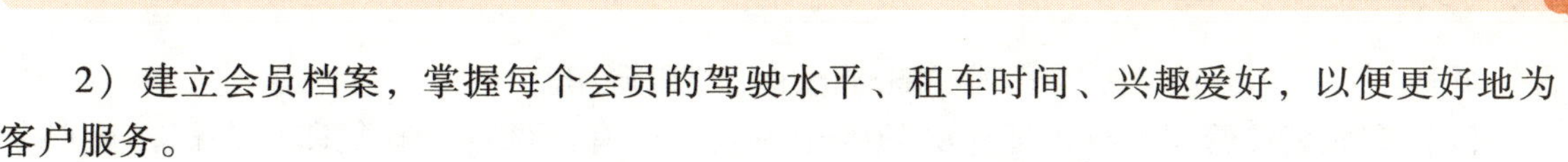

2）建立会员档案，掌握每个会员的驾驶水平、租车时间、兴趣爱好，以便更好地为客户服务。

3）必要时对会员可以进行资格再审查，1～2年验证身份1次。

4）会员资料的内容应经常更新。

5）会员必须与俱乐部签订二手车租赁合同。

6）会员租车只需出示会员证即可。

7）会员租车在15天以内，不需缴纳押金。

8）会员租车提供10%以上幅度的价格优惠。

9）会员在特许连锁或行业内合作企业间，实现异地通租通还，可得到异地服务的方便。

10）会员还能得到俱乐部提供的其他服务和优惠（如旅游、餐饮、住宿、购物等）。

六、二手车租赁企业的车辆管理

车辆管理是二手车租赁企业一项非常重要的基础性工作，其管理水平直接关系和影响到企业的服务水平、经济效益，甚至关系到车辆使用的安全和企业的品牌。二手车租赁企业的车辆管理包括租赁企业的车辆营运标准管理、车辆档案管理、车辆技术管理和车辆安全管理。

1. 车辆营运标准管理

（1）车辆行驶证件齐全有效 必须随车携带的证件包括：《机动车行驶证》、年检证、车辆购置税完税证明、保险证、车船税交讫证（张贴）以及其他地方主管部门要求的证件。有关标志应按统一要求进行张贴。

（2）车况优良、设备完好 应该做到：①发动机无异响；②制动系统可靠有效，转向系统灵活有效，变速系统轻便有效；③喇叭按钮灵敏，音量符合标准；④刮水器、后窗玻璃的电热装置完好；⑤灯光完好有效；⑥组合仪表、空调、音响等设施完好；⑦反光镜、后视镜、遮阳板齐全完好；⑧门锁、摇窗机、杂物缸齐全完好；⑨轮胎、备胎符合标准，气压正常，车轮钢圈无裂损或变形；⑩座椅完好舒适，安全带安全有效；⑪风窗玻璃、车窗无破损；⑫随车工具（千斤顶、套筒等）齐全有效。

（3）车容、车貌整洁。

1）车身整洁光亮，达到“二亮、三无、三净”，即车辆亮、玻璃亮；无污泥、无破损、无脱落；轮胎净、机舱净、车牌净。

2）车厢内部整洁。应该做到：①仪表板干净、无浮灰；②座套整洁、无污垢；③脚垫整洁、统一；④车厢顶篷无悬尘、无脱落；⑤杂物缸干净、无残留杂物；⑥车内空气清新，无异味；⑦行李箱整洁，物品放置规范。

（4）配套设施齐全有效 应该做到：①安全防盗装置（防盗锁、警示牌等）齐全有效；②灭火器有效；③清洁工具（拖把、水桶、抹布等）齐全；④季节性用品（凉席、隔热膜等）配套齐全。

2. 车辆档案管理

（1）车辆技术档案管理 建立完整的车辆技术档案，以反映营运车辆真实的整体状

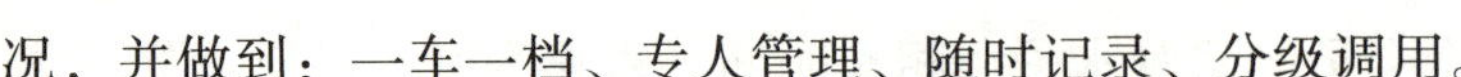

况，并做到：一车一档、专人管理、随时记录、分级调用。

（2）车辆证件管理 行车证件必须齐全有效，所有证件均应有复印件存档，且有专人保管。营运车证到期前三个月，应提前报经理，由经理视经营状况统筹安排。

1）随车必带证件，详见《营运车辆管理制度》。

2）无须随车携带的证件，应设专门档案分车存放，并由专人保管。

3）车辆证件如有丢失、损坏，应确定责任，尽快补办。是用户造成的，补办的各种费用、车辆和人员误工费由用户承担；是管理人员造成的，按公司内部有关规定进行处罚。

4）按时缴纳车辆的各种规费，按国家有关部门的要求进行车辆手续的各种审验，并事先通知客户，要求其做好相关的配合工作。

（3）建立车辆台账 车辆台账的内容为：①修理记录，维修记录；②故障记录；③换件记录；④轮胎换位、换胎记录；⑤行驶里程记录；⑥消耗性费用记录。

3. 车辆技术管理

为使车辆始终处于良好的技术状态之下，以保证车辆的正常使用，车管部门应按照车辆使用说明书和维护手册上规定的公里数和时间要求，定期对租赁车辆进行仔细检查、维护，不应以任何理由拖延。要编制各级维护计划并强制执行。对交回公司的租赁车辆进行技术状况检查，并详细记入技术档案，一旦发现车辆故障，及时报有关管理人员，本着“安全、低耗时、低成本”的维修原则安排修理，并提交书面报告，说明故障原因、需修理部位、预计修理耗时及费用，并将上述内容和修理结果记入车辆技术档案，从而最大限度地减少车辆的非正常损耗，降低经营成本，保证租赁车辆的正常使用。

4. 车辆安全管理

车辆安全管理主要是预防场内车辆事故的发生和事故发生后的处理。为预防车辆在公司发生事故，车管部门应做好以下几项工作：

1）将租赁站点的停车场地科学地划分为待租车辆区、检修车辆区、车辆通道等不同区域，避免车辆因乱停、乱放和移动造成碰撞等事故。

2）工作人员将车辆停入车场后，必须关掉所有电门、拉紧驻车制动器，锁好门窗及防盗装置，检查一遍，确定无误后方可离开。配备专门人员做好停车场车辆的登记、管理工作，防止车辆缺损或丢失。

3）按国家要求和本地情况为停车设施配备有效的灭火工具，对员工进行消防安全教育、开展消防演习，保证停车管理人员能熟练地使用灭火工具。

车辆一旦在运营过程中发生交通事故，处理方法见前文“运营中突发事件的处理”。

第三节 二手车租赁企业的营销管理

一、二手车租赁企业的服务质量管理

服务质量是影响企业竞争力的主要因素之一，对服务企业而言，质量评估是在服务传递中进行的。在服务过程中，客户与服务人员要发生接触，客户对接受到的服务的感知

与服务的期望相比较，当感知超出期望时，服务被认为具有良好的质量，客户将非常满意；当感知没有达到期望时，服务被认为是不可接受的；当期望与感知一致时，质量是满意的。因此，二手车租赁企业的服务质量管理也就是一个如何让客户的感知超出其期望的过程。

1. 服务质量要素

根据客户感知的相对重要性，研究人员总结出用来判断服务质量的五个基本要素：可靠性、响应性、保证性、移情性和有形性。

1）可靠性是可靠地、准确地履行服务承诺的能力。可靠的服务行动是客户所希望的，它意味着服务以相同的方式、无差错地准时完成。客户希望自己预租的车辆能按照自己的要求停放在约定的地点，希望能及时、准确地得到账单。

2）响应性是指帮助客户实现迅速提供服务的愿望。让客户等待，特别是无原因的等待，会对质量感知造成不必要的消极影响。如果出现服务失败，要迅速采取补救措施，以便对客户的质量感知产生积极的影响。

3）保证性是指员工所具有的知识、礼节以及表达出自信与可信的能力。保证性具体体现在：完成服务的能力；对客户的礼貌和尊敬；与客户有效的沟通；将客户最关心的事放在心上等。

4）移情性是设身处地地为客户着想和对客户给予特别的关注。移情性体现在下列几点：接近客户的能力；服务的敏感性和有效地理解客户需求，如为举家出游的客户精心选择适合的车型。

5）有形性是指有形的设施、设备、人员着装举止等。有形的环境条件是服务人员对顾客更细致的照顾和关心的有形表现。对这方面的服务（如洁净）可延伸至所有的来访者，不管他是否是真正的客户。

客户从这五个方面将预期的服务与接受到的服务比较，最终形成自己对服务质量的判断。期望与感知之间的差距是服务质量的量度，可以为正，也可以为负。

2. 服务质量差距

从图9-5中可以看出，影响客户满意度的差距主要由四部分构成：

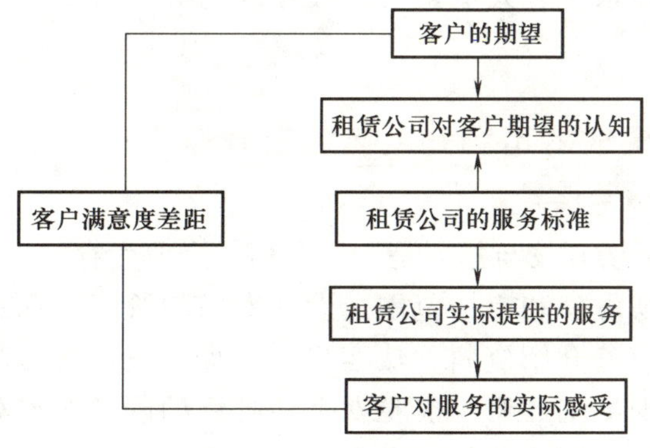

图9-5　客户满意度差距

（1）“客户的期望”与“租赁公司对客户期望的认知”之间的差距 例如，客户在旅行过程中租赁车辆的时候，希望租赁公司能将提供的车辆停在方便自己上车的地方，而租赁公司则对此并没有太多的在意，他们认为停在哪里都差不多，对此并没有给予足够的重视。

（2）“客户的期望”与“租赁公司的服务标准”之间的差距 这一差距是让很多二手车租赁企业感到为难的地方，他们无法将自己对客户期望的了解转化为提高服务质量的细节。例如，客户在使用租赁车辆的过程中，车辆发生了故障，租赁企业的服务中心知道很多客户都希望车辆能马上修好，但是他们可能不知道怎样才能把这种期望变成可以衡量的工作标准，或作为考核业务能力的重点。一般来说，管理者缺乏对服务质量的认识和认为满足客户期望是不可实现的目标，这两个方面的原因造成了这一差距。然而，设定努力目标和将服务工作标准化可以弥补这一差距。比如将客户的需要反映在企业的客户满意度调查中，让客户知道企业正在努力改进他们关注的问题。

（3）“租赁公司的服务标准”和“租赁公司实际提供的服务”之间的差距 这一差距也被称为“服务提供差距”。许多原因会引起这一差距，比如租赁公司的管理水平或硬件设施无法让他们达到自己预定的服务标准。比如，缺乏全球定位系统（GPS）的车辆当然无法提供导航服务。缺乏团队合作精神、员工素质低下、训练不足等也是这一差距产生的原因。为了达到公司设定的目标，要有一批高素质的员工的共同努力。如果二手车租赁企业觉得有些服务标准在现有条件下很难或根本无法实现，就不要把它们写进自己公司的服务标准中。

（4）“租赁公司实际提供的服务”和“客户对服务的实际感受”之间的差距 这一问题产生的原因是与客户缺乏很好的沟通。如一个二手车租赁公司经过努力后，服务水平有较大的提高，表现出客户所期望的水平，但如果不让客户及时了解这些情况，客户就会保持和原来一样的看法，认为该二手车租赁公司“表现不好”。所以，缩小这一差距的办法就是通过各种渠道来让客户了解公司当前的情况和公司所做的努力，让客户知道公司为了让他们满意而在不停地努力。

当然，要彻底地解决以上差距，让客户对二手车租赁企业的服务比较满意，必须从企业实力、硬件设施、管理水平、人员素质、服务理念等全方位入手，用系统管理的方法来解决问题。

二、二手车租赁企业的市场开发与需求管理

1. 二手车租赁企业的市场开发

二手车租赁企业的市场开发与拓展是二手车租赁企业生存、发展的生命线，企业必须以最大的努力来扩大市场份额和市场范围。设立专门的管理部门或专职人员主管长租客户的开发。要精心准备业务介绍资料，从客户的立场出发，宣传租赁汽车能增加经济效益、减少机构设置、减少员工数量、摆脱安全和维修的麻烦等好处。还可动员长租客户谈租车感受，客户的相互介绍往往比业务员的推介有力得多。要充分利用邮政、网络和各种媒体进行广告宣传。还可以工商企业登记和民政社团登记为信息基础，辅以教育、人事、卫生等部门的信息为依据，了解新单位的成立信息，挖掘长租客户，对于特别有

希望的单位要及时登门拜访。

2. 二手车租赁企业的需求管理

二手车租赁企业在注重市场开发的同时，还应做好现有市场的需求管理工作。二手车租赁企业在经营中往往面临需求的波动，在“长假”等旺季租赁车辆供不应求，白白损失市场，而在淡季，又有车辆闲置，大量营业能力得不到发挥。因此，二手车租赁企业要提高经营效益，必须进行需求管理，以平抑供给与需求的波动。

进行需求管理，首先应对租赁客户进行一个简单的分类，以确定哪些行业、哪些群体的需求较为稳定，而哪些行业、哪些群体的需求随季节波动较大，并由此来规划和预测市场波动的周期和幅度。在此基础上，还可以采取以下几个措施来管理需求：

（1）利用价格诱因 二手车租赁企业可在淡季，针对需求有波动的客户按其消费偏好提供形式多样的价格优惠，一方面扩大市场的整体需求，另一方面吸引其他公司的客户，从而充分发挥自己的生产能力。

（2）拓展淡季业务范围 这是指二手车租赁企业努力在淡季扩展自己的业务范围，为自己的车辆寻找新的需求。例如，租赁公司可以尝试与汽车维修企业建立战略联盟，为其客户提供代步车的服务（有偿），或者与驾校合作，在淡季为驾校学员或新获得驾驶证暂时没有自己车辆的客户提供培训或陪驾用车。

（3）开发关联性服务 由于客户的服务需求具有连续性，一般的商务客户除了租赁车辆外，还可能会有订票、住宿等需求。这时二手车租赁企业可以和相关企业合作，在条件允许的情况下延伸自己的服务项目，开发关联性服务，如二手车租赁企业可以和酒店、旅游景点、火车售票点、飞机售票点、客运售票点等上下游相关服务伙伴联系，为客户提供预订酒店住房、景点观光票、预订火车票、飞机票、汽车票等服务。在方便客户的同时，完善自己的服务，提高客户的满意度，挽留住自己现有的客户。

（4）开展预订服务 预订等于预先提供了潜在服务，当预订做出后，租赁公司可以提前安排车辆的供应调度计划，在一些特定的场合，如果现有车辆实在难以满足需求，还可以尝试与旅行社或其他租赁公司合作，将一部分需求外包给他们，自己收取适当的管理费。

三、二手车租赁企业的服务营销组合

1. 二手车租赁企业的服务营销组合的元素

二手车租赁企业的服务营销组合包括产品（Product）、价格（Price）、地点（Place）、促销（Promotion）、人员（People）、过程（Process）和客户服务（Customer Service）7个元素。下面分别介绍这7个元素在营销组合中所起的作用。

（1）产品 产品是指向市场提供的能满足人们某种欲望或需要的一切物品和劳务。二手车租赁企业是通过向客户提供租车服务来满足客户需要的，所以二手车租赁服务就是二手车租赁企业的产品。服务产品的价值与服务质量紧密相关，所以同样的二手车租赁企业，提供同样的车辆，他们带给客户的最终服务感觉可能就不一样。

（2）价格 价格在服务营销中起着至关重要的作用，定价决策在为客户确定服务价值方面有重大意义，按服务内容合理地定价可为企业树立良好的形象。

二手车租赁企业的定价要考虑提供服务的时间和可行性。一般来说，二手车租赁企业的可利用资源是固定的，因此，它能接受的最大服务量是有限的。二手车租赁企业所做的定价决策应包括在高峰需求时间的溢价和非高峰需求时为吸引客户而做的折扣定价。

当然，二手车租赁企业的定价策略需要结合公司的整体营销战略，在开拓一个新市场时当然可以以有吸引力的价格来获得更多的客户；对待老客户，一个合理的价格可以让他们成为企业的长期客户，为公司带来长期稳定的收入。

（3）地点 二手车租赁企业经营场所的选址工作是影响企业发展战略的一个重要因素，地点一经选定，就需要投入大量的资金，并且具有长期性。因此，在选址的时候，必须慎重考察，应注意把握以下原则：

1）交通便利的原则。经营场所不一定要居于闹市区，但应该交通便利，最好能临近城市的主干道路。

2）合理布局的原则。二手车租赁作为一种服务性行业，应考虑能否最大限度地为客户提供更加方便、快捷的服务。因此，必须注意经营场所的分布要均匀、合理。

3）利于竞争的原则。在选址之前，应了解竞争对手的情况。如果自己在位置上、价格上、服务上都优于竞争对手，那么不妨与竞争对手设在同一区域，反之，则可选择竞争对手尚未覆盖的区域另立门户。

4）经济适用的原则。企业的场地租赁费是经营成本的重要组成部分，因此在选择地点的时候，一定要注意经济适用，以利于控制好经营成本。

（4）促销 促销的实质就是企业加强与客户的信息沟通，让自己提供的服务能为更多的人所了解。促销可以让人们知道二手车租赁企业在当前一段时间的服务内容和开展的活动，让客户知道自己的哪些要求能在二手车租赁企业那里得到实现，同时，促销活动也可以让更多的人了解企业，让自己的企业形象在人心中留下深刻印象。

（5）人员 服务营销的成功是和人员的挑选、培训、激励和管理密切联系的。二手车租赁行业也不例外。二手车租赁企业的服务人员是为客户提供优质服务的重要因素，把人员看作营销组合中的一个独立元素，真切地关心他们，并根据个人的特点，使其对营销组合的贡献最大化。当然，企业应首先做好内部营销管理，即把所有的员工当作客户一样来对待，为他们提供周到、满意的服务。让员工达到满意，从而通过他们的服务，让客户满意。

（6）过程 二手车租赁企业对客户的服务过程是服务营销组合中的一个主要因素，因为接受服务的客户通常把在过程中的感知当成服务本身的一部分。

二手车租赁的所有工作活动都是过程。从最初接到客户的预订服务电话开始，到帮助客户实现其服务要求，到最后的验车交接，这中间发生的所有活动都称为服务过程。所以，把过程管理当作一个独立活动来看待是提高服务质量的前提条件。在服务过程中，员工的表现很重要，只有员工大量的关注和努力才可以给客户带来一个满意的服务过程。从接电话开始，服务人员就需要对客户的问题提供详尽的解答，如果客户希望得到服务，就应该按照业务流程安排给其提供满意的车辆；在客户租车期间，应尽可能地帮助解决所遇到的问题，如车辆发生故障、遇险等；在还车过程中，可为客户提供便捷、灵活的还车方式。

（7）客户服务 二手车租赁企业为客户提供的各类服务都要制定行为标准和服务规

范，这是提高服务质量、吸引客户稳定市场的基础工作。二手车租赁企业要从员工仪容、着装、仪态、接待等方面严格要求，以规范的服务树立良好的企业形象。

2. 二手车租赁企业的营销组合策略

（1）多元化策略 多元化策略就是在一定条件下，企业可以突破行业限制，广泛涉足与二手车租赁相关的行业，以新服务、新项目以及相应的新市场组成多元化经营方向的策略。采用多元化发展策略，一业为主，多种经营，互相配合，各施其长，能够提高企业的综合竞争力以及对环境的适应性，可以获得更多的发展机会。

随着二手车租赁市场日益兴旺，各二手车租赁企业尽显其能，努力以各种竞争方式扩大自己的市场份额，但无论招数如何花样翻新，着眼点不外乎消费者最为关心的“价格”和“服务”。

几乎每个城市的二手车租赁行业内部都打过价格战。价格竞争是各公司普遍采用的吸引客户的办法，这种办法也曾经起过不小的作用，但一味以价格竞争寻求市场份额、吸引客户，不可能是一种长期有效的办法，恶性的降价将导致恶性循环，甚至导致几败俱伤的后果。

二手车租赁企业的成功经验表明，汽车销售、二手车交易、汽车配件销售、汽车救援、汽车装饰、汽车美容、汽车维修等经营项目的开展可以与二手车租赁彼此呼应，相互促进，不仅可以提高企业的综合竞争力，同时能为二手车租赁企业带来更可观的效益。

因此，二手车租赁企业综合竞争能力的提高，一方面需要在不断提高服务质量上下功夫；另一方面，在条件具备的时候，应适时推出多种经营项目，如汽车救援、装饰、维修、汽车销售等。特别值得一提的是汽车销售，从企业发展基础来看，具有汽车销售资格，可以使二手车租赁企业在进新车、处理二手车等方面都能真正地“当家做主”，省去了原来在中间环节耗费的大量人力、物力和财力；而从市场开拓的角度来说，同时拥有二手车租赁和销售能力的公司，开展租、售业务可采用的形式、方法必然要比单一职能的公司灵活得多，因为对客户而言，不必再将租赁和购买（主要指分期付款）绝对割裂开来，两者在一定程度上是相通的、可以转换的，这样既方便了客户，又拓展了市场，达到了几条腿走路、做活二手车租赁市场、提高整体竞争能力的目的。

（2）一体化市场发展策略 一体化市场发展策略，就是二手车租赁企业与二手车租赁相关的行业合作，各自以自身的产业为核心，协同经营，形成“一条龙”式的有机整体，为客户提供更多、更方便、更有特色的配套服务。这种合作是一种优势互补、相得益彰的双赢格局。

例如，二手车租赁企业与旅游企业的合作，可以采取开展自驾车旅游的方式，由二手车租赁企业提供车辆及随团维修维护人员，由旅行社开辟旅游线路和旅游景点，提供导游等服务；二手车租赁企业与宾馆酒店的合作，可以采取相互代为预订的方式，酒店为住店客人提供优惠价二手车租赁预订服务，二手车租赁企业为租车客户提供优惠价酒店预订服务；二手车租赁业与金融业合作，二手车租赁企业可接受“信用卡”。“支付卡”一类的金融卡在租赁业务中使用，既方便了公司与客户的结算，又扩大了银行的业务；二手车租赁企业与航空铁路、餐饮娱乐等企业合作，互为宣传，互为预订服务，互相提供优惠、优先、优质的服务。

这样，无论是旅行社、酒店、银行还是二手车租赁企业，都增加了服务项目和客户数量，而消费者则获得了更多的便利和实惠。

因此，一体化发展策略，其实质是整个社会不同行业间大协作和大联合的体现，对于整个社会资源的合理配置和利用具有重要的意义。

案例

至尊租车——开创汽车租赁新经营模式

成立于2006年1月的至尊汽车租赁股份有限公司，是中国第一家通过使用信用卡、身份证、驾驶证的“两证一卡”模式，实现全国连锁汽车租赁的企业。无须担保和押金，客户可以通过至尊租车的网络平台、全国统一热线等途径实现车辆预订，并可在全国任意城市、任意门店享受异地取、还车服务。而所有的预付、结算都只需通过一张信用卡在短短的几分钟内完成。

从1981年中国第一家汽车租赁企业开始营业到2006年的20多年时间里，汽车租赁企业的营业范围通常以某一个城市或某一区域为主，普遍要求租车客户交付押金、提供本地户口簿、担保证明等，手续极为烦琐。“至尊模式”的创立，极大地扩展了国内汽车租赁行业的生存空间和客户群，标志着中国的汽车租赁行业终于加入了全球化的行列。

到目前为止，至尊租车为用户提供服务的城市超过100个，包括北京、上海、广州、深圳、香港等，服务网点150多个，服务的各类型车辆超过10000辆，服务企业超过3000家，堪称中国连锁汽车租赁行业的先驱。基于对市场透彻、深刻的分析和了解，至尊租车选择了最为恰当的市场时机，果断而谨慎地开创了中国连锁汽车租赁行业的先河。

一、把握商业机会，找准投资契机

2006年，连锁汽车租赁行业在国外的发展已有80多年历史，行业巨头赫兹(Hertz)年销售收入逾70亿美元，而我国汽车租赁市场还处于起步阶段，国内的商务旅行和个人旅游市场急速扩张，市场空间巨大，然而没有一家实力强大的龙头企业。

截止到2015年上半年，工农中建交五大国有银行及兴业、平安等商业银行的信用卡累计发行了约5.11亿张，2015年3月至尊租车企业App正式上线，随着支付体系和信用体系的不断完善，至尊租车选择的无担保、无押金，“两证一卡”的商业模式有了更加强有力的保障。与此同时，汽车消费理念正在以惊人的速度融入中国普通百姓的生活。中国拥有驾照的人数已经超过3.27亿，有证无车的“本本族”占了近三分之二。2011年颁布的《关于促进汽车租赁行业健康发展的通知》取消了针对汽车租赁的行政审批权限，更为宽松的政策，无疑为汽车租赁行业开启了政策绿灯。而各类科技的研发和普及应用也为汽车租赁行业降低了经营风险。

种种“利好”信息，预示了中国的汽车租赁市场将会出现极大的发展空间。至尊

租车果断抓住历史机遇，大胆地引进国际租车模式，迅速在全国布点，不到半年时间就形成了连锁网络优势，为规模经营打下了坚实的基础。

二、面对商旅客户、立足全国、构建连锁经营网络

全国连锁、异地取还车，是至尊租车与传统汽车租赁企业最大的差异。借鉴行业巨头的成熟经验，对国内市场仔细分析，至尊租车认为：中国未来汽车租赁主力消费者将是商务和旅游人群，必须构建起覆盖全国的经营网络，才能满足市场需求。

因此，至尊租车成立之初，最重要的工作就是规划全国的网络布局。北京、上海、广州、深圳等商业城市，海南、杭州、西安、桂林、长沙等旅游城市都是至尊租车第一批构建营业网点的城市。以此为核心向全国一、二线城市及周边城市逐步辐射，最终形成全国经营网络。

要满足以商旅客户为主要消费群体的租车需求，至尊租车首先就选择在各个城市的机场和重要码头开设店面。如今在全国各城市机场到达大厅，都能看到至尊租车鲜活明快的橙红色Logo和柜台。在不同城市之间往来的客户下飞机便可提车，极大地提高了租车的便捷性。至尊租车也因此成为国内第一家进入机场大厅营业的连锁汽车租赁企业。

占据了机场的“咽喉要道”之后，至尊租车迅速在重点城市的商业中心、交通枢纽、住宅小区增加直营店，不仅方便了客户在同城取还车，也为汽车租赁最终能服务于普通百姓，成为一项大众消费品奠定了充分的网络基础。

三、核心竞争力——科学的经营管理体系

作为国内第一家以连锁形式开设全国直营店的汽车租赁企业，至尊租车一成立，便面临着庞大的车辆、人员、资金管理以及车辆风险方面的种种现实问题。互联网的应用、IT技术、企业经营管理机制至关重要。至尊租车大胆尝试，首创的连锁经营管理体系，为整个行业的运作提供了范本：

(1) 结算体系　全国三十多家分公司、一百多家门店统一通过POS终端以信用卡方式进行每一笔结算，避免了庞大的现金收支管理，简化了门店的财务管理。

(2) 身份甄别体系　借助先进的证件甄别系统，与相关部门联网查询，对租车人的真实身份进行有效甄别。与银联以及各大银行合作，凭借银行信用卡对租车人信用进行甄别，控制风险。

(3) 保险及理赔体系　与国内各大保险公司合作，为所有车辆购买全面完善的保险，不仅解决了租车客户的后顾之忧，为企业降低了经营风险，也提高了事故的处理效率。

(4) 车辆监控体系　汽车租赁企业最大的风险是车辆安全。至尊租车的车辆监控系统可以做到对全国任何一辆车进行实时监控。所有待出租车辆，在没有信用卡结算系统发来的预授权订单之前，谁也无法开动；每次车辆进出都要核对公里数、油耗等参数。车辆还配备了GPS，任何一辆车出现异常情况，总部都可以及时发现。

（5）电子商务平台　至尊租车要想在很短的时间内扩展到在几十个城市、上百个门店，车辆的规模发展达到千辆以上，并且为数以万计的庞大会员提供体贴的服务，必须很好地利用现代通信技术和互联网技术。至尊租车创立的第一件大事，就是建设公司的电子商务平台。企业ERP系统、CMS系统、OA系统、短信平台、呼叫中心支持系统、网络培训系统、公司网站、门店多媒体咨询终端系统等都陆续上马，使得会员服务，租、还车业务的开展，车辆的维护及监控，内部的作业管理都可以有效地展开，并且相互达到紧密的关联和支持。至尊租车的电子商务平台，还为客户提供了一个全方位的服务渠道。客户可以方便地通过各门店的多媒体咨询终端或者至尊租车的官网，或者电话服务中心预约租车，查询在至尊租车的消费情况，并随时对自己的账户进行充值。这一电子商务平台，为内部的日常业务操作及管理提供了一个强大且高效的支持后盾，全国所有门店的相关数据和凭证都实时地在该平台上流转和共享。对外的合作上，至尊租车和许多合作伙伴之间都实现了电子数据自动交换，业务上做到无缝对接。

（6）车辆维护体系　至尊租车的所有运营车辆均统一从汽车厂家购买，并会考虑客户的不同需求，完善产品体系。家用型、经济型、商务型车辆为主力车型，并只在4S店统一进行车辆维护，确保车辆的安全可靠。为保证客户良好的消费体验，至尊租车将运营车辆的使用期限定为：自购入后2~3年。未来这些车辆将会转售给二手车收购商。而由至尊租车开创的这种“新车购买——车辆运营——二手车转售”体系，已经打造了一条完整的汽车消费产业链。

（7）统一服务体系　至尊租车非常重视连锁服务的统一化、标准化。和所有连锁企业一样，至尊租车全国所有门店必须做到统一价格、统一服务、统一着装、统一装修。力争在每一个细节上，做到客户的消费体验全国一致。

四、培育市场，精准营销，引导消费理念

中国汽车租赁市场如何接受耳目一新的“至尊模式”？一个全新的B2C企业如何让庞大的潜在客户群认识自己、选择自己？作为“第一个吃螃蟹的人”，至尊租车必须付出更多的代价，充分培育和引导国内汽车租赁市场。

至尊租车首先选择与各大银行、航空公司、高端连锁酒店等商旅客户密集的渠道展开深度合作。2007年9月，至尊租车率先与招商银行发行了中国汽车租赁行业的第一张联名信用卡。目前至尊租车已经成为国内各大商业银行以及东亚银行等国际各大商业银行的战略合作伙伴，为其持卡人提供租车服务。至尊租车与南方航空公司等国内外各大航空公司广泛开展租车兑换航空里程的服务，定期与常旅客俱乐部推出市场活动。

体验式营销、口碑营销也是至尊租车的大胆尝试。为了降低消费门槛，让更多的目标客户认识“至尊模式”，至尊租车推出了“首日租车免费”“租一送一”“1元租车”等一系列租车体验活动，联合各银行信用卡中心，对持卡人进行广泛的互动营销。瞄准目标客户群，精准营销，是至尊租车不到3年时间累积30万高质量客户的法宝。

五、规模决定利润，把握行业未来、稳步发展

连锁汽车租赁行业是一个重资产投入、高成本、低利润的服务行业，汽车保有量决定企业的规模和利润空间。租车行业并不存在技术门槛，也不能仅依靠大量的广告激活市场需求。稳步发展，细分市场，将市场做深、做透是关键。

2006年年底，海纳亚洲和香港麦达对至尊租车投入了500万美元的风险投资，成为风险基金在中国投资的第一家汽车租赁企业。2007年年底，海纳和麦达第二次又投资5000万美元。凭借强大的资金基础、科学的管理体系、敏锐的市场洞察力，至尊租车制定了宏伟的规划：直营网络200座城市、直营门店2000家、自有车辆30000辆。至尊租车正朝着伟大的目标前进。

思考题

1. 什么叫二手车租赁？二手车租赁可分为哪几类？
2. 二手车租赁有哪几种模式？
3. 制定二手车租赁价格应考虑哪些因素？
4. 简述二手车租赁的基本流程。

第十章

二手车电子商务

近年来，随着经济的发展和人们消费观念的转变，二手车市场得到了迅速发展。但传统的二手车销售模式存在诸多问题，市场较为分散，阻碍了二手车买卖双方交易的达成，二手车市场发展受限。

如今，电子商务的蓬勃发展，互联网已经渗透到了经济生活的各个领域，为传统二手车营销模式向电商模式的转变提供了良好的发展基础。基于互联网的二手车营销模式的兴起，在一定程度上改善了传统二手车销售的信息不透明、诚信度低、漫天要价等弊端，转变为以客户为中心的营销方式，促进了二手车的交易流通。

第一节　二手车电子商务概述

一、二手车电子商务的概念

二手车电子商务指的是以二手车为营销对象，以互联网或其他数字化媒介为营销渠道，进行二手车资讯传播及交易的形式，它充分利用现代信息技术所提供的优势条件，能够打破时间和空间上的限制，借助丰富的二手车资讯，形成在线的二手车资讯交互机制，实现了有别于传统二手车检测、销售的全新方式。广义的二手车电子商务是指借助互联网与移动互联网，以二手车为营销对象，参与二手车销售、交易、评估、消费服务等各环节中信息及交易活动的企业；狭义的二手车电子商务是指专注于二手车传统交易与互联网相结合，深入参与二手车交易，并提供交易服务的电子商务平台。形式主要有C/B2B竞拍模式、C2C寄售模式、C2C虚拟寄售模式、B2C卖场模式、第三方估值模式、垂直搜索以及交易资讯平台模式等。

二、二手车电子商务的特点

随着互联网与移动互联网技术的成熟，国内近几年涌现出了很多新兴电子商务模式，二手车电子商务就是其中之一，它具有以下几个特点：

（1）广泛性　二手车电子商务继承了互联网的发展基因，拥有广泛的目标用户群，且突破了传统的二手车交易在时间和地域上的限制，通过互联网实现信息广泛覆盖；通过汽车检测、在线支付、汽车物流以及积极的线下业务网络布局，实现了二手车全国范围内的广泛流通，让中国二手车拥有更广阔的市场。

（2）真实性　由于二手车“一车一况”的特殊性，每辆汽车都存在着差异，这使得传统二手车市场的检测和定价比较困难，不能对二手车进行统一的定价和销售。但是消费者可以通过二手车电子商务查询到相同型号或者类似车辆运行状况的价位区间，并且利用二手车电子商务的检测，可以让车况、车价真实透明，从而便于建立二手车销售市场的信誉，并且更易获得消费者的信任。

(3) 实时性 通过互联网的实时传播，让各地二手车信息更便捷地向更广的范围及时传输，增加了市场的活力与效率。

(4) 集中性 传统二手车发展速度较慢的一个重要原因，就是市场集中度较低，车辆信息碎片化，难成规模。二手车电子商务运用互联网的信息整合能力，将二手车信息集中发布，提高了市场集中度。

(5) 便捷性 二手车电子商务平台运用互联网技术提供从验车、达成交易、支付、过户、提车、物流等一系列完整的配套服务，让二手车交易更加便捷。

三、二手车电子商务交易模式分析

1. 网上竞价交易平台

网上竞价交易平台模式主要是以中介机构的角色出现，通过为买卖双方提供车况保障、支付保障等中介服务，保障二手车在线交易顺畅实现。其盈利模式主要来自按车收取检测费、交易服务费等。该模式的根本特点是实现了在线交易，是真正的在线交易平台，其优点是交易双方能够不受时间和地点的约束完成交易，交易成本低，信息透明，效率高，其难点是信用体系的维护及持续优化。该类交易模式的代表企业有车易拍二手车电子商务服务平台。

这种模式的优势是突破时空限制，车源、车主可自主选择，缺点是看车、取车不方便，需要平台有过硬的检测技术和配套服务，做到信息透明，服务高效。在这些方面，车易拍的很多服务细节值得行业学习。

2. 交易服务资讯平台

交易服务资讯平台模式也通过为买卖双方提供中介服务，如评估、经纪等获取佣金收入，不以获取买卖差价为目的。该模式与在线竞拍交易平台的根本差异，是这样的平台只提供在线信息服务，并不真正实现在线交易，平台本身收取的是加盟用户的信息服务年费。该模式的代表企业有 273 二手车交易网。

这种模式的优点是只提供中介服务，经营风险较小。相对于更碎片的中介服务机构，其可信度相对较高；缺点是时间长，对评估师要求高，难以做到标准化。特别是平台本身并不提供统一的信用保障服务，对线下网点要求高，信用风险也因而不可控。

3. 简单收购模式

简单收购模式即直接买进卖出模式，它利用网络平台对二手车进行收购，然后再利用平台或其他方式转卖给消费者，收取差价盈利。该模式的代表企业是安美途二手车交易网。

该模式是一种重资产模式，其优点对资金的需求规模和周转性要求较高。强大的资金需求为该模式构筑了资金壁垒。其缺点是风险较高，规模达到一定程度后，资本运作的风险较高。另外，如何实现交易的跨区域流动也是该模式面临的挑战。

传统二手车市场的经营模式以 C2B2C 为主，信息配对能力较弱，也造成了车辆库存周期较长的局面。安美途二手车交易网开展的新型经营模式以 C2B 主，建立全国二手车成交信息库，广泛采集历史信息，建立定价中心。相对于车易拍的竞拍与网上交易，虽然透明度提高了，但对资金、地理位置的要求也在提高。

4. 第三方信息服务平台

第三方信息服务平台模式即中介服务平台模式，也可以称作信息服务模式。目前，我国绝大多数的网络平台都在消费者和二手车经营主体之间扮演传达信息的角色，为买卖双方提供信息发布平台，通过广告获取收益。该模式未来可以通过利用积累的信息资源，向二手车市场参与主体提供信息咨询服务。另外还可以同经销商、保险公司以及拍卖、评估机构合作的方式，扩大利润渠道。该模式的主要代表企业是第一车网。

该模式的优点是只提供中介服务，经营风险较小。它是一种轻资产模式，对资金的需求量相对较低，但对信息服务的可信度要求较高。缺点是时间长，对评估师要求较高，难以做到标准化。特别是平台本身并不提供统一的信用保障服务，对线下网点要求高，信用风险也因此而不可控。

5. 寄售模式

二手车寄卖是指把车辆放入大型二手车寄卖展厅，由专业的展厅销售人员通过网络和市场双重信息渠道寻找个人买家，无中间差价，帮助车主把车以较高的市场价格卖出，省去了自己寻找客户所耗费的时间和精力以及由于对市场行情不够了解，或对过户手续缺乏了解可能造成的不必要损失。

寄售模式在形式上类似于汽车超市，一般有线上平台和对应的线下体验店，线上提供信息，以线下为主。只做车辆交易平台，提供汽车检测和售后服务。该模式的代表企业是大搜车。

这种模式的优点是消费者体验比较好，直接联通了车主和消费者，缺点是人才素质要求高，线下体验店成本也较高。

二手车主要来源于汽车主机厂商、汽贸集团、4S 店、租赁公司、公务用车、个人车主等。在二手车电子商务市场中，行业监督机构主要有中国汽车流通协会等单位，政府监管机构主要包括商务部、国务院和交通部等部门。

在整个二手车电子商务产业链中，第三方估值服务平台和交易资讯平台承担了更多的二手车信息传播的功能，这也是整个产业链中不可或缺的数据来源和评估数据供应方。另外，竞拍模式以及寄售模式的二手车电子商务交易平台更多的是参与车辆的交易，并且为客户和汽车商提供交易服务，也就是连接上下游的交易方。

表 10-1 为 2014 年中国二手车电子商务核心运营模式。

表 10-1　2014 年中国二手车电子商务核心运营模式

二手车电商类型	企业特点	代表企业
C2B/B2B 竞拍模式	1）主要包括 C2B、B2B 两种模式 2）O2O 闭环交易提供车辆检测服务、竞价服务及线下支付过户服务，按比例收取佣金及服务费。高效、便捷、透明	优信拍、车易拍、开新帮卖等

（续）

二手车电商类型	企业特点	代表企业
C2B/B2B 竞拍模式	3）“线上竞价平台”或配合“线下拍卖中心”模式，网络布局广泛，用户众多，可实现车辆批量全国跨区域流通或省内流通	优信拍、车易拍、开新帮卖等
C2C 寄售模式	1）线上服务 + 线下实体店，为 C 端消费者提供二手车寄售、代卖及定制化二手车交易服务 2）注重产品及营销，无法实现批量销售	大搜车、百优卡、卓杰行二手车等
C2C 虚拟寄售模式	1）扮演中介 + 服务的角色 2）涵盖二手车售后、维护等服务 3）相比 C2C 寄售，C2C 虚拟寄售以线下二手车售后、维护为主要盈利点	人人车、赶集好车、好车无忧等
B2C 大卖场模式	1）建立二手车交易实体店，重资产模式 2）将二手车作为资产在银行进行抵押	车王、优车诚品等
第三方估值模式	第三方估价平台	精真估、公平估、车 300 等
垂直搜索及交易资讯平台模式	通过互联网为买卖双方提供在线信息服务、中介服务，而非平台交易服务涉及网络广告、市场咨询、信息服务等产品服务	二手车之家、易车二手车、51 汽车网、第一车网、273 二手车交易、车 101 等

四、中国二手车电子商务发展趋势

1. 二手车电子商务交易量将持续稳定增长

二手车销量近几年持续稳定增长，为二手车电子商务的发展奠定了基础。目前整体来看，二手车电子商务的渗透率不到 10%，仍处于发展和探索的初期，但随着消费者不断增多的车辆置换需求、消费观念的改变以及二手车交易环境的改善，未来二手车电子商务的发展前景广阔，交易量将持续稳定增长。

2. 来自资本市场的融资增多，二手车电子商务竞争加剧

随着消费者车辆置换需求的持续增多及二手车交易环境的改善，二手车市场快速发展。二手车电子商务领域资本融资逐渐增多，未来会有更多来自各方的竞争者参与到二手车市场的竞争中来，行业竞争加剧。

3. 二手车线上业务离不开线下服务质量的提升

汽车行业作为国民经济中重要的传统行业之一，在互联网高速发展的环境下，也在寻求经营模式的转型。当前中国的二手车市场处于快速发展阶段，相关政策体系不完善，线上二手车的推广不能脱离线下服务质量的提升，只有线上信息对称、价格透明，线下不断提升用户体验，才能促进二手车市场不断向好发展。

4. 未来竞拍模式仍将是二手车电子商务的主要交易模式

在国内二手车交易市场处于发展初期，二手车检测、估值、交易等核心环节尚在探索期的背景下，由于对汽车产品的认知有限，多数 C 端车主在汽车交易尤其是二手车交易

过程中无法进行准确的定价，短期内交易仍将以 C2B（终端回收商）2B（大型车商）的模式完成二手车由车主向平台的流转，才能取得更具规模和经济的交易。因此，竞拍模式可将整个环节中各参与方的利益最大化、成本最小化，在相当长的一段时间内，竞拍模式将成为二手车电子商务的主要交易方式。

5. 整个汽车电子商务市场将从垂直深耕逐渐向横向扩张发展

汽车从出厂销售至报废的全产业链中，车辆在车主手中流通的过程主要包含选——买——用——卖四大环节，而每辆汽车从使用周期而言将按照此四个环节循环两到多次不等，通常，对于 3 ~ 6 年的单用户单辆汽车使用而言，买、卖环节并不是全产业链中交易批次和交易费用最高的环节，用车环节在未来将成为汽车电子商务市场的核心关注焦点，因此未来各方参与者将沿着选——买——用——卖的使用闭环从自身较强的垂直领域出发，横向扩张，以争取更多的发掘用户价值，实现企业长期发展的价值最大化。

五、影响二手车电子商务发展的因素

虽然二手车电子商务的发展趋势广泛被看好，但是与其他汽车电子商务一样，二手车电子商务也面临着一些不利于其发展的因素，目前看来主要包括两个因素：限制车辆流通的政策壁垒和车源与人才的制约。

1. 限制车辆流通的政策壁垒

二手车电子商务的最大优势就在于能够将区域化的车源和车商信息汇集在一起，使得车辆从价格洼地流向价格高地，在全国范围内实现大流通，打破了传统模式下只能在区域内流转的格局。但是从 2012 年开始，全国 90% 以上的城市都实行了十分严格的限迁政策，这在很大程度上限制了二手车电商行业的发展。目前限制车辆流通的政策壁垒很难打破，主要原因有以下两个：

1）所有二手车交易产生的增值税或过户费用都归车辆迁出地所有，而迁入地不仅无法收取任何税费，还会因为本地汽车购买需求被外地车源所满足，而失去潜在收取新车税费的机会。各地政府为了保证自己的税收支柱，一定会建立严格的、限制车辆流通的政策壁垒。

2）现在国内针对二手车交易一直实行着十分严格的“面签”政策，这对于二手车电子商务的发展形成了较大制约。这种外迁过户政策，使得二手车跨区域交易的时间和人力成本大幅提高，削弱了二手车电子商务模式的经济性与便捷性。

想要使二手车流通产业和二手车电子商务真正得到发展，必须优化不太合理的二手车税收及外迁政策，这还需要国家对二手车行业给予更多的关注和扶持。

2. 车源与人才的制约

影响二手车电子商务发展的另一个重要因素是车源和二手车电子商务人才的稀缺。

1）电子商务模式只有达到一定的规模，其高效、便捷的特性才会得到充分展现。因此二手车电子商务企业就需要有稳定、充足的二手车车源，才能保证其交易链条的顺畅运行。

2）目前二手车行业还处于供不应求的阶段，二手车电子商务企业不得不通过各种方

式与众多实体经营者争抢有限的车源，这就对二手车电子商务人才提出了更高的综合素质要求，而这类电子商务二手车的复合型人才在市场中实在是凤毛麟角。

第二节　我国二手车电子商务 PEST 分析

PEST 分析是战略咨询顾问用来帮助企业检验其外部宏观环境的一种方法，主要是对宏观环境的分析，宏观环境又称为一般环境，是指影响一切行业和企业的各种宏观力量。对宏观环境的分析因企业和行业的不同会略有差异，但一般情况下是对政治（Political）、经济（Economic）、社会（Social）和技术（Technological）这四大类影响因素进行分析，简称为 PEST 分析法。该节主要通过对政策、经济、社会和技术因素进行相关分析，来确定这些因素对二手车电子商务行业发展过程的影响。

一、政策环境

二手车是一个政策依赖度较高的行业，国家和地方政府相继出台了一系列的汽车限购、二手车限迁、二手车经销商税收等政策，这些相关政策导致了二手车在社会上流通受限。但是，国家同时也出台了一些对二手车流通有促进作用的政策，比如国家二手车检测标准、临时产权制度等，这些政策对规范二手车市场的车况检测、过户规范、简化交易过户流程等方面均有促进作用。

1. 车辆限购城市或将继续增加，限购城市的二手车外迁需求提升

2010 年 12 月，北京市首次正式出台了《北京市小客车数量调控暂行规定》，自此北京成为国内首个发布汽车限购令的城市。截至 2015 年年底，北京、上海、广州、深圳、天津、贵阳、杭州、石家庄均采取了限购措施。未来出台限购政策的城市可能会越来越多。

专家认为，对汽车实施限购有利于缓解大中城市的交通和环境问题，虽然限购政策限制了新车的销售量，但却大大提高了限购城市的车辆置换量，同时限购城市产生了大量的二手车需求外迁，这也为限购城市中的二手车向全国流通趋势发展提供了动力。

2. 部分省市已采取国五标准，“限迁”政策难上加难

从 2016 年 4 月 1 日开始，北京市、天津市、河北省、辽宁省、上海市、江苏省、浙江省、福建省、山东省、广东省和海南省将全面实行汽车国五排放标准（其中北京、上海、天津、广东珠三角等地已经率先实行了国五标准），这使得二手车的迁入迁出更加困难。现在全国有 93% 地级以上的城市限制外地环保不能达标的老二手车辆迁入。很多地方政府陆续出台了相应的限迁政策，甚至有些地方出现了一些不合理的限迁政策，这些限迁政策对于二手车的流通造成了很大的影响。

由于很多政策都是由地方政府自己制定，所以缺乏统一的标准，这也导致了很多的大中城市 8 年以上老旧二手车无法正常外迁，这也在无形中滋生地方违规落户灰色利益链条、二手车“迁黑”暗箱操作等弊端，这些现象不仅不利于车辆的管控，而且阻碍了地方淘汰老旧车辆，造成大中城市一些老旧车辆延长使用。久而久之，全国的二手车流动

将受到很大的阻碍，这也间接影响了新车的销售量。

3.《二手车流通企业管理规范》的出台将大大改善二手车行业环境

此条例是二手车流通企业强制准入标准，会对二手车交易市场、二手车经销商、二手车拍卖公司、二手车经纪公司、二手车鉴定评估机构及人员素质条件等提出一个规范、合理的要求。此条例的出台对于改善二手车交易环境有好处，同时对提升用户体验也有很大的帮助。

4. 二手车临时产权制度缩短了二手车交易周期

在2005年国务院5号文件《汽车产业调整和振兴规划》中便提出了“建立二手车临时产权登记制度”，这为二手车临时产权登记制度提供了法律基础。中国汽车流通协会根据《汽车产业调整和振兴规划》，提出了“建立二手车临时产权登记制度”的要求，并向国家公安部建议建立二手车临时产权登记制度，目前国内还在商讨推进关于二手车临时产权制度的建立。通过二手车临时产权制度的进一步推行，二手车买卖的效率会得到很大的提高，很多一线城市的二手车商在收购二手车时也可以摆脱“指标”限制，二手车过户程序也会得到很大的简化。

5. 二手车交易税降低或将规范市场秩序，推动二手车交易

中国汽车流通协会向国家税务总局办公厅提交了《调整二手车交易增值税征收方式的建议报告》。该报告指出对二手车交易税将由现行的按照交易金额的2%计征，调整为按照增值部分来计征。目前部分地区已经出台了相关的管理办法，例如广东省2015年3月1日起实施的《广东省二手车交易增值税征收管理办法》。

6.《二手车鉴定评估技术规范》使二手车诚信问题得到很大改善

为促进二手车市场规范发展，2014年6月，首个国家《二手车鉴定评估技术规范》实施。该规范包含了近百条款项，内容涉及二手车鉴定评估机构条件和要求、鉴定评估程序、作业流程、受理鉴定评估、查验可交易车辆、签订委托书以及判别事故车、鉴定车辆技术状况、评估车辆价值等。该规范要求对二手车进行量化的技术检测，包括对车身外观、发动机舱、驾驶舱、底盘等部位以及车辆起动、路试等104项检查内容，最终形成了《二手车技术状况表》。如果二手车经销商没有鉴定评估能力，可以委托第三方机构对二手车进行鉴定。国家检测标准的出台为二手车的购买提供了鉴别的标准和规范，这有利于提升用户的信任，更利于二手车行业的发展。

二、经济环境

1. 未来几年内国家GDP或将持续增长

国家统计局的数据显示，近几年我国国内生产总值持续增长，世界银行预测未来我国国内生产总值将会继续上升，经济的持续发展将为我国的汽车行业提供一个良好的大环境。

2. 城镇及农村居民收入大幅度提升，国民购买力增强

国家统计局数据显示，近几年，中国农村和城镇居民收入都有大幅度攀升，农村居民收入始终保持在10%以上的增长速度，到2014年农村居民人均收入达到10489元。城镇居民的收入远高于农村居民，2014年人均收入达到28844元。随着国民生活水平的不断提高，人们越来越讲究出行的舒适度和自由度，因此也催生了很多的自驾游，这也会促

进汽车市场的发展。另外，受到一些政策及可支配资金的影响，二手车已经进入很多普通家庭的选择范围，也逐渐成为一个重要部分。我国人口基数大、人均收入稳定增长、购车欲望膨胀以及更新换代的频率不断缩短，这都有助于汽车消费市场的快速增长，也都促进了二手车市场的不断发展。

三、社会环境

1. 网民数量持续增长，通过互联网获取更多信息

中国互联网络信息中心（China Internet Network Information Center，简称 CNNIC）数据显示，截至 2014 年 12 月，中国网民规模为 12.1 亿人，同比增长 8.0%。随着网民数量的不断扩大，互联网开始渗透到日常生活的各个方面，人们越来越习惯于通过互联网获取信息，带动了传统行业转型的不断深化，为二手车电子商务的发展奠定了基础。

2. 汽车保有量持续攀升，二手车销量稳定增长

国家统计局和中国汽车流通协会的数据显示，近年来，中国汽车保有量和二手车销售量持续增长。2014 年中国民用汽车保有量是 1.4 亿量，同比增长 12.4%。国内的二手车交易量是 605.29 万辆，同比增长 16.3%。汽车保有量的持续增长促进了我国二手车市场的快速发展。其次，居民收入增加，生活得到改善，促使人们的消费观念发生巨大改变，换车的需求也在增加，近几年二手车交易量也在持续稳定的增长。同时，政府对二手车置换给予各类激励政策。在未来几年内二手车交易量还将持续上涨。二手车电子商务的出现也使得二手车交易市场更加透明、公正，获取信息更加便捷，为促进二手车销售量的增长做出了极大的贡献。

四、技术环境

1. 互联网技术快速发展

国家工信部和国务院相关部门出台的一系列政策，为宽带普及、大数据、云计算等新型服务业的发展制定了目标和规划。这一系列的政策都将加快我国新技术的应用、推动互联网的持续创新、促进宽带在最大程度上的普及，也降低了二三线城市用户的宽带瓶颈，同时也帮助电子商务推进表现形式的创新和用户体验的改进。网络基础设备是互联网发展的基础，网速的提升有助于提升用户体验，这也推进了整个互联网行业的发展，有利于衍生出更多更好的创新模式。

2. 支付方式多样化

二手车电子商务交易过程中，既可以选择线下支付，也可以选择线上支付。若要实现交易的快捷、便利，采用线上支付形式是符合互联网发展特点的。由于二手车贸易涉及的金额较大，很多买家仍对该支付方式心存疑惑。但是随着互联网支付和移动支付技术安全性的提高，二手车在线支付方式将越来越普及，也会更加便捷，这对二手车电子商务的发展具有重要的意义，这也会推动二手车市场的发展。

3. 二手车检测设备不断完善

由于二手车存在着差异性，有着“一车一况一价”的特点，因此对车况的检测有着极高的要求。全自动的车辆检测设备集行驶证件识别技术、VIN 识别技术、行车计算机数

据分析、漆面厚度检测、广角度照相功能、无线传输等智能检测功能及全国违章查询等智能检测功能于一体。这种全自动的车辆检测设备能够有效地帮助车辆评估鉴定师鉴定二手车的车况，能够增加买方的信任度。

第三节 我国二手车电子商务市场核心代表企业分析

一、二手车网上拍卖电子商务平台的代表——车易拍

车易拍是我国第一个真正实现远程不看车交易的二手车网上拍卖电子商务平台，是由北京数字巅峰科技有限公司创立。公司以让二手车交易更容易为使命，在中国二手车档案资料严重缺失，二手车车源高度碎片化分布的环境下，将互联网信息实时互动的优势充分整合利用到二手车交易各环节中，突破了车况、车价等信息严重不对称的产业瓶颈，有效建立了以车况公开为基础的透明、公开、高效、可控的二手车业务规范化运营体系。

车易拍平台牢牢抓住了二手车交易的车辆信息透明化这个关键环节，以268V标准化二手车检测技术为支撑，建立了严格的二手车历史事故和现实总和车况分级评价体系，通过标准规范和检测程序以及严格的检测员和检测管理制度，保障车况检测的真实性和准确性。车易拍平台对所有签约经销商郑重承诺：在车辆交接时出现现实车况与检测报告不符的，车易拍将承担赔偿责任。

在车易拍平台出售旧车的消费者，从检测到在线拍卖最后到确认交易，通常只需要不到1h的时间。全部过程公开、透明、高效、安全。车易拍平台所提供的服务，对卖车人而言，售价相对更高、更合理，手续变更更放心、更安全；对于买车人而言，车况信息更透明、更有保障。

车易拍的工作流程是，工作人员使用标准化检测设备对车辆进行检测，实时将数据上传到中央数据库，并依照数据库的问题反馈进行查勘。30min之后，一份完整的车辆检测报告便自动生成。工作人员将报告上传到二手车电子商务交易平台——车易拍，瞬间网上买家就可以看见车辆的真实信息，包括车架损伤、发动机状况等方面的客观描述，帮助人们在不看实车的情况下形成车辆价值判断。来自全国的专业买家开始对车辆进行报价，15min之后，这辆车被二手车商拍下。之后的手续都由车易拍负责。第二天，车商便收到了这辆车。如此之快的速度在过去是不敢想象的。

车易拍的核心不在网络竞拍，而在车辆检测，采取独家研发的268V二手车标准化检测技术，对汽车进行专业化、标准化检测，并建立了完善的检测团队管理体系，为行业提供二手车信息化交易管理解决方案。

二、二手车行业垂直领域O2O交易模式的代表——大搜车

搜车控股有限公司简称“大搜车”，由神州租车创始团队成员、前执行副总裁姚军红先生创建。“大搜车”的商业模式是通过专业检测、全透明展示和完善的售后保障来解决当前国内二手车行业交易环节面对消费者的核心痛点：诚信问题，极大地提升了用户体

验和交易效率，并以此为依托建立二手车行业垂直领域 O2O 交易模式，实现商业价值。北京搜车旧机动车经纪有限公司拥有专业的二手车经纪资质。首家门店“大搜车品牌二手车馆”无论在二手车检测、展示，还是在客户服务上都给到店消费者带来了颠覆性的创新购车体验。

大搜车以客户需求为导向，致力于打造领先二手车行这种模式直接连通了车主和消费者，消费者体验比较好。缺点是对人才素质要求高，线下体验店成本高。大搜车采取的是“线上网站大搜车以及线下体验店”。卖方将汽车放进大搜车线下体验馆，经过 2 名评估师约 1.5h 的车检后，车主可为汽车自主定价，并放在大搜车车馆寄卖。车辆信息同时公布在大搜车网站和汽车车身上，消费者可以在线看车，然后到现场试驾，也可以在馆内通过领用一台 Pad，扫描自己感兴趣车型的二维码，查看车检报告。最终合意双方达成交易，大搜车收取服务佣金。

三、专业二手车 C2C 连锁卖场代表企业——我卖我车

我卖我车个人二手车交易网于 2008 年 4 月上线，是北京卓杰行北亚旧机动车经纪有限公司旗下网站，提供以“无差价、安全、省心”为核心的个人二手车汽车交易服务及相关增值服务，打造中国最具专业的个人二手车交易网。

我卖我车网不仅为广大车友提供海量、真实可靠的供求信息，同时提供有价值的二手车交易服务、专业的二手车价值评估、车市行情及买卖咨询等服务。我卖我车网线上网络平台与线下实体店紧密结合，更好地帮助买卖二手车的个人客户以合理的价格达成交易，享受更优异的服务。我卖我车网主要致力于打造服务一流、专业诚信的个人二手车交易服务平台。

四、第一代专业二手车网站——第一车网

第一车网是中国第一代专业二手车网站，为用户提供二手车信息发布及二手车在线搜索、二手车选购指南、评估等服务。第一车网在成为中国第一代专业二手车网站的同时兼收并蓄，在 2004 年就建立了全国二手车信息平台。第一车网创立了中国二手车价格评估体系“二手车价值蓝本”，并将检测、质保引入二手车信息环节，成就“阳光二手车”；第一车网率先深入市场开展一手信息采集，建立了全国范围的“3000 家经纪公司服务网络”；开通了二手车专家热线咨询呼叫中心和在线咨询系统，将互联网、平面杂志、电话机线下服务体系有机地结合在一起。

为了追求二手车信息的全面、迅速和准确，第一车网在全国大部分大中型城市都派驻有信息员，与全国多家大型二手车交易市场达成战略合作共识。第一车网以领跑中国二手车电子商务为己任，为中国市场进入一个崭新的发展阶段贡献了力量。

第一车网是一种轻资产模式，对资金的需求量相对较低。第一车网把重心放在二手车交易的中介环节，有近 85% 的国内二手车交易是通过交易商和交易市场完成的，而信任是交易中的关键因素。通过对车源信息的详尽审核和专业的汽车评估师过滤，在这样的基础上再做信息和中介服务，价值远远高于自发而未经审核的信息。在这个细分领域，第一车网已经获利颇丰。

思 考 题

1. 什么叫二手车电子商务？二手车电子商务可分为哪几类？
2. 二手车电子商务的特点有哪些？
3. 二手车电子商务交易的模式有哪些？

附　录

附录 A　《机动车强制报废标准规定》(2015 年修订)

第一条　为保障道路交通安全、鼓励技术进步、加快建设资源节约型、环境友好型社会，根据《中华人民共和国道路交通安全法》及其实施条例、《中华人民共和国大气污染防治法》、《中华人民共和国噪声污染防治法》，制定本规定。

第二条　根据机动车使用和安全技术、排放检验状况，国家对达到报废标准的机动车实施强制报废。

第三条　商务、公安、环境保护、发展改革等部门依据各自职责，负责报废机动车回收拆解监督管理、机动车强制报废标准执行有关工作。

第四条　已注册机动车有下列情形之一的应当强制报废，其所有人应当将机动车交售给报废机动车回收拆解企业，由报废机动车回收拆解企业按规定进行登记、拆解、销毁等处理，并将报废机动车登记证书、号牌、行驶证交公安机关交通管理部门注销：

（一）达到本规定第五条规定使用年限的；

（二）经修理和调整仍不符合机动车安全技术国家标准对在用车有关要求的；

（三）经修理和调整或者采用控制技术后，向大气排放污染物或者噪声仍不符合国家标准对在用车有关要求的；

（四）在检验有效期届满后连续 3 个机动车检验周期内未取得机动车检验合格标志的。

第五条　各类机动车使用年限分别如下：

（一）小、微型出租客运汽车使用 8 年，中型出租客运汽车使用 10 年，大型出租客运汽车使用 12 年；

（二）租赁载客汽车使用 15 年；

（三）小型教练载客汽车使用 10 年，中型教练载客汽车使用 12 年，大型教练载客汽车使用 15 年；

（四）公交客运汽车使用 13 年；

（五）其他小、微型营运载客汽车使用 10 年，大、中型营运载客汽车使用 15 年；

（六）专用校车使用 15 年；

（七）大、中型非营运载客汽车（大型轿车除外）使用 20 年；

（八）三轮汽车、装用单缸发动机的低速货车使用 9 年，装用多缸发动机的低速货车以及微型载货汽车使用 12 年，危险品运输载货汽车使用 10 年，其他载货汽车（包括半

挂牵引车和全挂牵引车）使用15年；

（九）有载货功能的专项作业车使用15年，无载货功能的专项作业车使用30年；

（十）全挂车、危险品运输半挂车使用10年，集装箱半挂车20年，其他半挂车使用15年；

（十一）正三轮摩托车使用12年，其他摩托车使用13年。

对小、微型出租客运汽车（纯电动汽车除外）和摩托车，省、自治区、直辖市人民政府有关部门可结合本地实际情况，制定严于上述使用年限的规定，但小、微型出租客运汽车不得低于6年，正三轮摩托车不得低于10年，其他摩托车不得低于11年。

小、微型非营运载客汽车、大型非营运轿车、轮式专用机械车无使用年限限制。

机动车使用年限起始日期按照注册登记日期计算，但自出厂之日起超过2年未办理注册登记手续的，按照出厂日期计算。

第六条　变更使用性质或者转移登记的机动车应当按照下列有关要求确定使用年限和报废：

（一）营运载客汽车与非营运载客汽车相互转换的，按照营运载客汽车的规定报废，但小、微型非营运载客汽车和大型非营运轿车转为营运载客汽车的，应按照本规定附件1所列公式核算累计使用年限，且不得超过15年；

（二）不同类型的营运载客汽车相互转换，按照使用年限较严的规定报废；

（三）小、微型出租客运汽车和摩托车需要转出登记所属地省、自治区、直辖市范围的，按照使用年限较严的规定报废；

（四）危险品运输载货汽车、半挂车与其他载货汽车、半挂车相互转换的，按照危险品运输载货车、半挂车的规定报废。

距本规定要求使用年限1年以内（含1年）的机动车，不得变更使用性质、转移所有权或者转出登记地所属地市级行政区域。

第七条　国家对达到一定行驶里程的机动车引导报废。

达到下列行驶里程的机动车，其所有人可以将机动车交售给报废机动车回收拆解企业，由报废机动车回收拆解企业按规定进行登记、拆解、销毁等处理，并将报废的机动车登记证书、号牌、行驶证交公安机关交通管理部门注销：

（一）小、微型出租客运汽车行驶60万km，中型出租客运汽车行驶50万km，大型出租客运汽车行驶60万km；

（二）租赁载客汽车行驶60万km；

（三）小型和中型教练载客汽车行驶50万km，大型教练载客汽车行驶60万km；

（四）公交客运汽车行驶40万km；

（五）其他小、微型营运载客汽车行驶60万km，中型营运载客汽车行驶50万km，大型营运载客汽车行驶80万km；

（六）专用校车行驶40万km；

（七）小、微型非营运载客汽车和大型非营运轿车行驶60万km（编者注：相当于绕地球跑约15圈），中型非营运载客汽车行驶50万km，大型非营运载客汽车行驶60万km；

（八）微型载货汽车行驶 50 万 km，中、轻型载货汽车行驶 60 万 km，重型载货汽车（包括半挂牵引车和全挂牵引车）行驶 70 万 km，危险品运输载货汽车行驶 40 万 km，装用多缸发动机的低速货车行驶 30 万 km；

（九）专项作业车、轮式专用机械车行驶 50 万 km；

（十）正三轮摩托车行驶 10 万 km，其他摩托车行驶 12 万 km。

第八条　本规定所称机动车是指上道路行驶的汽车、挂车、摩托车和轮式专用机械车；非营运载客汽车是指个人或者单位不以获取利润为目的的自用载客汽车；危险品运输载货汽车是指专门用于运输剧毒化学品、爆炸品、放射性物品、腐蚀性物品等危险品的车辆；变更使用性质是指使用性质由营运转为非营运或者由非营运转为营运，小、微型出租、租赁、教练等不同类型的营运载客汽车之间的相互转换，以及危险品运输载货汽车转为其他载货汽车。本规定所称检验周期是指《中华人民共和国道路交通安全法实施条例》规定的机动车安全技术检验周期。

第九条　省、自治区、直辖市人民政府有关部门依据本规定第五条制定的小、微型出租客运汽车或者摩托车使用年限标准，应当及时向社会公布，并报国务院商务、公安、环境保护等部门备案。

第十条　上道路行驶拖拉机的报废标准规定另行制定。

第十一条　本规定自 2013 年 5 月 1 日起施行。2013 年 5 月 1 日前已达到本规定所列报废标准的，应当在 2014 年 4 月 30 日前予以报废。《关于发布的通知》（国经贸经〔1997〕456 号）、《关于调整轻型载货汽车报废标准的通知》（国经贸经〔1998〕407 号）、《关于调整汽车报废标准若干规定的通知》（国经贸资源〔2000〕1202 号）、《关于印发的通知》（国经贸资源〔2001〕234 号）、《摩托车报废标准暂行规定》（国家经贸委、发展计划委、公安部、环保总局令〔2002〕第 33 号）同时废止。

附件 1

非营运小微型载客汽车和大型轿车
变更使用性质后累计使用年限计算公式

$$累计使用年限 = 原状态已使用年 + \left(1 - \frac{原状态已使用年}{原状态使用年限}\right) \times 状态改变后年限$$

备注：公式中原状态已使用年中不足一年的按一年计算，例如，已使用 2.5 年按照 3 年计算；原状态使用年限数值取定值为 17；累计使用年限计算结果向下圆整为整数，且不超过 15 年。

附件 2

机动车使用年限及行驶里程参考值汇总表

<table>
<tr><th colspan="5">车辆类型与用途</th><th>使用年限/年</th><th>行驶里程参考值/万 km</th></tr>
<tr><td rowspan="4">汽车</td><td rowspan="4">载客</td><td rowspan="4">营运</td><td rowspan="3">出租客运</td><td>小、微型</td><td>8</td><td>60</td></tr>
<tr><td>中型</td><td>10</td><td>50</td></tr>
<tr><td>大型</td><td>12</td><td>60</td></tr>
<tr><td colspan="2">租赁</td><td>15</td><td>60</td></tr>
</table>

（续）

<table>
<tr><th colspan="5">车辆类型与用途</th><th>使用年限/年</th><th>行驶里程参考值/万 km</th></tr>
<tr><td rowspan="19">汽车</td><td rowspan="11">载客</td><td rowspan="7">营运</td><td rowspan="3">教练</td><td>小型</td><td>10</td><td>50</td></tr>
<tr><td>中型</td><td>12</td><td>50</td></tr>
<tr><td>大型</td><td>15</td><td>60</td></tr>
<tr><td colspan="2">公交客运</td><td>13</td><td>40</td></tr>
<tr><td rowspan="3">其他</td><td>小、微型</td><td>10</td><td>60</td></tr>
<tr><td>中型</td><td>15</td><td>50</td></tr>
<tr><td>大型</td><td>15</td><td>80</td></tr>
<tr><td colspan="3">专用校车</td><td>15</td><td>40</td></tr>
<tr><td rowspan="3">非营运</td><td colspan="2">小、微型客车、大型轿车*</td><td>无</td><td>60</td></tr>
<tr><td colspan="2">中型客车</td><td>20</td><td>50</td></tr>
<tr><td colspan="2">大型客车</td><td>20</td><td>60</td></tr>
<tr><td colspan="2" rowspan="6">载货</td><td colspan="2">微型</td><td>12</td><td>50</td></tr>
<tr><td colspan="2">中、轻型</td><td>15</td><td>60</td></tr>
<tr><td colspan="2">重型</td><td>15</td><td>70</td></tr>
<tr><td colspan="2">危险品运输</td><td>10</td><td>40</td></tr>
<tr><td colspan="2">三轮汽车、装用单缸发动机的低速货车</td><td>9</td><td>无</td></tr>
<tr><td colspan="2">装用多缸发动机的低速货车</td><td>12</td><td>30</td></tr>
<tr><td colspan="2" rowspan="2">专项作业</td><td colspan="2">有载货功能</td><td>15</td><td>50</td></tr>
<tr><td colspan="2">无载货功能</td><td>30</td><td>50</td></tr>
<tr><td colspan="3" rowspan="4">挂车</td><td rowspan="3">半挂车</td><td>集装箱</td><td>20</td><td>无</td></tr>
<tr><td>危险品运输</td><td>10</td><td>无</td></tr>
<tr><td>其他</td><td>15</td><td>无</td></tr>
<tr><td colspan="2">全挂车</td><td>10</td><td>无</td></tr>
<tr><td colspan="3" rowspan="2">摩托车</td><td colspan="2">正三轮</td><td>12</td><td>10</td></tr>
<tr><td colspan="2">其他</td><td>13</td><td>12</td></tr>
<tr><td colspan="5">轮式专用机械车</td><td>无</td><td>50</td></tr>
</table>

注：1. 表中机动车主要依据《机动车类型 术语和定义》（GA 802—2008）进行分类；标注“*”车辆为乘用车。

2. 对小、微型出租客运汽车（纯电动汽车除外）和摩托车，省、自治区、直辖市人民政府有关部门可结合本地实际情况，制定严于表中使用年限的规定，但小、微型出租客运汽车不得低于 6 年，正三轮摩托车不得低于 10 年，其他摩托车不得低于 11 年。

附录 B 二手车流通管理办法实施细则

【颁布单位】商务部、公安部、国家工商行政管理总局、国家税务总局

【发文字号】商务部、公安部、工商总局、税务总局令 2005 年第 2 号

【发布日期】2005 年 8 月 29 日

【生效日期】2005 年 10 月 1 日

第一章 二手车流通管理办法总则

第一条 为加强二手车流通管理，规范二手车经营行为，保障二手车交易双方的合法权益，促进二手车流通健康发展，依据国家有关法律、行政法规，制定本办法。

第二条 在中华人民共和国境内从事二手车经营活动或者与二手车相关的活动，适用本办法。

本办法所称二手车，是指从办理完注册登记手续到达到国家强制报废标准之前进行交易并转移所有权的汽车（包括三轮汽车、低速载货汽车，即原农用运输车，下同）、挂车和摩托车。

第三条 二手车交易市场是指依法设立、为买卖双方提供二手车集中交易和相关服务的场所。

第四条 二手车经营主体是指经工商行政管理部门依法登记，从事二手车经销、拍卖、经纪、鉴定评估的企业。

第五条 二手车经营行为是指二手车经销、拍卖、经纪、鉴定评估等。

一、二手车经销是指二手车经销企业收购、销售二手车的经营活动；

二、二手车拍卖是指二手车拍卖企业以公开竞价的形式将二手车转让给最高应价者的经营活动；

三、二手车经纪是指二手车经纪机构以收取佣金为目的，为促成他人交易二手车而从事居间、行纪或者代理等经营活动；

四、二手车鉴定评估是指二手车鉴定评估机构对二手车技术状况及其价值进行鉴定评估的经营活动。

第六条 二手车直接交易是指二手车所有人不通过经销企业、拍卖企业和经纪机构将车辆直接出售给买方的交易行为。二手车直接交易应当在二手车交易市场进行。

第七条 国务院商务主管部门、工商行政管理部门、税务部门在各自的职责范围内负责二手车流通有关监督管理工作。

省、自治区、直辖市和计划单列市商务主管部门（以下简称省级商务主管部门）、工商行政管理部门、税务部门在各自的职责范围内负责辖区内二手车流通有关监督管理工作。

第二章 二手车流通管理办法条件和程序

第八条 二手车交易市场经营者、二手车经销企业和经纪机构应当具备企业法人条件，并依法到工商行政管理部门办理登记。

第九条 二手车鉴定评估机构应当具备下列条件：

一、是独立的中介机构；

二、有固定的经营场所和从事经营活动的必要设施；

三、有3名以上从事二手车鉴定评估业务的专业人员（包括本办法实施之前取得国家职业资格证书的旧机动车鉴定估价师）；

四、有规范的规章制度。

第十条 设立二手车鉴定评估机构，应当按下列程序办理：

一、申请人向拟设立二手车鉴定评估机构所在地省级商务主管部门提出书面申请，并

提交符合本办法第九条规定的相关材料；

二、省级商务主管部门自收到全部申请材料之日起20个工作日内做出是否予以核准的决定，对予以核准的，颁发《二手车鉴定评估机构核准证书》；不予核准的，应当说明理由；

三、申请人持《二手车鉴定评估机构核准证书》到工商行政管理部门办理登记手续。

第十一条　外商投资设立二手车交易市场、经销企业、经纪机构、鉴定评估机构的申请人，应当分别持符合第八条、第九条规定和《外商投资商业领域管理办法》、有关外商投资法律规定的相关材料报省级商务主管部门。省级商务主管部门进行初审后，自收到全部申请材料之日起1个月内上报国务院商务主管部门。合资中方有国家计划单列企业集团的，可直接将申请材料报送国务院商务主管部门。国务院商务主管部门自收到全部申请材料3个月内会同国务院工商行政管理部门，做出是否予以批准的决定，对予以批准的，颁发或者换发《外商投资企业批准证书》；不予批准的，应当说明理由。

申请人持《外商投资企业批准证书》到工商行政管理部门办理登记手续。

第十二条　设立二手车拍卖企业（含外商投资二手车拍卖企业）应当符合《中华人民共和国拍卖法》和《拍卖管理办法》有关规定，并按《拍卖管理办法》规定的程序办理。

第十二条　外资并购二手车交易市场和经营主体及已设立的外商投资企业增加二手车经营范围的，应当按第十一条、第十二条规定的程序办理。

第三章　二手车流通管理办法行为规范

第十四条　二手车交易市场经营者和二手车经营主体应当依法经营和纳税，遵守商业道德，接受依法实施的监督检查。

第十五条　二手车卖方应当拥有车辆的所有权或者处置权。二手车交易市场经营者和二手车经营主体应当确认卖方的身份证明，车辆的号牌、《机动车登记证书》、《机动车行驶证》，有效的机动车安全技术检验合格标志、车辆保险单、缴纳税费凭证等。

国家机关、国有企事业单位在出售、委托拍卖车辆时，应持有本单位或者上级单位出具的资产处理证明。

第十六条　出售、拍卖无所有权或者处置权车辆的，应承担相应的法律责任。

第十七条　二手车卖方应当向买方提供车辆的使用、修理、事故、检验以及是否办理抵押登记、缴纳税费、报废期等真实情况和信息。买方购买的车辆如因卖方隐瞒和欺诈不能办理转移登记，卖方应当无条件接受退车，并退还购车款等费用。

第十八条　二手车经销企业销售二手车时应当向买方提供质量保证及售后服务承诺，并在经营场所予以明示。

第十九条　进行二手车交易应当签订合同。合同示范文本由国务院工商行政管理部门制定。

第二十条　二手车所有人委托他人办理车辆出售的，应当与受托人签订委托书。

第二十一条　委托二手车经纪机构购买二手车时，双方应当按以下要求进行：

一、委托人向二手车经纪机构提供合法身份证明；

二、二手车经纪机构依据委托人要求选择车辆，并及时向其通报市场信息；

三、二手车经纪机构接受委托购买时，双方签订合同；

四、二手车经纪机构根据委托人要求代为办理车辆鉴定评估，鉴定评估所发生的费用由委托人承担。

第二十二条　二手车交易完成后，卖方应当及时向买方交付车辆、号牌及车辆法定证明、凭证。车辆法定证明、凭证主要包括：

一、《机动车登记证书》；

二、《机动车行驶证》；

三、有效的机动车安全技术检验合格标志；

四、车辆购置税完税证明；

五、养路费缴付凭证；

六、车船使用税缴付凭证；

七、车辆保险单。

第二十三条　下列车辆禁止经销、买卖、拍卖和经纪：

一、已报废或者达到国家强制报废标准的车辆；

二、在抵押期间或者未经海关批准交易的海关监管车辆；

三、在人民法院、人民检察院、行政执法部门依法查封、扣押期间的车辆；

四、通过盗窃、抢劫、诈骗等违法犯罪手段获得的车辆；

五、发动机号码、车辆识别代号或者车架号码与登记号码不相符，或者有凿改迹象的车辆；

六、走私、非法拼（组）装的车辆；

七、不具有第二十二条所列证明、凭证的车辆；

八、在本行政辖区以外的公安机关交通管理部门注册登记的车辆；

九、国家法律、行政法规禁止经营的车辆。

二手车交易市场经营者和二手车经营主体发现车辆具有四、五、六情形之一的，应当及时报告公安机关、工商行政管理部门等执法机关。对交易违法车辆的，二手车交易市场经营者和二手车经营主体应当承担连带赔偿责任和其他相应的法律责任。

第二十四条　二手车经销企业销售、拍卖企业拍卖二手车时，应当按规定向买方开具税务机关监制的统一发票。

进行二手车直接交易和通过二手车经纪机构进行二手车交易的，应当由二手车交易市场经营者按规定向买方开具税务机关监制的统一发票。

第二十五条　二手车交易完成后，现车辆所有人应当凭税务机关监制的统一发票，按法律、法规有关规定办理转移登记手续。

第二十六条　二手车交易市场经营者应当为二手车经营主体提供固定场所和设施，并为客户提供办理二手车鉴定评估、转移登记、保险、纳税等手续的条件。二手车经销企业、经纪机构应当根据客户要求，代办二手车鉴定评估、转移登记、保险、纳税等手续。

第二十七条　二手车鉴定评估应当本着买卖双方自愿的原则，不得强制进行；属国有资产的二手车应当按国家有关规定进行鉴定评估。

第二十八条 二手车鉴定评估机构应当遵循客观、真实、公正和公开原则，依据国家法律法规开展二手车鉴定评估业务，出具车辆鉴定评估报告；并对鉴定评估报告中车辆技术状况，包括是否属事故车辆等评估内容负法律责任。

第二十九条 二手车鉴定评估机构和人员可以按国家有关规定从事涉案、事故车辆鉴定等评估业务。

第三十条 二手车交易市场经营者和二手车经营主体应当建立完整的二手车交易购销、买卖、拍卖、经纪以及鉴定评估档案。

第三十一条 设立二手车交易市场、二手车经销企业开设店铺，应当符合所在地城市发展及城市商业发展有关规定。

第四章 二手车流通管理办法监督与管理

第三十二条 二手车流通监督管理遵循破除垄断，鼓励竞争，促进发展和公平、公正、公开的原则。

第三十三条 建立二手车交易市场经营者和二手车经营主体备案制度。凡经工商行政管理部门依法登记，取得营业执照的二手车交易市场经营者和二手车经营主体，应当自取得营业执照之日起2个月内向省级商务主管部门备案。省级商务主管部门应当将二手车交易市场经营者和二手车经营主体有关备案情况定期报送国务院商务主管部门。

第三十四条 建立和完善二手车流通信息报送、公布制度。二手车交易市场经营者和二手车经营主体应当定期将二手车交易量、交易额等信息通过所在地商务主管部门报送省级商务主管部门。省级商务主管部门将上述信息汇总后报送国务院商务主管部门。国务院商务主管部门定期向社会公布全国二手车流通信息。

第三十五条 商务主管部门、工商行政管理部门应当在各自的职责范围内采取有效措施，加强对二手车交易市场经营者和经营主体的监督管理，依法查处违法违规行为，维护市场秩序，保护消费者的合法权益。

第三十六条 国务院工商行政管理部门会同商务主管部门建立二手车交易市场经营者和二手车经营主体信用档案，定期公布违规企业名单。

第五章 二手车流通管理办法附则

第三十七条 本办法自2005年10月1日起施行，原《商务部办公厅关于规范旧机动车鉴定评估管理工作的通知》（商建字［2004］第70号）、《关于加强旧机动车市场管理工作的通知》（国经贸贸易［2001］1281号）、《旧机动车交易管理办法》（内贸机字［1998］第33号）及据此发布的各类文件同时废止。

附录C 二手车交易规范

商务部公告2006年第22号

二〇〇六年三月二十四日

第一章 总 则

第一条 为规范二手车交易市场经营者和二手车经营主体的服务、经营行为，以及二手车直接交易双方的交易行为，明确交易规程，增加交易透明度，维护二手车交易双方

的合法权益，依据《二手车流通管理办法》，制定本规范。

第二条 在中华人民共和国境内从事二手车交易及相关的活动适用于本规范。

第三条 二手车交易应遵循诚实、守信、公平、公开的原则，严禁欺行霸市、强买强卖、弄虚作假、恶意串通、敲诈勒索等违法行为。

第四条 二手车交易市场经营者和二手车经营主体应在各自的经营范围内从事经营活动，不得超范围经营。

第五条 二手车交易市场经营者和二手车经营主体应按下列项目确认卖方的身份及车辆的合法性：

（一）卖方身份证明或者机构代码证书原件合法有效；

（二）车辆号牌、机动车登记证书、机动车行驶证、机动车安全技术检验合格标志真实、合法、有效；

（三）交易车辆不属于《二手车流通管理办法》第二十三条规定禁止交易的车辆。

第六条 二手车交易市场经营者和二手车经营主体应核实卖方的所有权或处置权证明。车辆所有权或处置权证明应符合下列条件：

（一）机动车登记证书、行驶证与卖方身份证明名称一致；国家机关、国有企事业单位出售的车辆，应附有资产处理证明；

（二）委托出售的车辆，卖方应提供车主授权委托书和身份证明；

（三）二手车经销企业销售的车辆，应具有车辆收购合同等能够证明经销企业拥有该车所有权或处置权的相关材料，以及原车主身份证明复印件。原车主名称应与机动车登记证、行驶证名称一致。

第七条 二手车交易应当签订合同，明确相应的责任和义务。交易合同包括：收购合同、销售合同、买卖合同、委托购买合同、委托出售合同、委托拍卖合同等。

第八条 交易完成后，买卖双方应当按照国家有关规定，持下列法定证明、凭证向公安机关交通管理部门申办车辆转移登记手续：

（一）买方及其代理人的身份证明；

（二）机动车登记证书；

（三）机动车行驶证；

（四）二手车交易市场、经销企业、拍卖公司按规定开具的二手车销售统一发票；

（五）属于解除海关监管的车辆，应提供《中华人民共和国海关监管车辆解除监管证明书》；

车辆转移登记手续应在国家有关政策法规所规定的时间内办理完毕，并在交易合同中予以明确。

完成车辆转移登记后，买方应按国家有关规定，持新的机动车登记证书和机动车行驶证到有关部门办理车辆购置税、养路费变更手续。

第九条 二手车应在车辆注册登记所在地交易。二手车转移登记手续应按照公安部门有关规定在原车辆注册登记所在地公安机关交通管理部门办理。需要进行异地转移登记的，由车辆原属地公安机关交通管理部门办理车辆转出手续，在接收地公安机关交通管理部门办理车辆转入手续。

第十条　二手车交易市场经营者和二手车经营主体应根据客户要求提供相关服务，在收取服务费、佣金时应开具发票。

第十一条　二手车交易市场经营者、经销企业、拍卖公司应建立交易档案，交易档案主要包括以下内容：

（一）本规范第五条第二款规定的法定证明、凭证复印件；

（二）购车原始发票或者最近一次交易发票复印件；

（三）买卖双方身份证明或者机构代码证书复印件；

（四）委托人及授权代理人身份证或者机构代码证书以及授权委托书复印件；

（五）交易合同原件；

（六）二手车经销企业的《车辆信息表》（见附件一），二手车拍卖公司的《拍卖车辆信息》（见附件二）和《二手车拍卖成交确认书》（见附件三）；

（七）其他需要存档的有关资料。

交易档案保留期限不少于3年。

第十二条　二手车交易市场经营者、二手车经营主体发现非法车辆、伪造证照和车牌等违法行为，以及擅自更改发动机号、车辆识别代号（车架号码）和调整里程表等情况，应及时向有关执法部门举报，并有责任配合调查。

第二章　收购和销售

第十三条　二手车经销企业在收购车辆时，应按下列要求进行：

（一）按本规范第五条和第六条所列项目核实卖方身份以及交易车辆的所有权或处置权，并查验车辆的合法性；

（二）与卖方商定收购价格，如对车辆技术状况及价格存有异议，经双方商定可委托二手车鉴定评估机构对车辆技术状况及价值进行鉴定评估。达成车辆收购意向的，签订收购合同，收购合同中应明确收购方享有车辆的处置权；

（三）按收购合同向卖方支付车款。

第十四条　二手车经销企业将二手车销售给买方之前，应对车辆进行检测和整备。

二手车经销企业应对进入销售展示区的车辆按《车辆信息表》的要求填写有关信息，在显要位置予以明示，并可根据需要增加《车辆信息表》的有关内容。

第十五条　达成车辆销售意向的，二手车经销企业应与买方签订销售合同，并将《车辆信息表》作为合同附件。按合同约定收取车款时，应向买方开具税务机关监制的统一发票，并如实填写成交价格。

买方持本规范第八条规定的法定证明、凭证到公安机关交通管理部门办理转移登记手续。

第十六条　二手车经销企业向最终用户销售使用年限在3年以内或行驶里程在6万km以内的车辆（以先到者为准，营运车除外），应向用户提供不少于3个月或5000km（以先到者为准）的质量保证。质量保证范围为发动机系统、转向系统、传动系统、制动系统、悬架系统等。

第十七条　二手车经销企业向最终用户提供售后服务时，应向其提供售后服务清单。

第十八条　二手车经销企业在提供售后服务的过程中，不得擅自增加未经客户同意的服务项目。

第十九条　二手车经销企业应建立售后服务技术档案。售后服务技术档案包括以下内容：

（一）车辆基本资料。主要包括车辆品牌型号、车牌号码、发动机号、车架号、出厂日期、使用性质、最近一次转移登记日期、销售时间、地点等；

（二）客户基本资料。主要包括客户名称（姓名）、地址、职业、联系方式等；

（三）维修保养记录。主要包括维修保养的时间、里程、项目等。

售后服务技术档案保存时间不少于3年。

第三章　经　　纪

第二十条　购买或出售二手车可以委托二手车经纪机构办理。委托二手车经纪机构购买二手车时，应按《二手车流通管理办法》第二十一条规定进行。

第二十一条　二手车经纪机构应严格按照委托购买合同向买方交付车辆、随车文件及本规范第五条第二款规定的法定证明、凭证。

第二十二条　经纪机构接受委托出售二手车，应按以下要求进行：

（一）及时向委托人通报市场信息；

（二）与委托人签订委托出售合同；

（三）按合同约定展示委托车辆，并妥善保管，不得挪作他用；

（四）不得擅自降价或加价出售委托车辆。

第二十三条　签订委托出售合同后，委托出售方应当按照合同约定向二手车经纪机构交付车辆、随车文件及本规范第五条第二款规定的法定证明、凭证。车款、佣金给付按委托出售合同约定办理。

第二十四条　通过二手车经纪机构买卖的二手车，应由二手车交易市场经营者开具国家税务机关监制的统一发票。

第二十五条　进驻二手车交易市场的二手车经纪机构应与交易市场管理者签订相应的管理协议，服从二手车交易市场经营者的统一管理。

第二十六条　二手车经纪人不得以个人名义从事二手车经纪活动。

二手车经纪机构不得以任何方式从事二手车的收购、销售活动。

第二十七条　二手车经纪机构不得采取非法手段促成交易，以及向委托人索取合同约定佣金以外的费用。

第四章　拍　　卖

第二十八条　从事二手车拍卖及相关中介服务活动，应按照《拍卖法》及《拍卖管理办法》的有关规定进行。

第二十九条　委托拍卖时，委托人应提供身份证明、车辆所有权或处置权证明及其他相关材料。拍卖人接受委托的，应与委托人签订委托拍卖合同。

第三十条　委托人应提供车辆真实的技术状况，拍卖人应如实填写《拍卖车辆信息》。

如对车辆的技术状况存有异议，拍卖委托双方经商定可委托二手车鉴定评估机构对车辆进行鉴定评估。

第三十一条　拍卖人应于拍卖日 7 日前发布公告。拍卖公告应通过报纸或者其他新闻媒体发布，并载明下列事项：

（一）拍卖的时间、地点；

（二）拍卖的车型及数量；

（三）车辆的展示时间、地点；

（四）参加拍卖会办理竞买的手续；

（五）需要公告的其他事项。

拍卖人应在拍卖前展示拍卖车辆，并在车辆显著位置张贴《拍卖车辆信息》。车辆的展示时间不得少于 2 天。

第三十二条　进行网上拍卖，应在网上公布车辆的彩色照片和《拍卖车辆信息》，公布时间不得少于 7 天。

网上拍卖是指二手车拍卖公司利用互联网发布拍卖信息，公布拍卖车辆技术参数和直观图片，通过网上竞价，网下交接，将二手车转让给超过保留价的最高应价者的经营活动。

网上拍卖过程及手续应与现场拍卖相同。网上拍卖组织者应根据《拍卖法》及《拍卖管理办法》有关条款制定网上拍卖规则，竞买人则需要办理网上拍卖竞买手续。任何个人及未取得二手车拍卖人资质的企业不得开展二手车网上拍卖活动。

第三十三条　拍卖成交后，买受人和拍卖人应签署《二手车拍卖成交确认书》。

第三十四条　委托人、买受人可与拍卖人约定佣金比例。

委托人、买受人与拍卖人对拍卖佣金比例未做约定的，依据《拍卖法》及《拍卖管理办法》有关规定收取佣金。

拍卖未成交的，拍卖人可按委托拍卖合同的约定向委托人收取服务费用。

第三十五条　拍卖人应在拍卖成交且买受人支付车辆全款后，将车辆、随车文件及本规范第五条第二款规定的法定证明、凭证交付给买受人，并向买受人开具二手车销售统一发票，如实填写拍卖成交价格。

第五章　直接交易

第三十六条　二手车直接交易方为自然人的，应具有完全民事行为能力。无民事行为能力的，应由其法定代理人代为办理，法定代理人应提供相关证明。二手车直接交易委托代理人办理的，应签订具有法律效力的授权委托书。

第三十七条　二手车直接交易双方或其代理人均应向二手车交易市场经营者提供其合法身份证明，并将车辆及本规范第五条第二款规定的法定证明、凭证送交二手车交易市场经营者进行合法性验证。

第三十八条　二手车直接交易双方应签订买卖合同，如实填写有关内容，并承担相应的法律责任。

第三十九条　二手车直接交易的买方按照合同支付车款后，卖方应按合同约定及时将车辆及本规范第五条第二款规定的法定证明、凭证交付买方。

车辆法定证明、凭证齐全合法，并完成交易的，二手车交易市场经营者应当按照国家有关规定开具二手车销售统一发票，并如实填写成交价格。

第六章　交易市场的服务与管理

第四十条　二手车交易市场经营者应具有必要的配套服务设施和场地，设立车辆展示交易区、交易手续办理区及客户休息区，做到标识明显，环境整洁卫生。交易手续办理区应设立接待窗口，明示各窗口业务受理范围。

第四十一条　二手车交易市场经营者在交易市场内应设立醒目的公告牌，明示交易服务程序、收费项目及标准、客户查询和监督电话号码等内容。

第四十二条　二手车交易市场经营者应制定市场管理规则，对场内的交易活动负有监督、规范和管理责任，保证良好的市场环境和交易秩序。由于管理不当给消费者造成损失的，应承担相应的责任。

第四十三条　二手车交易市场经营者应及时受理并妥善处理客户投诉，协助客户挽回经济损失，保护消费者权益。

第四十四条　二手车交易市场经营者在履行其服务、管理职能的同时，可依法收取交易服务和物业等费用。

第四十五条　二手车交易市场经营者应建立严格的内部管理制度，牢固树立为客户服务、为驻场企业服务的意识，加强对所属人员的管理，提高人员素质。二手车交易市场服务、管理人员须经培训合格后上岗。

第七章　附　　则

第四十六条　本规范自发布之日起实施。

附录 D　二手车鉴定评估技术规范

引　　言

为规范二手车鉴定评估行为，营造公平、公正的二手车消费环境，保护消费者合法权益，促进汽车市场健康发展，制定本标准。

本标准在制定过程中，参考了国外二手车鉴定评估有关法规与行业标准的主要思路与方法。

1　范围

本标准规定了二手车鉴定评估的术语和定义、企业要求、作业流程和方法等技术要求。

本标准适用于从事二手乘用车鉴定评估的活动。从事其他二手车鉴定评估，以及其他涉及汽车鉴定评估活动参照执行。

2　规范性引用文件

下列规范所包含的条文，通过在本规范中引用而构成本规范的条文。本规范出版时，所示版本均为有效。所有规范都会被修订，使用本规范的各方应探讨使用下列规范最新版本的可能性。凡是不注明日期的引用文件，其最新版本适用于本规范。《机动车运行安全技术条件》（GB 7258—2004）。

3　术语和定义

本规范采用下列定义：

3.1 二手车 used automobile

本规范所述二手车是指从办理完注册登记手续到达到国家强制报废标准之前进行交易并转移所有权的汽车。

3.2 二手车鉴定评估 appraisal and inspection

是指对二手车进行技术状况检测、鉴定，确定某一时点价值的过程。

3.2.1 二手车技术状况鉴定 technical inspection

对车辆技术状况进行缺陷描述、等级评定。

3.2.2 二手车价值评估 evaluation

根据二手车技术状况鉴定结果和鉴定评估目的，对目标车辆价值评估。价值评估方法主要包括现行市价法、重置成本法。

3.2.2.1 现行市价法 current market price method

根据车辆技术状况按照市场现行价格计算出被评估车辆价值的方法。

3.2.2.2 重置成本法 replacement cost method

按照相同车型市场现行价格重新购置一个全新状态的评估对象，用所需的全部成本减去评估对象的实体性、功能性和经济性陈旧贬值后的差额，以其作为评估对象现时价值的方法。

3.3 二手车鉴定评估机构 appraisal and inspection enterprises

从事二手车鉴定评估经营活动的第三方服务机构。

3.4 二手车鉴定评估师 appraiser 与高级二手车鉴定评估师 advanced appraiser

分别指依法取得二手车鉴定评估师、高级二手车鉴定评估师国家职业资格的人员。

4. 二手车鉴定评估机构条件和要求

4.1 场所

经营面积不少于 $200m^2$。

4.2 设施设备

4.2.1 具备汽车举升设备；

4.2.2 车辆故障信息读取设备、车辆结构尺寸检测工具或设备；

4.2.3 具备车辆外观缺陷测量工具、漆面厚度检测设备；

4.2.4 具备照明工具、照相机、螺钉旋具、扳手等常用操作工具。

4.3 人员

具有 3 名以上二手车鉴定评估师，1 名以上高级二手车鉴定评估师。

4.4 其他

4.4.1 具备计算机等办公设施；

4.4.2 具备符合国家有关规定的消防设施；

5. 二手车鉴定评估程序

5.1 二手车鉴定评估作业流程

二手车鉴定评估机构开展二手车鉴定评估经营活动按图一流程作业，并按附录四填写《二手车鉴定评估作业表》。二手车经销、拍卖、经纪等企业开展业务涉及二手车鉴定评估活动的，参照图一有关内容和顺序作业，即查验可交易车辆——登记基本信息——判别

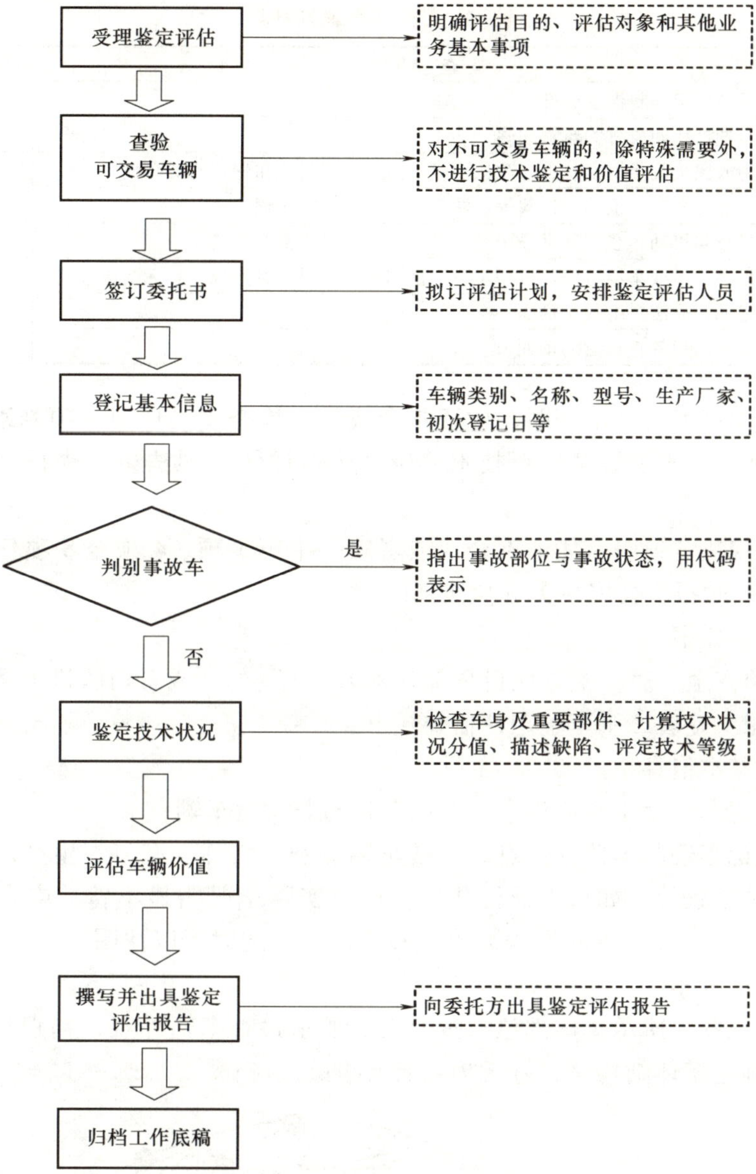

图一 二手车鉴定评估作业流程

事故车——鉴定技术状况，并参照附录三填写《二手车技术状况表》。

5.2 受理鉴定评估

了解委托方及其车辆的基本情况，明确委托方要求，主要包括委托方要求的评估目的、评估基准日、期望完成评估的时间等；

5.3 查验可交易车辆

5.3.1 查验机动车登记证书、行驶证、有效机动车安全技术检验合格标志、车辆购置税完税证明、车船使用税缴付凭证、车辆保险单等法定证明、凭证是否齐全，并按照表一检查所列项目是否全部判定为“Y”。

表一　可交易车辆判别表

序　号	检查项目	判　别
1	是否达到国家强制报废标准	Y否　N是
2	是否为抵押期间或海关监管期间	Y否　N是
3	是否为人民法院、检察院、行政执法等部门依法查封、扣押期间的车辆	Y否　N是
4	是否为通过盗窃、抢劫、诈骗等违法犯罪手段获得的车辆	Y否　N是
5	发动机号与机动车登记证书登记号码是否一致，且无凿改痕迹	Y是　N否
6	车辆识别代号或车架号码与机动车登记证书登记号码是否一致，且无凿改痕迹	Y是　N否
7	是否走私、非法拼组装车辆	Y否　N是
8	是否法律法规禁止经营的车辆	Y否　N是

5.3.2　如发现上述法定证明、凭证不全或表一检查项目任何一项判别为“N”的车辆，应告知委托方，不需继续进行技术鉴定和价值评估（司法机关委托等特殊要求的除外）。

5.3.3　发现法定证明、凭证不全，或者表一中第1项、4项至8项任意一项判断为“N”的车辆应及时报告公安机关等执法部门。

5.4　签订委托书

对相关证照齐全、表一检查项目全部判别为“Y”的，或者司法机关委托等特殊要求的车辆，按附录1签署二手车鉴定评估委托书。

5.5　登记基本信息

5.5.1　登记车辆使用性质信息，明确营运与非营运车辆；

5.5.2　登记车辆基本情况信息，包括车辆类别、名称、型号、生产厂家、初次登记日期、表征行驶里程等。如果表征行驶里程如与实际车况明显不符，应在《二手车鉴定评估报告》或《二手车技术状况表》有关技术缺陷描述时予以注明。

5.6　判别事故车

5.6.1　参照图二所示车体部位，按照表二要求检查车辆外观，判别车辆是否发生过碰撞、火烧，确定车体结构是完好无损或者有事故痕迹；

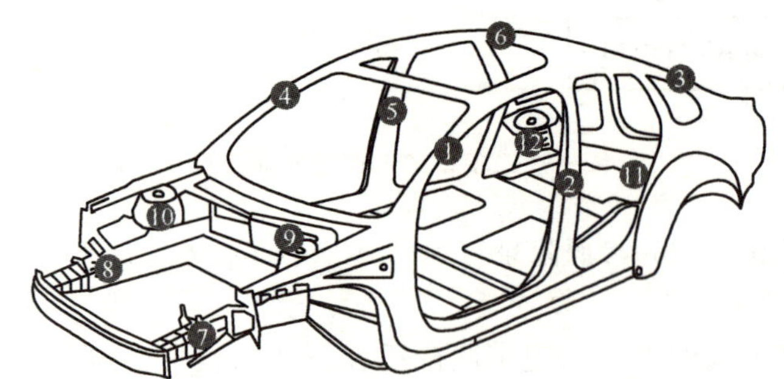

1　左A柱	5　右B柱	9　左前减振器悬挂部位
2　左B柱	6　右C柱	10　右前减振器悬挂部位
3　左C柱	7　左前纵梁	11　左后减振器悬挂部位
4　右A柱	8　右前纵梁	12　右后减振器悬挂部位

图二　车体结构示意图

5.6.2 使用漆面厚度检测设备配合对车体结构部件进行检测；使用车辆结构尺寸检测工具或设备检测车体左右对称性。

5.6.3 根据表二、表三对车体状态进行缺陷描述。即车身部位＋状态。例：4SH，即左C柱有烧焊痕迹。

5.6.4 当表二中任何一个检查项目存在表三中对应的缺陷时，则该车为事故车。

5.6.5 事故车的车辆技术鉴定和价值评估不在本规范的范围之内。

表二 车体部位代码表

代码	检查项目	代码	检查项目
—	车体左右对称性	7	左前纵梁
1	左A柱	8	右前纵梁
2	左B柱	9	左前减振器悬挂部位
3	左C柱	10	右前减振器悬挂部位
4	右A柱	11	左后减振器悬挂部位
5	右B柱	12	右后减振器悬挂部位
6	右C柱		

表三 车辆缺陷状态描述对应表

代表字母	BX	NQ	GH	SH	ZZ
缺陷描述	变形	扭曲	更换	烧焊	褶皱

5.7 鉴定车辆技术状况

5.7.1 按照车身、发动机舱、驾驶舱、起动、路试、底盘等项目顺序检查车辆技术状况。

5.7.2 根据检查结果确定车辆技术状况的分值。总分值为各个鉴定项目分值累加，即鉴定总分＝∑项目分值，满分100分。

5.7.3 根据鉴定分值，按照表四确定车辆对应的技术等级。

表四 车辆技术状况等级分值对应表

技术状况等级	分值区间
一级	鉴定总分≥90
二级	60≤鉴定总分<90
三级	20≤鉴定总分<60
四级	鉴定总分<20
五级	事故车

5.8 评估车辆价值

5.8.1 根据按照车辆有关情况，确立估值方法，并对车辆价值进行估算。

5.8.2 估值方法选用原则：一般情况下，推荐选用现行市价法；在无参照物、无法使用现行市价法的情况下，选用重置成本法。

5.8.3 现行市价法的运用方法：评估价值为相同车型、配置和相同技术状况鉴定检测分值的车辆近期的交易价格；如无参照，可从本区域本月内的交易记录中调取相同车型、相近分值，或从相邻区域的成交记录中调取相同车型、相近分值的成交价格，并结合车辆技术状况鉴定分值加以修正。

5.8.4 当无任何参照体时，使用重置成本法计算车辆价值。

车辆评估价值 = 更新重置成本 × 综合成新率

1. 更新重置成本为相同型号、配置的新车在评估基准日的市场零售价格；

2. 综合成新率由技术鉴定成新率与年限成新率组成，即

综合成新率 = 年限成新率 × α + 技术鉴定成新率 × β。其中，年限成新率 = 预计车辆剩余使用年限/车辆使用年限（乘用车使用年限 15 年，超过 15 年的按实际年限计算；有年限规定的车辆、营运车辆按实际要求计算）；技术鉴定成新率 = 车辆技术状况分值/100；α、β 分别为技术鉴定成新率与年限成新率系数，由评估人员根据市场行情等因素确定，且 $\alpha+\beta=1$。

技术鉴定成新率 × β，相当于实体性陈旧贬值与功能性陈旧贬值后，车辆剩余的价值率；年限成新率 × α，相当于经济性陈旧贬值后，车辆剩余的价值率。

5.9 撰写及出具鉴定评估报告

5.9.1 根据车辆技术状况鉴定等级和价值评估结果等情况，按照附录二要求撰写《二手车鉴定评估报告》，做到内容完整、客观、准确，书写工整。

5.9.2 按委托书要求及时向客户出具《二手车鉴定评估报告》，并由鉴定评估人与复核人签章、鉴定评估机构加盖公章。

5.10 归档工作底稿

将《二手车鉴定评估报告》及其附件与工作底稿独立汇编成册，存档备查。档案保存一般不低于 5 年；鉴定评估目的涉及财产纠纷的，其档案至少应当保存 10 年；法律法规另有规定的，从其规定。

6. 正常车辆技术状况鉴定有关要求

6.1 车身

6.1.1 参照图三标示，按照表五、表六要求检查 26 个项目，程度为 1 的扣 0.5 分，每增加 1 个程度加扣 0.5 分。共计 20 分，扣完为止。轮胎部分需高于程度 4 的标准，不符合标准扣 1 分。

6.1.2 使用车辆外观缺陷测量工具与漆面厚度检测检测仪器结合目测法对车身外观进行检测。

6.1.3 根据表五、表六描述缺陷，车身外观项目的转义描述为：

车身部位 + 状态 + 程度

例：21XS2 对应描述为：左后车门有锈蚀，面积为大于 100mm × 100mm，小于或等于 200mm × 300mm。

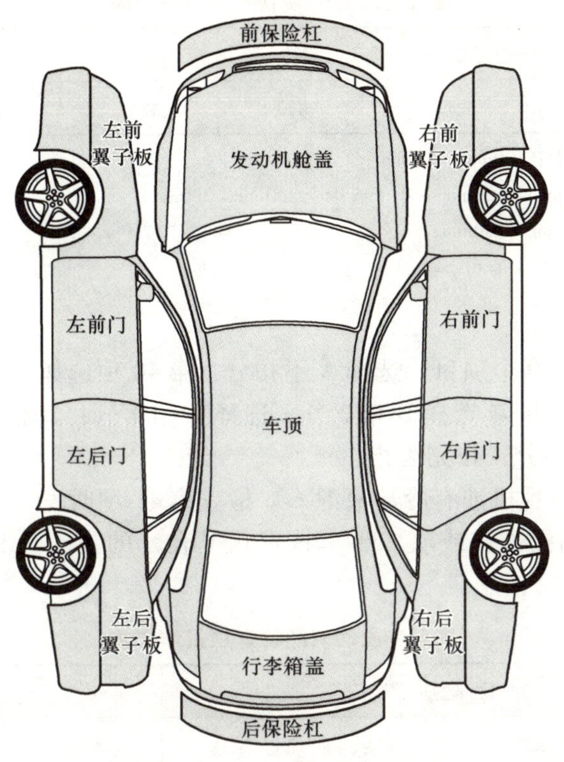

图三　车身外观展开示意图

表五　车身外观部位代码对应表

代　码	部　位	代　码	部　位
14	发动机舱盖表面	27	后保险杠
15	左前翼子板	28	左前轮
16	左后翼子板	29	左后轮
17	右前翼子板	30	右前轮
18	右后翼子板	31	右后轮
19	左前车门	32	前照灯
20	右前车门	33	后尾灯
21	左后车门	34	前挡风玻璃
22	右后车门	35	后挡风玻璃
23	行李箱盖	36	四门风窗玻璃
24	行李箱内则	37	左后视镜
25	车顶	38	右后视镜
26	前保险杠	39	轮胎

表六 车身外观状态描述对应表

代码	HH	BX	XS	LW	AX	XF
描述	划痕	变形	锈蚀	裂纹	凹陷	修复痕迹

程度：1——面积小于或等于 100mm×100mm；

2——面积大于 100mm×100mm 并小于或等于 200mm×300mm；

3——面积大于 200mm×300mm；

4——轮胎花纹深度小于 1.6mm。

6.2 发动机舱

按表七项要求检查 10 个项目。选择 A 不扣分，第 40 项选择 B 或 C 扣 15 分；第 41 项选择 B 或 C 扣 5 分；第 44 项选择 B 扣 2 分，选择 C 扣 4 分；其余各项选择 B 扣 1.5 分，选择 C 扣 3 分。共计 20 分，扣完为止。

如检查第 40 项时发现机油有冷却液混入、检查第 41 项时发现缸盖外有机油渗漏，则应在《二手车鉴定评估报告》或《二手车技术状况表》的技术状况缺陷描述中分别予以注明，并提示修复前不宜使用。

表七 发动机舱检查项目作业表

序 号	检查项目	A	B	C
40	机油有无冷却液混入	无	轻微	严重
41	缸盖外是否有机油渗漏	无	轻微	严重
42	前翼子板内缘、水箱框架、横拉梁有无凹凸或修复痕迹	无	轻微	严重
43	散热器格栅有无破损	无	轻微	严重
44	蓄电池电极桩柱有无腐蚀	无	轻微	严重
45	蓄电池电解液有无渗漏、缺少	无	轻微	严重
46	发动机传动带有无老化	无	轻微	严重
47	油管、水管有无老化、裂痕	无	轻微	严重
48	线束有无老化、破损	无	轻微	严重
49	其他	只描述缺陷，不扣分		

6.3 驾驶舱

按表八要求检查 15 个项目。选择 A 不扣分，第 50 项选择 C 扣 1.5 分；第 51、52 项选择 C 扣 0.5 分；其余项目选择 C 扣 1 分。共计 10 分，扣完为止。

如检查第 60 项时发现安全带结构不完整或者功能不正常，则应在《二手车鉴定评估报告》或《二手车技术状况鉴定书》的技术状况缺陷描述中予以注明，并提示修复或更换前不宜使用。

表八　驾驶舱检查项目作业表

序　号	检 查 项 目	A	C
50	车内是否无水泡痕迹	是	否
51	车内后视镜、座椅是否完整、无破损、功能正常	是	否
52	车内是否整洁、无异味	是	否
53	转向盘自由行程转角是否小于15度	是	否
54	车顶及周边内饰是否无破损、松动及裂缝和污迹	是	否
55	仪表台是否无划痕，配件是否无缺失	是	否
56	排档把手柄及护罩是否完好、无破损	是	否
57	储物盒是否无裂痕，配件是否无缺失	是	否
58	天窗是否移动灵活、关闭正常	是	否
59	门窗密封条是否良好、无老化	是	否
60	安全带结构是否完整、功能是否正常	是	否
61	驻车制动系统是否灵活有效	是	否
62	玻璃窗升降器、门窗工作是否正常	是	否
63	左、右后视镜折叠装置工作是否正常	是	否
64	其他	只描述缺陷，不扣分	

6.4　起动

按表九要求检查10个项目。选择A不扣分，第65、66项选择C扣2分；第67项选择C扣1分；第68至71项，选择C扣0.5分；第72、73项选择C扣10分。共计20分，扣完为止。

如检查第66项时发现仪表板指示灯显示异常或出现故障报警，则应查明原因，并在《二手车鉴定评估报告》或《二手车技术状况鉴定书》的技术状况缺陷描述中予以注明。

优先选用车辆故障信息读取设备对车辆技术状况进行检测。

表九　启动检查项目作业表

序号	检查项目	A	C
65	车辆起动是否顺畅（时间少于5秒，或一次起动）	是	否
66	仪表板指示灯显示是否正常，无故障报警	是	否
67	各类灯光和调节功能是否正常	是	否
68	泊车辅助系统工作是否正常	是	否
69	防抱死制动系统（ABS）工作是否正常	是	否
70	空调系统风量、方向调节、分区控制、自动控制、制冷工作是否正常	是	否
71	发动机在冷、热车条件下怠速运转是否稳定	是	否
72	怠速运转时发动机是否无异响，空档状态下逐渐增加发动机转速，发动机声音过渡是否无异响	是	否
73	车辆排气是否无异常	是	否
74	其他	只描述缺陷，不扣分	

6.5 路试

按表十要求检查10个项目。选择A不扣分，选择C扣2分。共计15分，扣完为止。

如果检查第80项时发现制动系统出现制动距离长、跑偏等不正常现象，则应在《二手车鉴定评估报告》或《二手车技术状况表》的技术缺陷描述中予以注明，并提示修复前不宜使用。

表十 路试检查项目作业表

序号	检查项目	A	C
75	发动机运转、加速是否正常	是	否
76	车辆起动前踩下制动踏板，保持5～10秒钟，踏板无向下移动的现象	是	否
77	踩住制动踏板起动发动机，踏板是否向下移动	是	否
78	行车制动系最大制动效能在踏板全行程的4/5以内达到	是	否
79	行驶是否无跑偏	是	否
80	制动系统工作是否正常有效、制动不跑偏	是	否
81	变速器工作是否正常、无异响	是	否
82	行驶过程中车辆底盘部位是否无异响	是	否
83	行驶过程中车辆转向部位是否无异响	是	否
84	其他	只描述缺陷，不扣分	

6.6 底盘

按表十一要求检查8个项目。选择A不扣分，第85、86项，选择C扣4分；第87、88项，选择C扣3分；第89、90、91项，选择C扣2分。共计15分，扣完为止。

表十一 底盘检查项目作业表

序号	检查项目	A	C
85	发动机油底壳是否无渗漏	是	否
86	变速器是否无渗漏	是	否
87	转向节臂球销是否无松动	是	否
88	三角臂球销是否无松动	是	否
89	传动轴十字轴是否无松框	是	否
90	减振器是否无渗漏	是	否
91	减振弹簧是否无损坏	是	否
92	其他	只描述缺陷，不扣分	

6.7 功能性零部件

对表十二所示部件功能进行检查。结构、功能坏损的，直接进行缺陷描述，不计分。

表十二 车辆功能性零部件项目表

序　号	类　别	零部件名称	序　号	类　别	零部件名称
93	车身外部件	发动机舱盖锁止	105	随车附件	备胎
94		发动机舱盖液压撑杆	106		千斤顶
95		后门/行李箱液压支撑杆	107		轮胎扳手及随车工具
96		各车门锁止	108		三角警示牌
97		前后刮水器	109		灭火器
98		立柱密封胶条	110	其他	全套钥匙
99		排气管及消声器	111		遥控器及功能
100		车轮轮毂	112		喇叭高低音色
101		车内后视镜	113		玻璃加热功能
102	驾驶舱	座椅调节及加热			
103	内部件	仪表板出风管道			
104		中央集控			

6.8 拍摄车辆照片

6.8.1 外观图片。分别从车辆左前部与右后部45°角拍摄外观图片各1张。拍摄外观破损部位带标尺的正面图片1张。

6.8.2 驾驶舱图片。分别拍摄仪表台操纵杆、前排座椅、后排座椅正面图片各1张，拍摄破损部位带标尺的正面图片1张。

6.8.3 拍摄发动机舱图片1张。

7. 二手车鉴定评估机构经营管理

7.1 有规范的名称、组织机构、固定场所和章程，遵守国家有关法律、法规及行规行约，客观公正地开展二手车鉴定评估业务。

7.2 在经营场所明显位置悬挂二手车鉴定评估机构核准证书和营业执照等证照，张贴二手车鉴定评估流程和收费标准。

7.3 二手车鉴定评估人员应严格遵守职业道德、职业操守和执业规范。

7.4 开展二手车鉴定评估活动应坚持客观、独立、公正、科学的原则，按照关联回避原则，回避与本机构、评估人有关联的当事人委托的鉴定评估业务。

7.5 建立内部培训考核制度，保证鉴定评估人员职业素质和鉴定评估工作质量。

7.6 建立和完善二手车鉴定评估档案制度，并根据评估对象及有关保密要求，合理确定适宜的建档内容、档案查阅范围和保管期限。

参 考 文 献

[1] 菲利浦·科特勒. 营销管理 [M]. 梅清豪，译. 10 版. 北京：中国人民大学出版社，2001.

[2] 肖国普，吴泗宗，陈永革等. 现代汽车营销 [M]. 上海：同济大学出版社，2002.

[3] 张国方. 汽车营销 [M]. 北京：人民交通出版社，2003.

[4] 菲利浦·科特勒. 科特勒营销新论 [M]. 北京：中信出版社，2002.

[5] 詹姆斯·赫斯克特，厄尔·萨塞，伦纳德·施莱辛格. 服务利润链 [M]. 牛海鹏，等译. 北京：华夏出版社. 2001.

[6] 李海洋，牛海鹏. 服务营销 [M]. 北京：企业管理出版社，1996.

[7] 中国汽车流通协会. 2015 年中国汽车市场年鉴 [M]. 北京：中国商业出版社，2016.

[8] 陈永革，何瑛. 建立汽车流动新体系，推动二手车贸易发展 [J]. 上海综合经济，2002 (2).

[9] 北京西实谊汽车图书公司. 高参帮你买二手车 [M]. 北京：中国三峡出版社，2002.

[10] 杜吉泽，程钧谟. 市场分析 [M]. 北京：经济科学出版社，2001.

[11] 祁朝晖. 汽车专卖店，利好！[J]. 汽车之友，2000 (124).

[12] 徐东华，马永红. 开放服务贸易市场对我国汽车贸易及相关产业影响 [J]. 经济学动态，2001 (6).

[13] 孙遇春，金麒，苏东水. 加入 WTO 对中国汽车产业的影响 [J]. 复旦学报（社科版），2002 (2).

[14] 裘瑜，吴霖生. 汽车营销实务 [M]. 上海：上海交通大学出版社，2002.

[15] 郑聪建，江孝东. 市场调研与预测 [M]. 大连：东北财经大学出版社，2001.

[16] 李洁明，何宝昌. 社会经济调查与分析 [M]. 上海：复旦大学出版社，2002.

[17] 威文，邢何明，杨利强. 第一流的汽车营销精典案例全接触 [M]. 北京：机械工业出版社，2002.

[18] 曾业辉. 汽车营销模式何时接轨世界 [J]. 中国经济时报，2003 (2).

[19] 曾业辉. 中西合璧打造中国汽车营销模式 [J]. 中国经济时报，2003 (2).

[20] 刘振兴. 汽车市场营销与售后服务承诺使用全书（第四卷） [M]. 北京：北京科学技术出版社，2002.

[21] 李江天. 汽车营销实务——汽车服务贸易丛书 [M]. 北京：电子工业出版社，2005.

[22] 宓亚光. 汽车配件经营与管理——汽车特约销售服务站经营与管理丛书 [M]. 北京：机械工业出版社，2005.

[23] 张国方，等. 汽车服务工程 [M]. 北京：电子工业出版社，2004.

[24] 姜正根. 二手车鉴定评估与交易 [M]. 北京：中国劳动社会保障出版社，2011.

[25] 杜秀菊，贾长治. 二手车鉴定与评估实用教程 [M]. 北京：机械工业出版社，2013.